ガーダ　女たちのパレスチナ

友人であり、そして14年間をともにしたジャーナリスト、みずえに感謝しています。これらの年月を通して、私は彼女からたくさんのことを学びました。

私たちは幸せなときも悲しいときも共にし、一緒に笑い、泣きました。銃撃や危険な状況下でも一緒に働きました。次第にみずえはキャンプでも馴染みの顔になり、私たちの家族の一人として知られるようになりました。近所の人が私の父のことを、「この男には6人の娘がいる。5人はパレスチナ人で、もう1人は日本人だ」と冗談交じりに言ったことがあります。

抑圧された人々の嘘偽りのないメッセージを伝える彼女の仕事と献身に、賛辞を贈ります。

ガーダ・アギール

ガーダ
GHADA
女たちのパレスチナ

古居みずえ
MIZUE FURUI

岩波書店

はじめに——ガーダとの出会い

私がガーダを知ることになったのは、女性の通訳を探しているときだった。車でガザの南部に向かう途中、友人のパレスチナ女性と同じタクシーに乗り合わせた。私は彼女に聞いてみた。「誰か女性のいい通訳者を知らない？」彼女はしばらく考えていたが、「ＯＫ」と言って、私にひとりの若い女性を紹介してくれた。そこで知り合ったのがガーダ（当時二十三歳）だった。ガーダはガザ地区の難民キャンプに住み、地元の小学校に勤める、白いヒジャーブ（イスラム教徒の女性が頭に巻くスカーフ）がとても似合う女性だった。話をしてみると、二十代前半の女性とは思えないほどしっかりとした話し振りで、「数日後に私の婚約パーティがあるから、ぜひいらっしゃい」と言った。一九九三年十一月のことである。

私が初めてパレスチナの地を踏んだのが、一九八八年。以来、毎年のようにパレスチナに通い、現地の人々をスティールカメラで撮影してきた。その頃は、イスラエルの占領に反対するパレスチナ人の抵抗運動、第一次インティファーダ（民衆蜂起）が燃え盛っていた。私は完全武装したイスラエル軍兵士に捨て身でぶつかっていく子どもたちに目を奪われ、写真を撮り続けていた。

私はパレスチナ人家族の家に居候したのがきっかけで、思いもかけず、人々の生活を目のあたりにすることになった。外出禁止令が続く中、人々は家の中に閉じ込められ、男性たちは仕事にもいけず、ストレスが鬱積していた。そんな中で、女性たちが元気に家庭を仕切り、働いているのが印象的だった。外出禁止令で外に出ることすら危険なのに、屋根の上で水煙草をふかす元気な女性もいた。イスラム社会で、外では男性中心ではあるが、家庭の中の大黒柱は女性だということがわかり、だんだん女性に興味がわいてきた。

女性たちは第一次インティファーダで大きな変化をみせた。インティファーダが始まるまでは女性は政治にほとんど関わらず、もっぱら家のことが中心だった。しかしインティファーダが始まると、自分の夫が連行され、息子がイスラエル軍に撃たれ、殺された。女性たちは夫の釈放を求めて、抗議デモを始めた。中には外に出て、石を投げ、負傷者を運び、男性たちといっしょに闘う女性たちも出てきた。

しかし男性といっしょに闘っている若い女性もいったん家に帰ると、友人の家に外泊することもできず、常に父親に意見を伺わなければならない。パレスチナ、特にガザ地区は婚前交渉は認められず、結婚前の男女がいっしょにいることは好ましいとされない。結婚前に男性と関係を持ったのがわかると、家長の父親は家の名誉を守るため自分で娘を手にかけることもある。また女性からは離婚を申し出ることは容易ではなく、再婚する際にも女性にとって不利な条件がつく場合が多い。男性社会の処女信仰があるからだ。

私は女性たちの中に深く入ってみたかった。表にはなかなか出てこない女性たち、女性たちは一体、何を考え、どういう暮らしをしているのか、パレスチナの女性の世界へ入ってみようと思った。

私の興味の対象は女性たちの中でも現状に甘んじる女性ではなく、現実と向き合い、闘っていく

何事にも挑戦していくガーダは女性の中でも魅力的だった.

女性だ。私はイスラエルの占領と闘う女性を取材しながら、同時に社会の古い慣習と立ち向かっていく女性に出会いたいと思っていた。

そんなとき出会ったのが、ガーダだった。彼女は古い慣習が残っている地域に住みながらも、自分の生き方を通していく女性だった。私はまさにこの人だと思った。彼女を通して、パレスチナの女性たちの状況がみえてくるかもしれない。

ガーダの住むハンユニス難民キャンプで、いっしょに暮らす生活が始まった。その地域は保守的なガザの中でもさらに厳しいところだった。ガーダの叔父たちは敬虔なイスラム教徒だった。一方でUNRWA《アンルワ》(国連パレスチナ難民救済事業機関)本部に勤める叔父や、大学教授の叔父がいて、ガーダの父親もエジプトの大学に留学した経験をもつ、リベラルな環境があった。ガーダがのびのびと自分の意見を言える女性になったのは、叔父や父親の影響がある。

ガーダを撮り始めて、五年たった頃、彼女は子どもをもうけ、ガーダも夫ナセルも仕事を持っていて生活も安定し、パレスチナの状況も不安定ながら、落ち着きを見せていた。このままガーダを撮り続けていても先が見えないと思い、アフリカやアフガニスタンなど世界で様々な問題が起こっているところに私の心は向いていった。私はしばらくパレスチナを離れることにした。

二〇〇〇年九月、パレスチナでは第二次インティファーダが火を吹いた。私はいてもたってもいられなくなり、再びパレスチナを目指した。ガーダはその頃、二児の母親になっていた。第二次インティファーダは子どもたちまで巻き込み、ガーダの親戚の男の子までも相次いで亡くなっていった。それまで政治にはあまり関心がなかったガーダは何かをせずにはいられなくなった。

ガーダはパレスチナ問題の原点である、一九四八年に祖母の年代の女性たちが故郷を追われた話をまとめて記録に残そうと思い立った。その頃母方の祖母を亡くしたガーダは、追われた経験を持つ女性たちがいなくなっていくことに危機感を募らせていた。私もいつかはパレスチナの人たちが故郷を追われたことを記録に残したいと思っていたので、ガーダの旅に同行することにした。

私は、再びガーダを追うことになったが、今度は彼女を追うだけでなく、パレスチナの女性たちを追っているガーダを追うことになった。私とガーダの二人三脚で、故郷への旅が始まった。

私がパレスチナの女性たちの取材を続けられたのも、ガーダという女性の導きがなければとてもできなかったことだ。しかしながら女性だから女性の世界を描けるというのではなく、どの現場でも同じように、長い間の人間と人間の付き合いがなければ、パレスチナの女性たちも、決して心の扉を開けてくれることはなかっただろう。

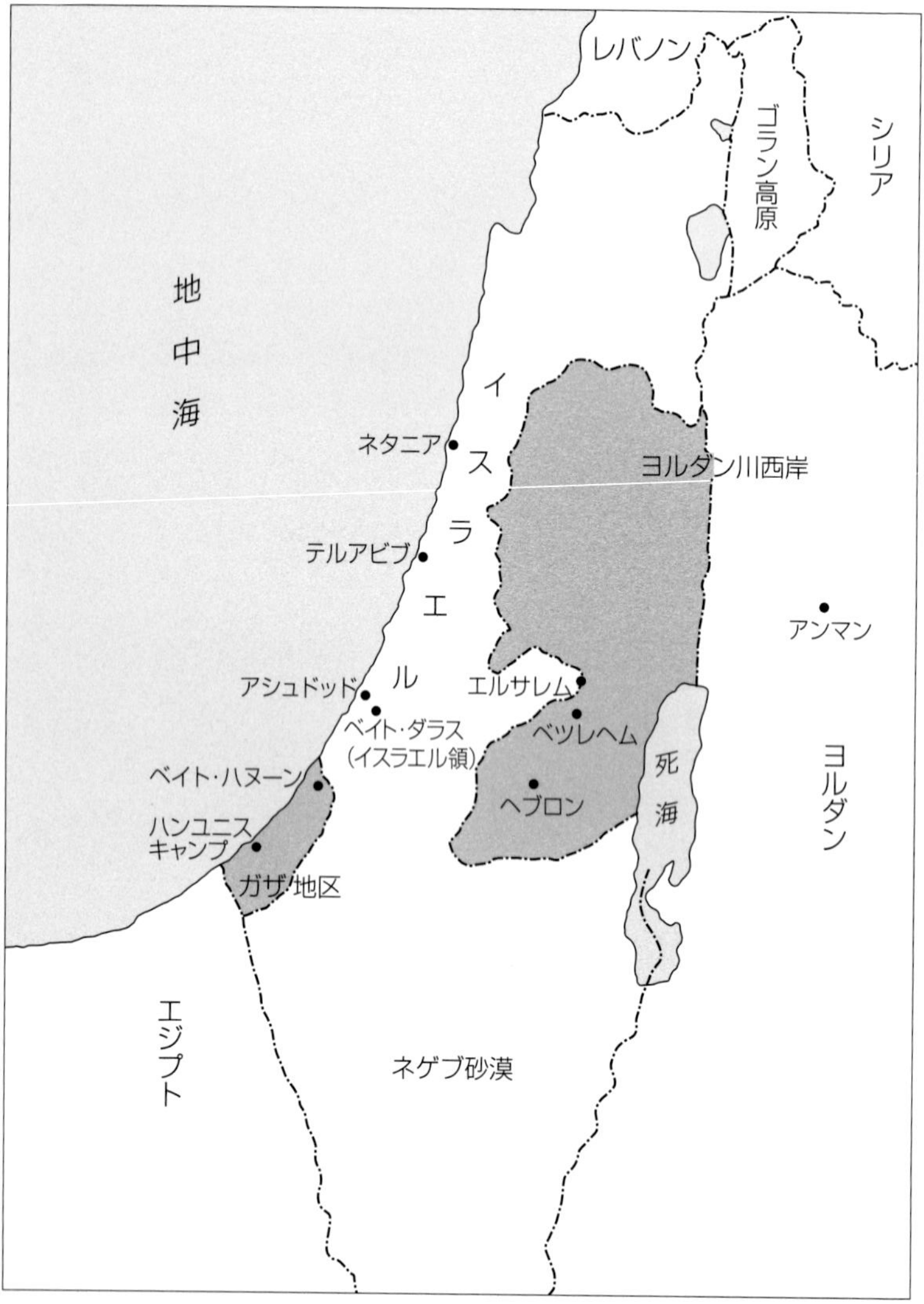

レバノン
ゴラン高原
シリア
地中海
イスラエル
ネタニア
ヨルダン川西岸
テルアビブ
アンマン
アシュドッド
エルサレム
ベイト・ダラス
(イスラエル領)
ベツレヘム
死海
ヨルダン
ベイト・ハヌーン
ヘブロン
ハンユニス
キャンプ
ガザ地区
エジプト
ネゲブ砂漠

目次

ガーダ　女たちのパレスチナ

カバー、扉、本文とも写真はすべて著者撮影

ガーダの人生

ガーダ．ガザの自宅近くで．

婚約する

私はガーダの婚約パーティに出かけるため、彼女の家に向かった。家はガザ地区南部のハンユニス難民キャンプにあった。このキャンプはガザ地区では最大のユダヤ人入植地グッシュカティーフに隣接し、ガーダの家から数百メートル先にはイスラエル軍監視塔がある。

私がガーダの家に着いたときはすでに婚約パーティが始まり、盛り上がりをみせていた。彼女はパープルカラーの鮮やかな衣装を着て、にこやかな笑みを浮かべ、みんなより一段と高い所に座っていた。パレスチナの婚約パーティや結婚式は、以前は伝統的な民族衣装を着ていたが、今の若い人は白いウエディングドレスを着る人の方が圧倒的に多い。化粧も他のアラブ諸国の女性と同じく、おもいっきり厚化粧だが、この日のガーダはほどほどの化粧でたいへん美しかった。ヒジャーブをはずし、化粧しているせいか、昨日とは全く別人だった。

女たちが一人ずつ、あるいは二人でアラブ音楽に合わせて巧みに腰をひねって踊る。ときには太鼓(デルバッカ)に合わせ、肩と胸を小刻みに震わせて踊る。私も何度も真似をして踊ろうとしたが、なかなか音楽に乗るのが難しい。年配の女性はひときわ響きわたる甲高い声で「ルルルル……」と掛け声をかける。パレスチナでは祝いごとがあると必ずといっていいほどこの声、ザガーリートが聞こえる。親戚の人々、近所の人々、友人たちで家は足の踏み場もないほど溢れていた。普通ならアラブ特有の料理がふるまわれるが、できるだけ簡素化したいというガーダの希望で、コーラやジュースがふるまわれているだけだった。婚約パーティにいるのは女性だけ。狭い土間がパーティ場に早変わりし、三十人以上の女たちでむせかえっている。子ども連れで来ている人もいるので、子どもたちも入れると何人いるかわからない。

華やかな女性側のパーティに比べ、男性側はコーヒーを飲んで、じっと座っているだけである。なんとも味気ない。ガザ地区では婚約パーティや結婚式は、男性と女性は同席できないため、男性たちは別の家で未来の花嫁の姿も見ずにお祝いのパーティをしている。たまたま外国人の私は女性ゆえ、男性側と女性側の両方が見られるが、父親や兄弟をはじめ、地元の男性は参加できず、この場合、外国人でも男性も参加出来ないことが多い。

しかし、婚約者は別のようだ。パーティ半ばで婚約者ナセルがやって来た。やって来る前は一体どんな人が来るのだろうかと心待ちにしていたが、案外地味なビジネスマンという感じの人だった。ガーダより九つ年上の三十二歳。同じキャンプに住み、農業改良普及の仕事をしているそうだ。鼻にちょび髭をはやし、感じのよさそうな男性だ。どうしてこの男性を選んだのか、そのときはガーダに会ったばかりで何もわからなかった。

日が暮れるころ、やっと婚約パーティが終わった。ガーダの家族は私と初めて会ったのに泊まっていけという。日本では考えられないことだった。

家族たち

ガーダの父親(四十八歳)はエジプトの大学を卒業し、政府の職員となり、ハンユニスで水関係の仕事をしていた。おとなしい人で挨拶以外はめったに口を開かない。食事もなぜか一人で、部屋でとり、家族の皆と一緒にとろうとはしない。アラブの家庭は皆が一緒になって食事をとるのが当たり前なのに不思議だ。

「私がいるから気を使っているのかしら?」と何度もガーダにたずねたが、「うちの父親はいつもそうよ」と彼女は言うだけだ。この家に長期にお世話になることになった後も、父親の日課は変わらず、毎朝、早くから仕事に出掛け、午後帰って来たら、食事をしてほとんど部屋でテレビを観て過ごす。夕方になると椅子を持って家の前で近所の男たちばかりの井戸端会議に参加する。遅い時は夜更けまで男たちの井戸端会議が続く。彼の会話が少ないのを気にしていた私だが、後で聞くと、もともと照れ屋の上に、彼にとってアラブ人以外の外国人女性に接するのは、初めてだったようだ。

家にいる娘はガーダの他に二人、四女でイスラム大学に通うサナ(二十歳)と五女のアズハル大学に通うルブナ(十九歳)だ。姉妹の中でガーダに顔だちが似ているサナは、最も敬虔なイスラム教徒で一日五回のお祈りを欠かさず、外へ出るときは黒いジルバーブ(イスラム教徒の女性が着る上着)を身につけている。彼女はヨルダン川西岸ラマラにある女子短期大学で、物理学を学んだ。学生が多

教室で小学生を教えるガーダ.

く、開放的なラマラの町で、サナがより敬虔なイスラム教徒になっていたのは不思議なことだった。

その下のルブナは姉たちよりおとなしく、大学の一年生で、彼女も成績優秀で通ってきたが、最近は家の仕事が多すぎて勉強に支障が出てきているらしく、時々元気がない。サナよりは人懐っこく、ガーダが忙しくてなかなか家に帰れない時、代わりによく私の相手をしてくれた。他にも姉妹はいるが、ガーダより一足先に一人はガザ市、もう一人はアブダビに嫁いでいる。

長男のムハンマド(二十四歳)はインティファーダで大学が封鎖され、大学へ入学することが出来ず、交換留学生として海外で学んでいる。当初、リビアで勉強しようとしたが実現せず、ウクライナで医学を勉強している。ガーダが言うにはインティファーダに関わりをもちたくないため、留学を選んだという。しかしガザに残っていれば、必ずや何回かは逮捕され、長い間投獄されたり、運が悪ければ撃たれたりする危険のあるところだ。親にしてみれば大事な長男で、極めて成績が優秀なので、外に出したかったのだろう。

家にいるのは高校生の弟が二人、中学生の弟が一人だ。次男で高校生のアンロワは十七歳。兵士との衝突で時々石を投げているのか、白くなった服を着替えに家に戻って来てはまた出掛けていく。勉強より、闘うことが大事という。彼は最初、私と目を合わせることもしなかった。後では話も出来るようになったが、思春期の上、ここでは男女、学校も別々だし、若い男の子が女性に接することは極めて少ないので、無理からぬことである。その下の弟マナールは家にいる三人兄弟の中では、一番できがよく要領も良さそうで、インティファーダにはあまり関わらなかった。一番下がファヘド。まだ十三歳で、声変わりの最中だ。兄弟の中では唯一、母親の手伝いをする。

ガーダの家は縦長の庭を真ん中に客間、両親の部屋が入口の近くにあり、はなれにガーダの部屋、台所、三人の弟たちの部屋、サナ、ルブナの部屋六つがある。キャンプの家では恵まれたほうだが、一つ一つの部屋を見ると壁は剝がれ、窓は木製で半分壊れかかったものがついているだけで決して豊かな生活をしているとはいえない。父親の給料約六百ドルが唯一の収入源だが大半は長男の留学の仕送りに消え、残りで八人が生活をしていくのはたいへんとガーダはこぼす。

一九九三年当時のガーダの家族

父　アブドゥル・アジーズ（四十八歳）
母　アーリア（四十五歳）
長男　ムハンマド（二十四歳）　大学生（ウクライナ）
長女　ガーダ（二十三歳）　小学校教諭
次女　サーミヤ（二十二歳）　既婚（ガザ市）
三女　タガリード（二十一歳）　既婚（アブダビ）
四女　サナ（二十歳）　イスラム大学大学生
五女　ルブナ（十九歳）　アズハル大学大学生
次男　アンロワ（十七歳）　高校生
三男　マナール（十六歳）　高校生
四男　ファヘド（十三歳）　中学生

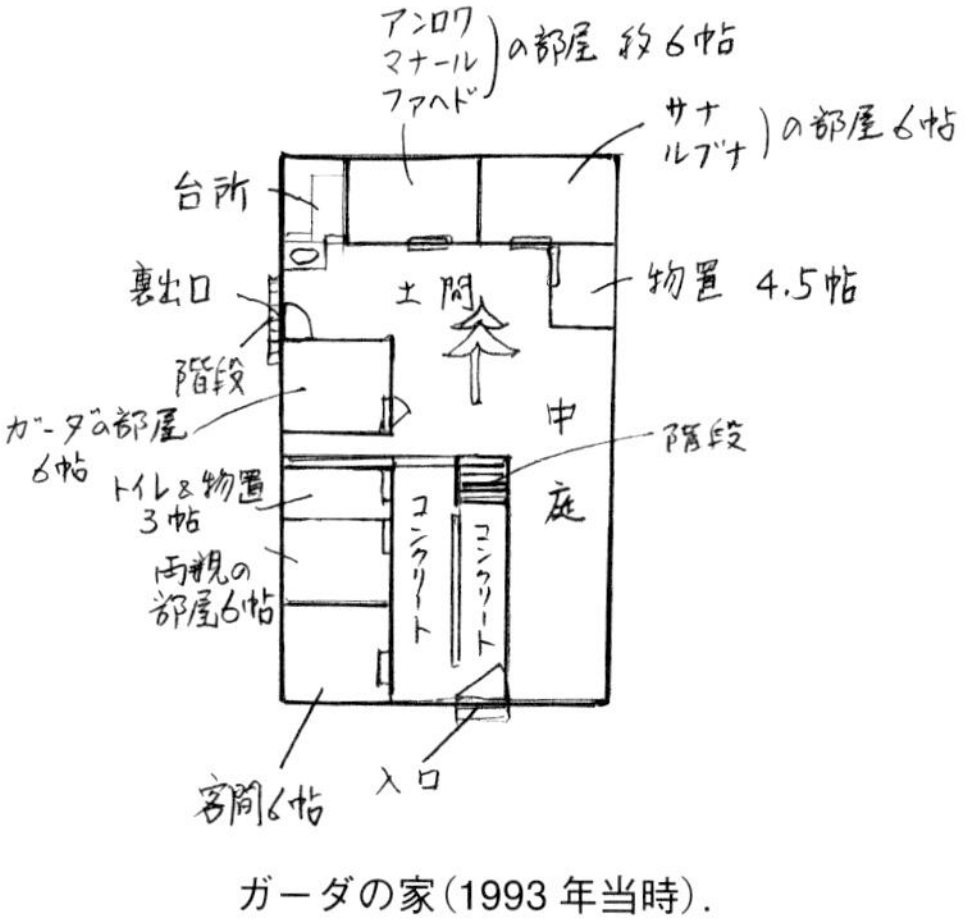

ガーダの家（1993 年当時）.

第一次インティファーダ

一九八七年十二月、パレスチナ人によるイスラエルの占領に反対する抵抗運動、インティファーダが始まったとき、ガーダは十七歳で、高校最後の年だった。インティファーダは十代後半の若者が中心的役割を果たした。ガーダはまさにインティファーダ世代といえる。

ガーダには以前、たくさんの夢があった。大学へ行き、医者か、ジャーナリストになりたかった。他の女の子のように結婚して、家庭に入り、子どもを育てることは考えていなかった。彼女自身、インティファーダがまさか六年近くも続くとは思っていなかった。インティファーダはガーダたちに大きな影響を及ぼした。

「最初の頃は学校に二カ月も行けなかったわ。ストライキ、外出禁止令、葬式、射殺と続き、一日学校へ行っては三日間ストライキ、その後一カ月は学校が閉鎖されたりして、ほとんど勉強ができなかった。当時、キャンプの状況はとても厳しかったの。イスラエル軍兵士は撃ち、若者を逮捕し、子どもを捕まえた。ハンユニス難民キャンプは特にひどかった。いつも衝突が絶えず、問題が発生した」

とガーダはその時の様子を話す。ガーダは他の女の子が参加するように、インティファーダに参加した。学校でデモをし、石を投げた。もっともガーダは石を投げることが兵士を困らせるとは思っていなかった。インティファーダに深く入り込まず、冷静な目で見ているところがあった。それでもときには自制を失った。

ある日、学校へ覆面をした若者がやって来て、その若者に従ってデモが始まった。デモが大きくなり、兵士がデモ隊に向かって撃ち始めた。それは今までガーダが見たことがないような光景だった。

五十人以上の若者が撃たれ、三人が死亡した(そのうち二人はガーダの学校の生徒だった)。一人の白い服を着た男の子を見ると、胸を撃たれ、血が身体から次々と流れていた。救急車が来て、いつのまにかガーダもいっしょになって運んでいた。靴は脱げ、スカーフもとれながら、若者といっしょに走っていた。急いだ。彼は死にそうだった。ガーダには若者を運ぶことしか出来なかった。殺されるということ。普通のことではない。兵士が撃つということ。それも膝などではなく、胸を撃った。男の子は、そのとき死んでいるのかわからず、彼の目は一つのところを見ていた。ガーダは叫び、泣いた。そして気を失って気がついたら病院にいた。友人たちが後でガーダもその男の子を運んでいたと教えてくれた。その子は死んだという。他にも女の子が死んだと言った。

ガーダはそのときの事が忘れられず、いつもその男の子の写真を見ていた。しばらくの間夜中でも思い出し、眠れない日が続いた。

ガーダは八八年七月まで一生懸命勉強に打ち込んだ。百点中八十四点の成績で、学校を卒業することができた。しかしその頃、インティファーダはもっと激しくなっていった。イスラエル当局は占領地の全大学を閉鎖した。ガーダはショックだった。大学へ行くのが夢だった。他に夢はなかっ

第１次インティファーダ．子ども連れの母親たちが通りを走り抜ける．

た。

家族はどこへ行って勉強してもかまわないとガーダに言っていた。以前ならラマラのビルゼイト大学、ナブルスのナジャハ大学などのパレスチナの大学へは行けたので、外国の大学へ行くことは考えていなかった。家族が海外の大学へ行くことを勧めたが、お金の問題があった。兄のムハンマドが大学閉鎖のため、リビアの大学へ行くことになったからだ。

それでも家族はチャンスをくれ、ガーダをリビアへ行かせてくれた。しかしエジプトからリビアへ行こうとした時、リビアにコカインが持ち込まれた事件があり、パレスチナ人が疑われて逮捕された。彼女は入国を拒否され、エジプトでは一日しか滞在許可がなく、仕方なくガザへ帰ってきた。ガーダはそのとき、将来の夢をすべて失った。

インティファーダは続いていた。十九歳のときだった。わからないけど何かを始めねばと思い、いろいろな勉強をした。コンピュータ、タイプ、英語。しかし彼女に満足できるものはなかった。教師の資格を取ったけれど、教師になりたいとは思っていなかった。占領を恨み、状況を拒否し、一年間どこへも行かなかった。でもガーダにはどうすることもできなかった。他の女の子と違う生き方がしたかった。家族や社会に挑戦したかった。しかしいつまでもそうしているわけにいかなかった。ガーダも二十一歳になり、下の妹たちが勉強しなければならなくなったからだ。

「大学もいけない。仕事もできない。そんな中で皆は自由を得るため何かを犠牲にしている。兵士に殺された人、半身不随になった人に比べれば私は何も失っていない。大学を卒業することはそんなに大切なことではない。私はもっと社会に関わろうと思った。私は小さい人間だった」

とガーダはやっと目が覚める思いがした。

インティファーダが始まるまえは、パレスチナというと、ゲリラによるハイジャック闘争や武装闘争のイメージがあったが、インティファーダで、小さな子どもたちが、ほとんど素手同然の石だけで、完全武装したイスラエル軍兵士に立ち向かっていった姿は、世界のパレスチナを見る目を変えた。

「インティファーダは私たちがパレスチナ人であること、難民であることを意識させたわ。以前はイスラエル軍兵士もマーケットで買い物をすることがあったけど、インティファーダが始まって状況が変わり、私たちは一九六七年の戦争でイスラエルに自分たちの土地を占領されたことを意識し始めた」

とガーダは言う。

インティファーダ以前、人々はパーティ、結婚などにたくさんの金をつぎこんだ。男たちはイスラエルへ働きに行くことができ、経済的にはよかった。しかしインティファーダが始まってすべてが変わった。抵抗手段の一つとして、商店主はストライキをはじめた。またイスラエル軍により、外出禁止令がしばしば出て、経済活動は停滞した。

しかしいい面もあり、パレスチナの人々の人間関係が強くなった。近所の人たちのことをお互いに知るようになり、金持ちの人たちは貧しい人たちを助けるようになった。キャンプの人たちはイスラエルの占領と闘うために、一つになった。

ある日、イスラエル軍兵士が一人の若者を逮捕しようと追っかけていた。その若者はガーダの家族とケンカ別れをしている親戚の若者だった。彼がガーダの家に逃げ込んだところに兵士が捜索にやってきた。ガーダの父親は若者に逃げるようサインを送り、助けてやった。占領と闘うことが何よりも優先されるようになったとガーダは語る。

「私はインティファーダの時代に生まれたこと、とても幸せに思う。なぜなら私は歴史的な出来事の中で、生きているから。インティファーダが終わったら、いつか笑って話せるときがくるかもしれない」

ヘブライ語を学ぶ

私がガーダに最初に興味を持った理由の一つに、彼女がヘブライ語を話せるということがあった。ヘブライ語はイスラエルの公用語、パレスチナ人のガーダにしてみればいわば敵の言葉だ。そういう言葉をなぜ彼女が勉強してみようと思ったのか、私には不思議だった。

ガーダはかつてヘブライ語を学んだ動機について私に語ったことがある。パレスチナではインティファーダで、毎晩のようにイスラエル軍兵士が難民キャンプへやってきては若者たちを逮捕していた。ガーダの家には、イスラエル軍に狙われるような年頃の三人の弟たちがいて、彼女は弟たちがいつ逮捕されるか不安だった。ガーダの父親は仕事でヘブライ語を話す。しかし父親が家をあけている時、兵士が来たら長女のガーダが対応しなくてはいけない。兵士の話すヘブライ語を知らなくては、危険なときに対応できないと思った。

そんなある日、ガーダの知り合いで、イスラエル国内のネタニアにあるヘブライ語学校のことを教えてくれた人がいた。ガーダはまたとないチャンスだと思い、挑戦することにした。しかし、インティファーダの真っ最中、いわば敵国のイスラエルへ行き、ユダヤ人に混じって、ヘブライ語を勉強するということを家族のみんなが納得してくれるとは思えなかった。そんなガーダの心配をよそに父親は、「いいよ」とあっさりガーダのヘブライ語学校行きを認めてくれた。大学進学断念で

近代的なイスラエルのビルが立ち並ぶネタニア.

イライラしていたガーダは久しぶりに期待に胸を膨らませた。

一九九一年、ガーダはイスラエルに足を踏み入れた。彼女にとっては、この時が生まれて初めてのイスラエルだった。車が行き交い、高層ビルが立ち並び、すべてのものが発展し、ガザとは比べものにならなかった。数キロメートルの所にいるだけなのに、全く別世界へ来たような気がした。ガーダは今まで自分が住んできたキャンプが突然、動物が住むようなところに思えた。イスラエルの教師はどんな所に住み、給料をもらっているのか？安全な所に住み、将来的には何の不安もないのか？　自分には一体何があるのだろう。ガーダはだんだん怒りに燃えてきた。

「イスラエル人は土地、建物、家、車、すべてを持っている。私たちは土地を失っただけではない。子どもを失い、将来を失い、教育も満足に受けられない。彼らは私たちの土地、権利をすべて取った。本来なら私たちこそ所有者だから場所を入れかわるべきだ」

イスラエルを知らなかったとき以上に、ガーダは憎しみの感情を抱き始めた。ヘブライ語の学校へ来るまでにガーダの心の中で葛藤があった。イスラエルではパレスチナ人はずっとテロリストと言われてきた。そんな中で果して自分はやっていけるのか？　いっしょに勉強し、いっしょに寝食を共にすることなんて出来るのか？　でもひょっとしたら、パレスチナ人はユダヤ人と同じ普通の人間なのだと彼らに証明できる絶好のチャンスかも知れない。何か自分にも出来ることがあるかもしれない。自分がパレスチナ人であることを誇りに思うことにした。

入学したのはネタニアにあるアキバという語学学校で、そこで学んでいるのは主に最近やってきた移民と以前からいるイスラエル人、アラブ・イスラエルと呼ばれるイスラエル国内のパレスチナ人、そして海外からの旅行者などだった。ガーダのようにイスラエルの占領地から来ている女性は珍しかった。あるクラスにはイスラエル占領地へ予備役兵として行ったことのある男性や労働者も加わっていた。皆、仕事のためアラビア語を学ぶ必要があり、そこに来ていた。

ガーダの心にはまだ迷いがあった。移民の人たちと同じクラスになるのはいいけれど、兵士や入植者のいるクラスには行きたくないと教師に言った。パレスチナ人のガーダはユダヤ人たちにアラビア語を教え、ユダヤ人たちはガーダたちにヘブライ語を教えなければならなかった。五人ずつグループに分かれた。ガーダは参加したくなかった。そのとき、教師はガーダに強く言った。

「あなたは誰でも受け入れなければなりません」

始まったクラスでガーダはさっそく「今何歳で、どこに住んでいるの？」と個人的なことを聞かれた。同じグループには税金の集金人、入植者、爆弾処理班に勤める人もいた。何という取り合わせか、ガーダには神の悪戯のように思えた。

「名前はガーダ、パレスチナのガザ地区から来ているの」

と自己紹介した。すると一人のアラビア語を話す男性が彼女に聞いた。

「どこから来たの？　病院の近く？　僕はそこで働いていたよ」

彼はイスラエル軍兵士だった。ガーダは彼が喋る時、とっさに彼の手は血で汚れている、彼は誰かを殺していると思った。

「誰に許可をもらって話しているの？　私のクラスから出ていって！」

とガーダが言うと、彼は笑いだした。

「神経質になっているね。若いね。今は話すのが仕事だろう？　僕は君のことが好きだよ。君のお父さんは教師か医師？」

彼はガーダに興味を示した。

「教師なら何か人のために役立つ仕事だわ。でもあなたの仕事は人を殺すのが仕事じゃないの？」

「僕は人を殺したことがない」

「あなたは何もガザでなくてもどこへでも行けるでしょ」

「いや、行けない」

その時、ガーダたちはヘブライ語で喋っていなかった。ガーダは英語で喋り、兵士はアラビア語で喋っていた。教師は様子を見に来て、「どうして英語で喋るの？　どうして政治的なことを喋るの？　テキストを使って勉強しなさい」とガーダたちをたしなめた。

ある授業でガーダが自己紹介とレクチャーをする番になった。彼女は難民キャンプについて話すことにした。話しているうちに次第にパレスチナ問題の話になってきた。担当の教師は次第に神経質になってきた。ガーダは地図でパレスチナの地理と歴史を説明し始めた。教師はそれを聞くと青い顔をして、「経済や社会の話をするはずだったでしょう」とガーダに迫った。

「私に何をしゃべろというんですか？　私たちパレスチナ人には政治を切り離しては何事も語れません」

感極まってガーダは泣けてきた。それに刺激されたのか、他の生徒たちは彼女に質問を始め、だんだん大きな話し合いになってきた。ガーダが涙をこぼしたとき、皆はガーダを囲み、励ました。休憩時間になっても彼女の話を聞こうとして、外に出るものはいなかった。話し合いは一時間半も続いた。ガーダは「やった」と思った。

しかし、なかには的外れな質問をするロシアからきた移民もいた。

「どうしてあなたの家族はベイト・ダラスの町を出たの？　イスラエル人は何年も前からここにいたんでしょ？」

ガーダは一九四八年からイスラエルの追い出しが始まったこと、占領のことを話した。話の後でたくさんの人たちが質問を始めた。

ガーダは皆とそのとき分かり合えたと思った。以前ユダヤ人が大嫌いだったガーダにとって、その頃からユダヤ人を単に憎むのではなく、自分たちのことをもっと理解して欲しいという気持ちが出てきた。しかしまだガーダの心の葛藤は続いていた。

一人のイスラエル人の警官との出会いもあった。一九九二年二月、彼はアラビア語コースにやって来た。最初、ガーダは彼と何も喋らなかった。彼はガーダに声を掛け、喋ろうとしたが、彼女は返事をしなかった。代わりにガーダの友人が答えた。

「どうして彼女は僕と話をしようとしないんだ」と彼は友人に聞いた。友人は「彼女は誰とも話したくないのよ」と説明したが、「彼女はきっとユダヤ人を嫌っているんだ」と彼は言った。

その警官はイスラエル警官でいつも銃を持っていた。なぜか彼はいつもガーダのことを見ていた。

ガーダたちのコースは二月から九月の始めまでで、ヘブライ語だけでなく、ユダヤの社会的慣習などたくさんのことを学んだ。またイスラエル国内の研修旅行もあり、ネタニア、テルアビブ、ゴラン高原などいろいろなところへ行った。そしてガーダには次第にイスラエルの友人ができてきた。

ある日、ガーダたちはゴラン高原へ行く機会があった。そこで教師は一九六七年にイスラエルがシリアと戦い、破った話をした。そのとき、二十六人のイスラエル軍兵士の命が奪われた。いかにイスラエルがこの戦争に勝ったか、いかにゴランを取ったか話をしている時、あのイスラエル警官はガーダのことを見ていた。ガーダはなぜ彼が鋭い目つきで、自分を見ているかわからなかった。そこにいた、たくさんのユダヤ人は泣いていた。移民として外から来たユダヤ人も泣いていた。

同じ話を聞いているガーダには別の感慨があった。二十五年間、自分たちパレスチナ人は泣いてきた。今でも毎日泣いている。インティファーダで死んだ子どもたちのために。このとき死んだ兵士たちは十代後半だが、インティファーダで殺された子どもには二、三歳の子どももいる。

話が終わった後、皆はまとまってバスに乗ろうしていた。するとと突然、ガーダの後ろにいたイスラエル警官の彼が、ガーダに向かって怒って叫び始めた。

「ユダヤ人が殺されたというのに君はどうして笑うのか？　君には心がないのか？」

ガーダはその時、笑っていなかったが、彼はガーダが笑ってバカにしたと思った。

「もしいっしょに生きようと思えば、君も僕も過去を忘れなければならない。互いを見つめなければいけない。僕たちは学校でお互いの言葉を勉強しているんだ。大切なことは、考えを互いに示し、小さな平和から作るということだ」

と彼は話し始めた。

「世界は狭い。僕は君を助けることができるかも知れない。君の命を救うことができるかも知れない。何かを与えることが出来るかも知れないし、君も僕に何かを出来るかも知れない」

その時のガーダは警官の言うことを理解しようとはしなかった。

「絶対にそんなことはないわ。覚えておいて。殺されることや、死については、私もわかっているつもりよ。イスラエルの兵士に彼の母親がいて、彼らにも人間性があるとも知っている」

「君には人間的感情がないな」

と彼は言い捨てた。

コースが終わり、彼は仕事のため、いつの間にか学校に姿を見せなくなった。一方ガーダはネタニアに残った。それから彼のこともいつの間にか忘れていた。

翌九三年七月、「マカビア」と呼ばれるオリンピックのようなスポーツの祭典があった。四年ごとにこの大会が開かれ、フットボール等がテレビ中継で世界にも流された。その日競技場にはイスラエル国内から約五万人が集まり、警備はたいへん厳しかった。テロも起こりうる状況だった。新しい大統領や軍人も大勢来ていた。ガーダたちは学校からグループで来ていた。入口で警備員はガーダたちの頭を被っているヒジャーブを見て、

「おまえたち、止まれ。あちらの角へ行け」

とすぐさま言った。引率していた教師は

「私たちは学校から来ました。これがチケットです。彼らはガザから来たパレスチナ人の生徒です。あやしいものではありません」

と説明を始めた。

「ここにはパレスチナ人なんて一人もいない。イスラエル人の集まりだ」

「私たちは国会にも行ったし、どこへでも行けます」

「何かが起これば一大事だよ。俺の責任では入れられないね」

警備員はガーダたちの身体検査をしなければならないと言った。今まではどこへ行ってもグループだったので、身体検査されることもなく、何の問題もなかった。

ガーダは身体検査されるのは嫌だった。帰りたい気持ちだった。しかし身体検査が終わるまで、出ることも入ることもできないと警備員は言った。

「もう入りたくない。証明書もみせたくない」とガーダは言った。友人の女の子たちはおとなしかった。「どうして拒否するのだ」警備員は怒り始めた。ガーダはその時、涙が出てきた。教師は

おろおろし始めた。ガーダは叫んだ。

「平和なんてどこにもないわ。馬鹿教師！　私たちはいっしょになんていられないわ。ひどい冗談よ。自分の学校の中だけしか作れない平和なんて。一キロ出ればもう平和はないわ。外は戦争。ひどいところよ。私は帰りたい。私は囚人だっていうの？」

その時、一人の男性が入って来て喋りはじめた。なんとその男性はあのゴラン高原で言い争ったイスラエル警官ではないか。彼はガーダの肩に手を置き、

「今は小さな世界を信じるかな？　僕は君を助け、君は僕を助けることができることを信じるかな？」と言った。「このグループは私の責任で、何か起これば私が責任を持ちます。入れてやって下さい」

責任者はそれでもダメと言ったので彼は証明書を出し、許可をとった。

「君は信じないかもしれないが、われわれはいっしょに生きられる。この警備員は君を信じられない。なぜなら彼は君を知らないから。しかし僕は君を知っている。同じところで住んでいたのだから。ネタニアの学校で、君はひどく怒りっぽく、神経質だった。君は叫んでいた。しかし君は僕に何かを考えさせ、君が苦しんでいることも教えてくれた」と彼はていねいにガーダに話し、道をあけてくれた。ガーダたちに入る許可がおりた。

ガーダは学校に戻ってから、彼のことを考えた。彼女の中で何かが変わっていった。数カ月後、ガーダはネタニアの学校を卒業した。イスラエルへ来るまではイスラエル人は兵士しか知らなかったが、イスラエル人の中にはパレスチナ人の気持ちを理解してくれる人がいるということを知った。

そういう人たちから、学校が終わってからもガーダのもとには手紙が届く。ガザ地区の難民キャンプ以外の世界を知ることで、ガーダのその後の考え方に大きな影響があったと私は思う。ガザの女性の大半は十七、八歳で社会も見ないまま、親の選んだ人と結婚し、家庭に入る。そういう状況を受け入れるのは大半の女性が、外の世界を知るチャンスもないからだ。イスラエルでユダヤ移民や外国からきた旅行者など様々な人たちに接して、ガーダは一回り大きな人間となった。そして結婚より何より、まず一人の人間として社会的に自立したいという考えが強くなった。

見合いに悩むサルワ

ガーダの従姉妹のサルワは二十四歳だ。ガーダと同じキャンプに住み、ハンユニスの高校を卒業後、ヨルダン川西岸のラマラにある短大を卒業した。学歴があるにもかかわらず仕事がなく、しかたなく家事手伝いをしている。そんなサルワに突然結婚話がふってわいた。パレスチナの女性にとって二十四歳は特別の意味がある。平均十七、八歳で結婚するパレスチナ女性とって、二十五歳は結婚適齢期の最後の歳なのだ。二十五歳を超えたら結婚話を持ってきた親戚の叔母さんも来なくなる。彼女にとって今年はまさに瀬戸際の年だった。家族から決断を迫られたサルワは頭を抱え、従姉妹でいい友人でもあるガーダの家へやって来てああでもない、こうでもないと悩みをぶちまけた。

「昨日彼が家に来たのよ。二人だけで会えたわ。もちろん家の中でね。彼といる時はすごく楽しかったの。でもそれだけよ。彼のこと好きでも嫌いでもないわ。でも家族は決めろというの。まだ二回しか会ってないのよ。それで決めろと言われても無理だわ」

ガーダの母親が横から口を挟む。

「返事をしなきゃならないんだろう。結婚したほうがいいよ。お前の両親も、兄弟も、お前自身もそれで幸せになるんだろ」

「その通りよ。でも彼をもっと知らないと納得できないの。自分でも自分の気持ちがわからないのよ」

パレスチナ女性の結婚話はたいていの場合、親や親戚の誰かが娘の父親のところに持ってきて、娘の気持ちを聞く。父親のOKが出れば、家族をまじえて当人同士が会う。しかし二人きりで会えることはめったにない。多くが一回だけの見合いで、一生の問題である結婚を決めてしまわなければならないのだ。二人だけで、それも二回も会えたサルワは幸せな方だ。

ガーダの母親は頭を抱えるサルワを見て言った。

「明日にしなさい。今晩はお祈りして、神にお伺いすれば」

その夜、サルワは近所に住む、イスラム教指導者にお祈りの言葉を書いてもらい、どうすればいいのか、お祈りをすることにした。しかし翌朝もサルワは結論の出ない顔をしていた。

「何回も考えた。住むところもハンユニスでなく隣の町なのは良くない。彼は従兄弟でもないし、同じ家族の出身でもない。会ったのは二回だけでそれも十分でないわ。私自身、先週はとても神経質になっていたと思うの。昨日も一晩中考えていた。時々、YES、時々、NOという気分になる。彼に対する特別の感情は湧いてこないの。彼といっしょにいるときは楽しかった。笑ったし、いろいろのこと話したし、でもそれ以上のものは何もないの。彼を見ると頭はうすくなりかけているし、私の結婚の相手として夢にみたタイプではないわ。性格はいいけど、愛を感じないの。でも私は今年で二十四歳になり、この社会では年をとっていることになるわ。これから先、今のようなチャンスはないかも知れない。今年結婚しなければ、来年はもう結婚できないかも知れない。来年は二十

親戚の結婚のお祝いで踊るガーダ．この日は女性だけの集まり．

五歳になるから。もし結婚すると決心したなら、周りの圧力で結婚したことになる。私の決心ではないわ」

ガーダは冷静にサルワに聞く。

「もしもう二、三回彼に会えば、考え直すチャンスがあるかも知れないの？」

「家族は今回の問題で変わったわ。私に圧力をかけるようになった。これは初めてのことよ。同意させようとしているのがわかる。この問題をはやく終えたがっている。家族は私がもう家にいるのを望んでいないの。私の家族だけではない。ガーダのお母さん、おばあさん、親戚の人、皆は彼のことをとてもいい男だというの。誰もよく知らないのに、彼のこと聞いただけでそう言う。誰かが言った。彼は教育を受けている。大学出だし、仕事は少ないが月に一週間は働いているし、申し分ないと言う。でも迷う。今、結婚すべきかどうか。勉強したり、働いたりしたほうがいいのではないかしら？」

「サルワの理想的な人はどんな人？」とガーダ。

「教育のある人、経済的に力がある人、いい性格の人、顔のいい人、住むところはハンユニスかガザ市がいい。ほどほどに宗教心がある人がいい。私も宗教を信じているから。どうして今なら誰とでも結婚しなければならないの？　どうして以前なら美しく、今は美しくないの？　私は変わらないのに。私は働くわ。お金も稼ぐわ。もし仕事があればいい解決になるのだけれど」

私が「二十五歳なんて関係ないわよ。いくらでも縁談はあるって」と言うと、

「ここは日本じゃないわ。ここじゃ許されないことなのよ」

というサルワの真剣な顔に圧倒され、口をつぐんでしまった。それもそうだ。このまま同意してしまえば、後で気に入らないからといって、おいそれとは別れることができない。もしうまくいかなければ、この社会では離婚者として烙印を押されるのだ。日本のようにバツイチよとか軽く言える状況ではない。日本であれば、「男なんて何よ。仕事を持って、しっかり生きていれば、自ずと男はついてくるわよ」と励ますのだが。与えられただけで知り合うチャンスもないのでは選びようがないではないか？　自分の好きな人と結ばれる女性が何人いるのだろうか？

サルワは数日後、やはり結婚しないと結論を出した。これで一時、悩みは消えたが、今度はまた

次の縁談が来るかどうかということで、彼女は悩んでしまうことだろう。

ナヘドの再婚

ナヘドに会ったのは一九九二年七月、ひとりの少年の葬儀デモが行われている最中だった。ハンユニスのモスクの近くで少年が、イスラエル軍兵士に撃たれ亡くなった。デモの先頭にいる少女がナヘドだった。亡くなった少年の写真を高く掲げ、大きな涙をこぼし、まわりの人に助けられながらデモを続けていた。ナヘドは少年の姉だった。

その数カ月後、私は彼女を訪ねた。ナヘドはまだ高校生だった。家では十人近い兄弟姉妹の長女で家事の切り盛りからすべてをやっていた。人なつっこく、彼女はすぐうちとけた。

二年後、ナヘドを再び訪れる機会ができた。ナヘドに電話をすると、一年前に結婚して今は実家から離れた村に住んでいるという。ナヘドが結婚したのには驚いたが、二、三日すれば実家にいるというので訪ねてみることにした。

ナヘドが住んでいるハンユニスの町はガーダの難民キャンプから少し離れたところにあり、彼女の家族は貧しいけれどイスラエルの占領以前から住んでいて、難民ではなかった。二年ぶりに会ったナヘドはすっかり大人びて、高校生だった時と違い、顔には化粧をしていた。ナヘドは私に結婚式の写真を見せてくれた。純白の花嫁衣装に厚めの化粧をほどこしたナヘドが写っていた。

高校の試験前日のこと、ある男性とその家族がナヘドに婚約の申込みにやって来た。この頃、ナヘドは結婚など考えてもいなかった。学業を終え、将来ジャーナリストになりたいと思っていた。弟が死んだ時、ナヘドは弟のことを記事に書き、それを読んだあるジャーナリストはとてもナヘドのことをほめてくれたからだ。またナヘドは以前からよく詩を書いていた。二十五歳になるまでは結婚したくないと思っていた。それまで勉強をしたり、お金を貯めたり、そんな自由があると思っていた。しかし現実は違っていた。

婚約を申し込んだ彼の家はナヘドの家からかなり遠いところにあった。ハンユニスは従来保守的なところだが、その地域はさらに保守的なところだった。

婚約に男性と彼の家族が来た日、ナヘドは紅茶を入れて彼らのいる部屋に入った。婚約を受ける側は父親が話の相手をし、娘はお茶を出すのがパレスチナ式のお見合いだ。ナヘドは部屋いっぱいに座っている男たちに圧倒されて、ほとんど相手の顔も見ることができなかった。彼らが帰った後、婚約を申し込んだ男性の従姉妹が、しばしばナヘドの家へやって来て、父親に彼のことを話していった。「彼はお金持ちで家もあり、きっといい条件で暮らせる」と勧めた。

ある日、父親がナヘドの部屋に入って来て「あの男をどう思うか？」と聞いてきた。

「私は彼と結婚したくない」とナヘドは言った。しかしいつもは優しい父親だけれど、結婚となると強引だった。

「おまえはもう十九歳にもなるだろう。結婚すべきだ。もしこの縁談を逃せばこの先、誰とも結婚できないだろうよ。母親や兄弟を助けるため、結婚すべきだ。皆おまえが結婚するのを望んでいるよ。もしおまえがあくまで拒否をするなら、今後結婚などさせない。一生おまえは女の子のままでいるんだな」

と強い調子で言った。

ナヘドはどうしても納得できず、嫌だと頑張ったが、父親はすでにアラブの結婚契約金といえるマフルを受け取っていた。それを知ったナヘドは愕然とした。

「私は家族という大きな力には勝てなかったの。私は同意するしかなかった」

私が訪ねて数日後、ナヘドは嫁ぎ先に私を連れて行った。夫はまだ若い人だったが、なんとも暗い目をしていた。口数も少なく、何を考えているかわからないような人だった。

ナヘドの家は村のど真ん中にあった。家は簡単な素材で作られ、ガザの難民キャンプの家に多くみられるブリキにトタン屋根をつけたものだ。家は二間ほどあり、一つは夫妻の寝室、一つは客間だ。結婚して一年しかたっていないのでまだすべてが新しく、きれいなままだ。パレスチナの社会は結婚するとき、花婿側は嫁を迎えるために、新夫婦用の部屋を一つ用意しなければならない。そしてそこにはダブルベッド、洋服ダンス、鏡台などが置かれる。洋服ダンスには鮮やかな色のナヘドのドレスがいっぱいつまっていて、これだけみれば幸せに暮らしているように見えた。

すべてが新しく輝いている部屋で、ナヘドは沈んだ表情をして私に話し始めた。

「結婚は失敗だった。夫は嫉妬深い人で、私が外出するのを好まない。無理やり外出しようとすると、暴力を振るうようになった。外出できない私は窓から外を見るのが習慣になった。でも夫は私が窓の外でサッカーの試合をしている男たちを見ているだけで文句を言うの」

ナヘドは実家へ帰ってくるたびに、私のところへ電話してきた。耐えきれなくてナヘドが帰ってきても、また夫たちが世間体を気にして連れ戻しにやってくる。ナヘドの父親は父親で世間体のため、帰したくない気持はあっても夫が来ると彼女を帰してしまう。ナヘドと夫との関係は日に日に悪くなっていた。夫は彼女をよく家に閉じ込めるようになり、外出すると機嫌が悪くなった。ある日、ナヘドが歯医者に行こうとした。夫は

「歯医者にお金を使うためにいっしょになったのではない」と言い、

「お金は出してもらわなくても、家で出してもらう」

とナヘドが言うと、夫は彼女に冷たい水をかけ、殴った。ナヘドは気を失って倒れた。

何度も同じ状態が続き、ナヘドは薬に頼るようになってきた。目に見えてナヘドが弱っていくのがわかると、さすがの父親も娘が別れることに同意した。

離婚するまでは暗かったが、夫と別れ、もう縛られることがないと思うと、ナヘドは久々にさっぱりした様子だった。

その後、一人になったナヘドのもとにいくつかの話がきた。しかしナヘドが結婚経験者であるため、マフルを払わない男性や妻が二人もいる男性が申し込みにやってきた。

ナヘドが離婚して一年後、彼女のもとにやっと明るい話が来た。以前からの知り合いで、ナヘドを結婚する前から知っていた男性だった。インティファーダの時は、イスラエルの刑務所に数年服役し、ガザ地区が自治区になった後はパレスチナの警官をしていた。ナヘドが外出するのも嫌がらず、理解のある男性だった。しかし彼にも問題があった。七人の子どもと妻があるのだ。

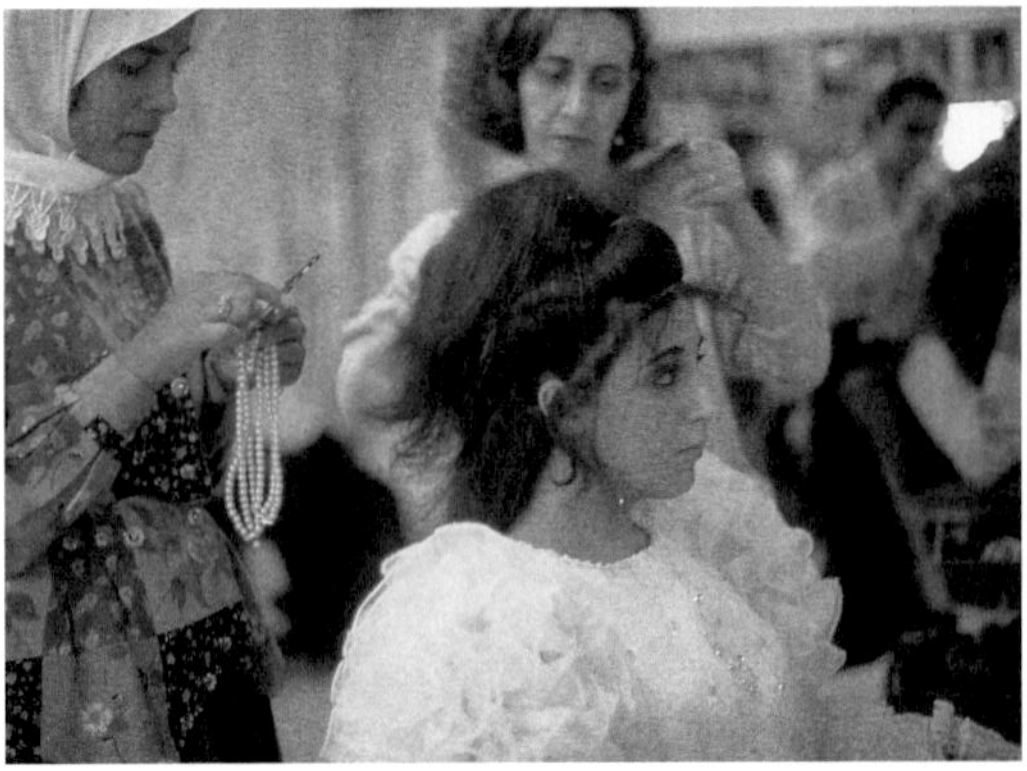

再婚する日のナヘド.

「奥さんがいることに抵抗はないの?」と私がナヘドに聞くと、

「最初の結婚で私は駄目にされた。私には女性に理解がある人が必要なの。彼は私が外に出ることを認めてくれる人よ。奥さんがいるけど別れてくれとは言えないわ」

ナヘドが再婚するまで、私は何度かナヘドの新しい婚約者に会った。まだ二十代後半で誠実そうな人だった。とても七人の子持ちには見えないのは、彼が十六歳という若さで親の決めた女性と結婚したからだった。どうしてもその女性と性格が合わず、長年悩んできた。彼は恋愛というものをしたことがなかった。刑務所から釈放されたらそれでもやり直してみて、だめだったら新しい女性を迎えるつもりでいたという。彼は釈放後、相変わらず妻とはうまくいかず、そこで以前から好意をもっていたナヘドが離婚したことを聞き、結婚を決意したようだ。

結婚式の日、ナヘドは白いウエディングドレスに身を固め、頬を紅潮させていた。簡単なパーティを自宅で開き、近所の人たちや友人たちで祝ったあと、数台の車で新郎の自宅へ向かった。お互いに再婚でも披露宴は華やかだった。同じキャンプの人々が見つめる中、二人はキャンドルを手に持ち壇上で幸せそうに踊った。七人の子どもたちもわけがわからないながら何か楽しそうだと、壇上を上がったり下りたりしながらはしゃぎ回っていた。結婚式前後の二、三日は、一番目の妻は実家へ帰っていた。

五カ月後にナヘドたちを再び訪ねた。ナヘドはすでにつわりが始まり、顔色がさえなかった。ナヘドは再婚後、一番目の妻と同じ家に住み、一階が一番目の妻と子どもたちの部屋で、二階がナヘドたちの部屋だった。最初は姉の家をナヘドとの新居にする予定だったが、姉に断られ、急遽一番目の妻の家の上に一部屋作ることになったのだ。部屋の中は飾りたててあるものの、外から見れば、ブロックをセメントで繋いだ粗末な作りだった。

ナヘドは理解のある夫を持ち幸せな一面、早くも二番目の妻という現実の厳しさを実感しているようだった。夫は一晩ずつ交互に泊まるようにしている。一番目、二番目の妻ともお互いの嫉妬心も絡まって、日常的に争いが絶えない。一番目の妻は子どもの食事のお金がないのに、ナヘドにばかり服を買い与えると不平を言い、ナヘドは一番目の妻が子どもの世話をあまりせずに実家へ帰ってばかりいると不平を言う。

パレスチナでは結婚の適齢期が低く、恋愛期間もほとんどなく、親の決めた結婚で破局を迎える結婚も多い。離婚は女性にとって不利になるので、我慢して結婚生活を続ける女性もいれば、ナヘドのように不利を覚悟で離婚し、再婚する女性もいる。パレスチナ女性の結婚の難しさをまざまざとみせられた。

父権社会に反抗したマナール

ガーダの親友にマナールという女性がいる。マナールはハンユニス難民キャンプで、フランスの支援組織によって作られた子どもの学校に勤めている。ガーダを私に紹介してくれたのは彼女だ。

インティファーダの中でイスラエル軍兵士に父親が殴られたりして、子どもに精神的に問題が出てきたり、あるいは兵士との衝突で先頭に立って闘う子どもたちが、父親の言うことをあまり聞かなくなったり、学校の閉鎖が続き、勉強が遅れたりという様々な問題が出てきた。そういう子どもたちに本来の子どもらしさを取り戻してもらおうと作られた学校である。マナールはその中心的メンバーの一人だ。

マナールの両親は教師で、まだ現役で働き、五人の兄弟と二人の姉妹がいる。長男と次男は家の近くで家具を作り、三男はドイツに留学、四男はまだ中学生だ。

彼女の家族はガーダの家族と違って難民でなく、もともとハンユニスの町に住んでいた。同じハンユニスに住んでいても地元のパレスチナ人と難民のパレスチナ人とは垣根があり、高校の頃までガーダがマナールを訪ねることはマナールの両親が許さなかったし、マナールもガーダの住む難民キャンプへは行けなかった。今でも結婚に関してこの垣根が問題になることはあるが、以前ほどではないという。インティファーダがこの垣根を壊したのだ。難民であろうと地元民であろうと、お金持ちであろうと貧しかろうと、イスラエル軍は容赦なく、襲ってきた。自然とパレスチナの人々は一致団結するようになり、次第に垣根もなくなっていった。

マナールには好きな人がいた。父親は厳格な人で、結婚に反対した。どうしても親の言うことをきかずいっしょになるなら殺す、とまで言われた。話し合いをなんとか持とうとしたが、父親はだめだというだけで、とりつくしまがなかった。一年が経ち、待ちきれなくなったマナールは最後の手段として、ハンガーストライキをすることにした。私がマナールに出会ったのはまだ父親の許しが出ていない時だった。一週間、家では何も食べていないという。しかしマナールはちゃっかりと勤め先では一食分は食べるようにしていた。それを知らない父親は、娘が食べなくなったので、最後には折れて娘を受け入れた。父親が娘の言うことを受け入れることは、インティファーダ以前には考えられなかったことだ。

タクシーでいっしょになったマナールは見違えるかのように元気になって、

「父親が認めてくれたのよ。夢のようよ。信じられないわ」

と、はしゃぎっぱなしだった。マナールは私を勤務先の学校へ連れて行った。学校へ着いてからも皆にそのことを話し、祝福を受け、彼女は皆の前で踊りだした。保守的なガザでは娘が父親の意志にさからうことはほとんどなく、マナールのように行動に移して闘う女性は稀な存在だ。知的で、行動的なところはガーダと共通するところだ。

後日、マナールの婚約者は私が知っている人と聞いてまた驚いた。インティファーダが始まってまだ一年も経たない頃、私は初めてハンユニス難民キャンプを訪ねた。その時、キャンプを連れて歩いてくれたのが、マナールの婚約者だった。すこぶる紳士的で、同じ年頃の兄弟がたくさんいる大家族だった。家族は私を歓迎してくれて、その晩ハマーメと呼ぶハトのヒナを料理してくれた。料理する前にみせてくれた後、ハトはこんがりとロースト・ハマーメになって出てきた。私は勧められるままに複雑な思いで食べたことを覚えている。

私とガーダは、マナールの結婚式の前に、親族が集まっておこなわれるヘンナ・パーティに参加した。彼女は女性組織に属し、ガーダより政治的な女性だが、それでも結婚式は普通に行われるようだ。

パーティは彼女の家の屋上で行われた。従来花嫁のダンスはおとなしく、あまり身体を動かさないが、この日のマナールは大きな動きのダンスをして、身体全体で自分の喜びを表現していた。

ガーダの結婚観

ガーダの結婚が近づいてきた日、私とガーダは親友アマルの家を訪れた。アマルの家にはガーダの母親が一足先に遊びに来ていた。

アマルはガーダと同じように公立の小学校の教師をしている。いっしょにネタニアのヘブライ語学校で学んだ友人でもある。同じ年頃で親友でもガーダとアマルは結婚観が違うようだ。アマルの祖父やアマルの母親も皆集まって、いつの間にかガーダの結婚について白熱した議論が始まった。

「私は他の人がするように結婚式はしない。白いウエディングドレスも着ない。結婚の夜、夫に連れられて実家から夫の家には行かないわ」とガーダ。

「あなたにとって初めての結婚じゃない。皆あなたのパーティやあなたの衣装を見たがっているわ。近所の人、親戚の人、友人たちが楽しみにしているのに」

アマルはガーダの思いがけない考えに驚く。

「でも私は少しも嬉しくないわ。なぜ結婚式で何時間も座っていなきゃいけないの。私はそういうの嫌いなの」

「でも習慣よ。習慣は従うものよ」

「どうして習慣を守らなければいけないの？　作ったのは私たちの父親であり、祖父であり、祖先でしょ。人間が作ったものじゃないの？　人間が作ったものは変えられるわ。変える人がいなければ私が変える最初の人間になるわ。時間もお金も節約出来るし。私は自然体でいたいの」

従来のパレスチナ社会の結婚式は他のアラブ諸国と同じように盛大だ。結婚契約時、あるいは結婚時と離婚時の二度に分けて花婿から花嫁に支払われるマフルという婚資がいる。ところによって違うが、経済的に豊かなヨルダン川西岸の町などでは五十万円から百万円もしたり、ガザ地区の難民キャンプでは二十万円から三十万円だったりする。国連が設立した学校の教師の給料が月二万円程度だから年収にほぼ匹敵し、かなりの金額になる。それによって女性の値打ちが決まったりもする。花嫁を迎えるにあたって花婿の家は新婚用に一部屋を用意し、ダブルベッド、鏡台、洋服ダンスなどの家具、花嫁の衣装、ネックレス、指輪、腕輪などの装飾品にいたるまで用意しなければならない。さらにお金がかかるのはパーティだ。もちろんお金持ちの家族であればあるだけ盛大になる。家で式を挙げることもあれば、最近ではホテルの一室を借り切ってやることもある。結婚式専用の歌手とバンドを呼び、カメラマンを雇い、写真やビデオを撮る。祝いは一日では終わらず、三日から一週間も続くことがある。難民キャンプでは都市部と違ってもっとシンプルで、家で結婚式をやり、近所の人や親戚、友人たちを呼ぶ。

この盛大な結婚式が一九八七年のインティファーダから鳴りをひそめた。インティファーダで多くの若者や子どもたちが犠牲になり、すべての生活がイスラエルの占領と闘うことに向かっていったからだ。祝い事はすべて控えられ、近所の人たちを呼んで食事をするだけだったり、結婚式も音楽も踊りもなかったり、あっても二時間ぐらいで切り上げられた。

しかし和平の時代になり、従来の結婚式のやり方が復活してきた。ガーダが抵抗しているのはこの盛大な結婚式のやり方だ。ガーダ家の生活レベルは中くらいだが、それも難民キャンプの中での話だ。さらに、嫁ごうとしている花婿の家は、どうして食べているのだろうと思えるほど、大家族で貧しい家族だ。ガーダはそれも気にしているのだろう。

ガーダはこの結婚を受け入れる時、条件を出した。結婚しても、結婚前と変わらず、仕事を持てること。親たちとは同じところに住んでいるが、別棟に自分たちの部屋を作ることだった。息子が家に残り、嫁を迎え、一生親たちと暮らしていく大家族制のこの社会で、夫婦の存在を強調するガーダは、まわりの人にはそれだけで異様に映ったことだろう。

ガーダの条件の「共稼ぎと別棟の新婚用の部屋」は受け入れられたが、肝心の問題が残っていた。従来の結婚パーティは何日間にもわたって行われる。初夜は花婿の家で契りを結ぶ。花嫁はその後、処女の印をまわりに明かすことになっている。ガーダはそれを拒否しようとしている。

「私は結婚をそんなにおおげさなものと考えたくない。普通のことのように考えたい。『パーティの後、私はここにいたくない』と私はナセルに言ったわ。こういう伝統的なことをやめたいの。パーティの後、花婿は花嫁を連れていくわ。そして翌朝、皆が来る。特に母親はね、来てすぐ聞くわ。すべてがうまくいったかどうか。少女から女になったかどうか。そして花嫁が処女だった証拠を欲しがるわ。もしそれがうまくいかなかったらすごく気にする。特に花嫁の母親は絶対者よ。娘に間違いがなかったことを確かめたいの」

花嫁はもし処女の印を見せられなかったらどうしようという重圧から、緊張のあまり失神することもある。今まで男性経験の無い女性であれば、無理もない気がする。

ガーダの結婚式を拒否するやり方は自分の家族にも反対された。母親や祖母はもちろん、同じ年頃の姉妹も反対だった。唯一賛成してくれたのは父親だった。ガーダが今まで自由な考えを持ち、自由に生きてこられたのも、この父親の影響が大である。

同じパレスチナでもガザの女性はヨルダン川西岸やエルサレムの女性と違って、もっと隔離された中で生きている。ガーダは車で約二十分のガザ市にも自由に行き来しているが、普通の娘はまず父親、そして長男の許可を得てから行く。ひどいケースは、ガザへ行ったことさえ二十年間のうちで一回だけとか、イスラエル領を挟んでわずか一時間半しかかからないエルサレムにも、一度も行ったことがないという女性が多いことには驚いた。他のアラブ諸国のようにガザでも、娘一人で行動することはよくないという風潮が残っているのだ。

ガーダは一人の独立した人間として、そういう社会的風潮に刃を突きつけたのだ。結婚相手も遠い親戚ではあるが、自分で決めた。この社会で自分の生き方を押し通すということは、命懸けでインティファーダを闘うのと同じくらい厳しいことでもある。うまくいけばガーダの後に続く女性が出てくるかもしれないし、失敗すれば彼女は家族や親戚から孤立するだけでなく、ガーダの住むキャンプの人たちから村八分にもなりかねない。ガーダにとって身近なところから味方を作っていく必要があった。

婚約者ナセルの母親と対決

ガーダの嫁ごうとする先には、婚約者ナセルの母親の他に三人の兄弟の家族が同居している。全部を合わせれば三十人にはなるだろう。意外にも兄弟たちは、ガーダたちの新しいやり方に反対ではなかった。普通ならこの社会では父親がすべての権限を持つが、その父親がいなければ長男が力を持つ。父親や長男はえてしてより保守的なものだ。しかしナセルの父親はすでに亡くなり、兄弟たちはあえて反対はしなかった。問題は八十歳近くになるナセルの母親だった。年老いた母親にガーダの考えているような結婚は到底、理解できないことが予想された。ガーダは結婚が近づいた日、母親を説得するため、彼の家を訪れることにした。ガーダは行く道々、大きなため息をして、考え込んでいる様子だった。

ナセルと母親の他に長男夫婦、次男、三男の嫁たち、ナセルの姉妹たちが加わって大ミーティングが始まった。ガーダの顔も母親の顔も心なしか強張っている。次男は以前、イスラム原理主義組織のハマス支持者だったが、今は穏健派のファタハだという。国連が運営する学校の教師をして一家を養っているが、月二百ドルの給料ではとてもやっていけないとグチをこぼす。服装はどこからみても、イスラム原理主義者というスタイルで、首元から足先まで長い白装束の服装をしている。ヒゲをはやし、コワモテの顔だが、自慢気にあまりうまくない英語を話すところはどことなく愛嬌

海辺でくつろぐ婚約時代のガーダとナセル.

がある。

結婚式はしないで、エジプトに新婚旅行へ行くというガーダの話を、次男やナセルからすでに聞いている母親は押し黙っていた。重苦しい沈黙から始まり、母親が口火を切った。

「エジプトで祝うことにそんなに意味があるのかい？　なんにも祝ってくれないエジプト人を喜ばせてどうだっていうんだい」

「私たちはエジプトで結婚式をするつもりはありません。帰ってきたとき、祝えますから」

とガーダ。

「帰ってきてからって？　いつになることやら。その時はおそいさ」と母親は冷たく言い放す。

「俺は彼女が言っていることには賛成だし、彼らが望むのは当然だと思うよ」と次男はガーダを理解している。

「普通結婚式をしようと思えば、二千ドルはかかり、私たちがもし結婚式をするなら最低、千ドルかかります。私はそういうお金を使いたくないのです」とガーダは母親に同意を求める。

「おい、ナセル。おまえはどう思う?」おとなしくしているナセルに次男が声を掛ける。

「僕は母さんが何か喜ぶことをしてあげたい。でも同時に意味のないことはやりたくないんだ」

「私は結婚式の前にやるパーティもやりたくないよ。何もしたくない。私は家にいないことにするよ。壁に向かって歌うかもね」とふてくされる母親。

「もし結婚パーティをするのなら完璧な形にしますよ。私より前に結婚した妹たちと同じようにする。お母さんの望み通り、すべての人を招くことができます。でもその場合は相当のお金を使うことになります。そしてお金を用意するためにさらに数年は必要ですよ。私はそれらのことを拒否したいんです。そういうやりかたが嫌なんです。でも私の意見に家族や親戚はみんな反対している。でも私の父親だけは賛成してくれています。何か他にいい解決方法があったら言って下さい」と少し感情的になって一気にまくしたてるガーダ。

「俺はガーダの言う通りだと思うよ。二人の意見に賛成だ」と次男が説得する。

「私はお母さんのためにだけにパーティをしたい。お母さんは人々を招待できるし、ダンスもできるし、楽しむこともできる。エジプトからきた私の叔父は、どうして結婚式をしないのかと私に聞いてきました。他の人たちは、結婚式をするお金がないのかとか言って、お母さんたちのこと以上に、私のことを悪く言うでしょう。でも私は結婚式をしたくないんです」とガーダ。

意地をはっていた母親だったが、ついに我慢できなくなったのか爆発した。

「本当のところをいうと、前代未聞のことだよ。何だってエジプトへ行きたいんだね。お前たちはエジプト人かね」

「彼女は新婚旅行に行くんだよ」と次男。

「ここで結婚した後、行けばいいじゃないか。一カ月といわず、二カ月でも」

「違うよ。ここで結婚するんだよ」

「人がなんて言うと思う。人は私たちのことを言うよ」

「最低一週間は言われるけど、一週間、それでも時間がたてば人はまた忘れるもんだよ」とナセルが横から口を挟む。次男も冷静に話す。

「そうだ。どうしてそんなことやらなきゃいけないのか。教養もあるのに。宗教的考えからしても、こういう大金を使うような意味のないことはすべきではないよ。それに息子が経済的に困っているのに、母さんはそれを無視してやろうとしている」

額に手をやりながら、次男に強く言われて、がっくりした表情で母親は言った。

「もし二人が行きたいのなら行けばいい。神もお許しになるだろう。神よ、お前らが行く道を祝福し、守りたまえ。神はお喜びになるだろうよ。ナセルとみんなのことを」

「賛成するんだね」と喜ぶ次男。

「お母さんにキスをしなければ」とガーダ。

「いいや。しなくていいよ」と照れくさそうにする母親だった。

結婚式をしないことを自分とナセルの家族に納得させたガーダは、母親たちのために、家族と友人たちだけの、結婚式の前に行うヘンナ・パーティだけは受け入れることにした。

リベラルなナセル

ガーダの婚約者ナセルはガーダとは遠縁にあたるが、ガーダに最初に会ったのは彼女が本当に小さいときで、それ以来、二人は会うこともなかった。ナセルは高校を卒業後、長い間トルコに留学し、ガザに帰ってからはイスラエルの刑務所に入れられていて、ほとんど会う機会もなかった。同じ難民キャンプに住みながら、ガーダの家族は父親が自治政府の地方事務所に勤めていて、貧しいながらも安定した生活をしてきたのに比べ、ナセルは幼いときに父親を亡くし、国連の学校の教師をしている兄以外の男兄弟は、イスラエルへ働きに行く日雇い労働者として働いてきた。ナセルはあまり自分のことは語りたがらないが、ある日、幼い日からの話をしてくれた。

「一九六七年、僕は七歳でまだ学校へは行っていなかったけれど、突然、大きな出来事が起こったと感じたんだ。子どもだったので、何が起こったのかはっきり覚えていない。けれど大勢の人たちが家から逃げていて、とても悲しげだったのを覚えている。そしてそれは戦争だと教えられた。そのとき僕は戦争が何を意味するのか理解できなかった。彼らはユダヤ人が攻撃してきて、ガザを占領したと言っていた。僕は彼らが言っていたことのすべては理解できなかったけれど、罰が下ったことは理解できた。なぜなら、子どもが悪さをしたときにお母さんやお父さんから罰を与えられるということを理解していたから。僕は自分自身に、なぜこんなに多くの人たちが罪をおかし、間違いをしてしまったのかと問いかけた。彼らがそんなふうに罰せられるのはなぜだろう。そしてなぜ僕までもが同じように罪を与えられているのだろうかと不思議だった。数日がすぎて戦闘は終わり、再び家に戻ることができた。これは僕の人生で最初の衝撃的な出来事だった。

それから僕は十一年生になったとき、自分のまわりで何が起こっているのか理解するようになった。僕たちはパレスチナと呼ばれる国を持っていて、ユダヤ人がそれを占領してしまったということを知った。もちろん僕は自分を取り巻く人たちからも影響を受けた。

僕の父親は七十歳を超えていた。身体が麻痺して動けなかった。その原因は占領だった。一九六七年にイスラエル軍がガザに侵攻したとき、父親は非常に動揺し、その後、身体が麻痺してしまった。そしてそれは死ぬまで治らなかった。僕や兄たちはまだ幼かった。大きい兄の二人は行方不明になってどこに行ったかわからなかった。兄の一人はエジプトへ、もう一人の兄はヨルダンへ行ったということは後でわかった。

父親はかなり年をとっているうえに、身体が不自由だったので、家族を養うことはできなかった。でも家にいる僕の兄はまだ十二歳だった。姉がお菓子を作っていて、兄は暑くても寒くても、雨の日も関係なく、お菓子のトレーを頭に載せて、歩いて三、四キロある遠くまで売りに行っていた。国連からくる援助に加えて、家族を養うために、兄はそうしなければならなかった。

僕は高校卒業後も勉強をしたかった。ガザには勉強できる大学がなく、安く行くことができる国について友人といっしょに調べ始めた。トルコという国が月千ドルで暮らすことが出来ると友人が教えてくれた。僕は家族には内緒でパスポートやビザを準備し始めた。お金を貯めるために、ときどきイスラエルへ建設労働者として働きに行った。ある程度お金が貯まったところで、僕は家族に外国へ行く決意を話して、最初の六カ月を助けて欲しいと言った。それから僕はトルコへ行って、出来るだけ早く学位を取るため勉強を終えることに力を注いだ。

けれど占領地では多くの出来事が起こって、心の中で葛藤していた。学位を取って働くことを通して、貧困をなくす道を選ぶのか、それとも闘争に参加して、占領をやめさせるのかということだった。占領をやめさせるということは、政治的な運動に参加しなければならない。そしてトルコでの勉強に時間がかかってしまった。六年で終わるところを八年もかかってしまった。とにかく僕は自分の土地に戻って闘争に参加することに決めた。

そのころ、パレスチナではインティファーダが始まっていた。イスラエル軍の取調べが厳しく、ガザ市から自分の住む難民キャンプまで直接行くことはできなかった。ガザ市に近いジャバリア難民キャンプに入った。そこがまるで戦場のようだったことに驚かされた。焼かれたタイヤ、いたるところで覆面をした若者たちが車を止め、その光景はあたかもパレスチナが解放されたように思えた。

一九九一年、僕はイスラエル軍当局に逮捕された。連続して尋問と拷問を受けながら、後にはジンザーナと呼ばれる独房に入れられた。合計で七十日間、尋問と拷問とが繰り返し続けられた。それは僕の人生で一番、厳しいときだった。僕はもう出られないのかという絶望感に悩まされた。

しかし弁護士の助けで、九年のところを二年あまりで出てくることができた。それは一九九三年で、和平の動きが始まった頃だった」

「いい伴侶を見つけることが、人生成功の鍵」という言葉があるとすれば、ガーダにとって婚約者ナセルは、まさにそれに当てはまる人だろう。最初に出会ったときはなんとも風采の上がらない人なのに、どこがいいのだろうと思ったものだ。しかし長い間二人の関係をみていると、ナセルのような人はパレスチナでは珍しい人だと気づくようになった。特にガザではナセルのような人は存在しない。ナセルはガーダとの最初の出会いを語る。

「イスラエルの刑務所から釈放された後、三十歳を超えた僕は、そのころ結婚を考えていた。そしてずっと昔に僕の家にやってきた幼い娘のことを思い出していた。僕の兄嫁は『彼女はもう子どもじゃないわ。あなたは一度、彼女に会うべきよ』と僕を後押ししてくれた。僕は決心して彼女の家を訪ねることにした」

そしてナセルはある日、ガーダに会うことを許される。会うことを許されるといっても二人だけで会うことはできず、家族がそばで二人の話を聞いている。日本でいうお見合いだ。

「友人は女性に会う前にアドバイスをしてくれた。『女性が美しいかという外見を見るのではなく、女性が部屋に入ってきたときに、彼女が君に与える印象を見るんだ』と言ってくれた。女性の父親、母親、叔父がいる前で、僕は緊張してその瞬間を待った。そしてそのときがやってきた。僕は彼女が入ってきた瞬間から、『そうだ、この人が僕が探していた人だ』と思った。僕たちは家族の皆がいたので、その場では自由に話すこともできなかった。ただお互いを紹介しあって、外の景色を見ているばかりだった。僕は興奮してその夜、眠れなかった。しかし数日後にきた女性の家族からの返事はNOだった。僕は落ち込んでしまった。でもあきらめなかった。そして僕は彼女の両親を通じて、彼女にもう一度、二人だけで会うことを納得してもらった。二人だけで話したかった。僕は自分の自然な姿をみて欲しかった。無理をして立派な服を着ていくことも出来た。でもわざといつも着ている格好で行ったんだ。しかし彼女にはわかってもらえなかったようだ。

僕はあきらめなかった。彼女と話したとき、僕の前にいるこの女性は従来の女性とは違い、自分の人生観を持っている、だから僕はお互いに理解しあうことができると思った。そして一年間の婚約期間を持てるように懇願した。これは良かったと思う。僕は女性について、女性の社会的役割について、強く、深い信念を持っている。女性と男性が違うと思うのは間違いだ。僕は男性に女性が従うのも、女性が男性の望む女性となるのも反対だ。それは間違った古い考え方だ。これが僕の女性観だ。

僕は再び彼女に会ったときに、自分はこういうことを考えて生きているし、これからどういう生活を送りたいのかということを話した。彼女が恐れていたのは、この男性はいいことを言っているが、口だけではないかということだった。僕はガーダに宣言した。

『僕は君が父親から与えられた自由を減らすつもりはないし、もっと自由にできるようにする。僕は君の道を妨げるようなことをするつもりはないし、あらゆることで助けていこうと思っている』」

そしてナセルの気持ちを知ったガーダは結婚を受け入れた。

嫁ぐ日

ヘンナ・パーティの日が近づいてきた。妹たちと買い物に出かけたり、美容院へ予約に行ったり準備に余念のないガーダだ。パーティの前日の夜、ガーダと従姉妹のサルワが何やら台所でごそごそとしている。ちょっとおいでと言われるまま台所をのぞくと、ガーダはフライパンに火をかけて、白い液体を泡立てていた。

「一体何を作っているの?」

と聞いても二人とも笑って答えてくれない。横でサルワはレモンを何個もしぼっている。白い液体は次第に茶色に変わり、このレモンと砂糖を入れた液体は次第に煮詰まってきた。茶色が濃くなったところでガーダは火を止め、台所のステンレスに移す。しばらく冷やしたら茶色のものは固まってきた。ガーダは手に取り、引き延ばすようにこねていく。段々固まると金色のような光が出てくるから不思議だ。まるで黄金の飴のようだ。横から妹たちが「少しちょうだい」と手を出す。「なくなっちゃうよ」と言いながらガーダは妹や母親にも分けてやる。何だお菓子かと思いきや、ガーダの母親はそれを鼻の下につけたり、剝がしたりを繰り返している。だんだんわかってきた。脱毛しているのだ。ガーダとサルワは「あっちへ行った。あっちへ行った」と弟たちを部屋から追い出し、部屋には女だけになる。まずガーダの片手に茶色の物体を乗せる。少しずつ取るとサロンパスのようにくっついて痛いのでいっぺんに剥がす。「ヒィー、痛いじゃないの!」と妹を叩くガーダ。三人でキャッキャッと言いながら手、足、脇の下と毛を抜いていく。外にいる人が聞いたら一体何をしているのかと思うほどの大騒動だ。

「日本の女性はどうするの?」とサルワ。

「うーん、顔とか脇の下とかは自分で剃るけど」

「あそこも剃るの?」と真剣な顔で聞くので、こちらも真剣になって

「あそこってどこ?」

サルワは笑いながら下を指す。

「そんなところ剃らないわよ。痛いじゃない」

「パレスチナの女性はみんな剃るんだよ。結婚の前に身体中の毛を全部剃るんだよ」

「ひゃ」と私は思わず言ってしまった。

「そしたらその後どうするの? 新しいのが生えてきて痛いじゃない?」

「また剃るのよ。結婚前は何もしないけど、結婚してからは何かと忙しいのよ」

忙しいというサルワに私は思わず笑ってしまった。パレスチナの女性もなかなか大変だ。そういえば結婚前の女性で顔を剃っている人に会ったことがない。みんな少し産毛のような毛が生えっぱなしだ。中には生えすぎて、鼻の下にひげがあるように見える女性もいる。そしてこの毛剃り大騒動も伝統的な儀式で、パレスチナの女性は男性には決して見せることはないということも初めて知った。

ヘンナ・パーティの後，母方の祖母ファートマにあいさつするガーダ．

部屋から出ると追い出された弟たちは所在なさそうに外で待っている。どういう気持ちで姉たちの不可思議な行動を見ているのだろう。

その晩、婚約者のナセルから電話が入った。ヘンナ・パーティに参加することを納得していた母親が、またヘソを曲げて行かないと言いだして困っているという。やはりまだ納得していなかったのだ。話し終えたガーダがイライラしているのがわかった。

今日はヘンナ・パーティだ。朝から慌ただしい。ガーダと妹と叔母が連れ立って、美容院へ行く。ガーダのパーマが終わるとメイクアップが始まる。目の回りが黒く塗られ、狸の目のようになっていく。それでも似合うのは、アラブ女性は彫りが深いからかも知れない。私のような細目がすると怖いものがある。あっという間に花嫁の顔が出来上がる。髪飾りをつけておわりだ。

家に帰るとすでにパーティに来た女性たちが集まりはじめている。男性はご法度。女たちの熱気でムンムンしている。叔母のゼナの「ルルル……」と舌を震わせる喜びの声でパーティはスタートする。ガーダがまず最初に踊り、妹、友人たちが続く。ガーダの母親は年配の女性の踊り方で肩を小刻みに震わせて踊る。結構色っぽい踊り方だ。ナセルの母親が来ないので、ガーダはイライラした表情を見せていた。あれだけ説得したのにやはり駄目かという挫折感があるに違いない。ガーダが踊り、妹と親しい友人が輪を作り、パーティは盛り上がってきた。

すると意外なことが起こった。いつの間にか婚約者の母親が来ているではないか。ガーダもあきらめていたので驚きを隠せない。ガーダは笑顔を取戻し、いっしょになって踊り始めた。ヘンナ・

パーティは夜中まで続いた。明日はいよいよエジプトだ。

エジプト出発の朝、ガーダは家族に別れを告げる。祖母にキスをし、母親の番になると母親は泣きだしてしまった。昨夜はガーダの部屋で、一人で一晩中泣き明かしたという。どこの母親も同じだなとつくづく思う。

ナセルの母親を説得したガーダは新生活に向けて大きく踏み出した。

ただ今妊娠中

ガーダ夫婦に久々に会ったのは一年半ぶりの一九九六年一月だった。二人は結婚後しばらくナセルの家族たちと同居していたが、今はガザ市に家を借りて引っ越していた。パレスチナ社会は大家族制だが、若いカップルの中にはたくさんの家族と暮らすことを嫌がって、二人で家を借りて暮らす人たちが増えている。これは新しい傾向だ。もっとも家の家賃を払わなければならないので、経済的にゆとりのあるカップルに限られているが。ガーダたちは共稼ぎをしているので、何とか月百ドルの家賃は払えるという。

そして久しぶりで会ったガーダは私に驚くことを話してくれた。

「今、妊娠しているの。男か女かわからない。女の子だと思うけど。もし子どもが出来たら『みずえ』と名前をつけようかな」

そういえばガーダとはもう一年半も会っていなかった。子どもが出来たのも無理はない。それでも仕事第一と考えるガーダはしばらくは子どもを作らないものと思っていたので、意外だった。

「そして十年後、また次の子どものことは考えるわ。ナセル、もう一度結婚したい?」

「えっ、僕が?」

「もしナセルがもっと子どもが欲しいなら、もう一人誰かと結婚して子どもを作り、その人は私の世話もするの。どう?」

と冗談を言うガーダ。

「神に感謝するわ。すべてはうまくいっているわ。ナセルはいい人だし、私はラッキーよ。彼と結婚できて」

「サンキュー。サンキュー」とナセル。

食事の後、小学校へ勤めているガーダは生徒の採点をしている。ナセルが横でそれを手伝う。どうやら新婚生活はうまくいっているようだった。

ガーダは以前からの小学校に勤めると共に、空いている時間はガザ市にある語学学校でボランティアとして働いていた。すでにこのとき、ガーダは八カ月目で、彼女のお腹はかなり目立っていた。日本では妊婦は数カ月前から仕事を休んだりするが、ガーダは赤ん坊が生まれるぎりぎりまで働くつもりらしい。


ガーダは久々に里帰りした。母親は赤ん坊の下着をたくさん用意していた。家族の絆の強いパレスチナでは、家族や親戚が新しく生まれてくる子のために、必要な物を用意するのだ。久々に帰ってきたガーダ夫妻を囲んで、家族が集まった。

「生まれてくる子は男の子がいいね。昔からそう決まっているさ」

ガーダが私に母親の言ったことを説明する。

「パレスチナではね、最初は男の子を望むのよ。母の場合は最初に男の子を産んだから、その後、女の子を立て続けに五人を産んだけど、さして問題にはならなかったのよ。男の子を産んだ女性は力を持つの。家を継ぐ男の子が出来たからね」

「ムハンマド(長男)がいたからね。神に感謝よ。男の子が生まれない女の人もいたからね。もしムハンマドが生まれていなかったら、悲しかっただろうよ。五人も立て続けに女の子が生まれたときは悲しかったけど、でも自分にはムハンマドがいると思って慰められた」

皆、母親の話を真剣に聞いている。

「でもルブナ(五女)が生まれたときは泣いたよ。国連の診療所の医者がどうして泣くのだって。かわいい女の子じゃない、と言ったよ」

「どうして泣いたの?」と私が聞く。

「女の子はもうたくさんだった。祖母も『エーッ、女の子なの』と言った。そして五人の女の子の後にアンロワ(次男)が生まれたときはすごく嬉しかった。お菓子やコーラを買って、親戚や近所の人たちと一週間祝ったよ。もう止めようと思ったけど、男の子が出来たから、今度は男の子が生まれる番だと思ってまた産みはじめた。そしたら本当に続けて、マナール(三男)、ファヘド(四男)が出来たよ」

ガーダの母親は当時四十八歳。一番下のファヘドもすでに十六歳になっている。二十二歳で長男のムハンマドを産み、三十二歳で最後のファヘドを産んだ。十年間で九人の子どもたちを産んだことになる。この子どもたちの数はパレスチナでは普通だ。それにしても毎年のように子どもを産みつづけるパレスチナの女性は強靱だ。女性が一生に産む子どもの平均数が一・二人という日本では考えられないことだ。しかし若い世代のガーダは母親と違う意見のようだ。

「母は男の子を期待しているわ。私があまり子どもを欲しがっていないからなおさらね。でも私は二人だけ子どもが欲しいわ。男一人に女一人。男二人だけでも、女二人だけでもかまわない。どちらかといえば、女の子のほうがいいけど。ナセルはどう?」とガーダは夫のナセルに聞く。

「僕は最低、三人は欲しい。男二人女一人か、男一人女二人か」

「女三人とは言わないのね。いいよ。その時は別の人と結婚して」と冗談を言うガーダ。

「私の従兄弟で子どもに恵まれない人がいてね、三人妻を持ったけど、それでも出来なかった。コーランによると男も女も変わりない。すべては神の思し召しと書いてある」

「それならどうして私が生まれたとき、泣いたの?」とルブナに言われ、「女もいいけど、男の子のほうがいい。家を継ぐからね」と苦笑いをする母親。

いまでも日本にも残っている家族制度が、パレスチナではもっと根強く残っている。家を継がず、嫁に行ってしまう女の子はここでもあまり歓迎されていなかった。しかしガーダ夫妻のように若い世代には少しずつ、変化が出ている。まだ男の子が望まれているものの、一家族十人の子どもという大家族制が崩れはじめ、少家族が出てきている。数十年後のパレスチナは日本のように核家族が進んでいるかも知れない。

赤ん坊の話をした夜、ガーダの母親は、横になって休んでいるガーダに自分の経験を話し始めた。

「妊娠の最初はめまいがするの。二、三カ月後には変な感じがするわ。四カ月後からは平気で働いていた。いつも神様に守られていたわ。私はいつも安産で、一時間かそこらで産んだものよ。四男のファヘドは、病院についたら五分で生まれたの。病院の入口で、『助けて　生まれる！　と言ってね』」

ある日、病院の定期健診に行った帰り道、ガーダは言った。

「病院のスクリーンで赤ちゃんを見たの。一回目は五カ月の時で〇・五キログラムだった。医師が言うには女の子だって。一カ月前にも見たわ。重さは二・五キログラムになっていた。活動的で、健康だって。あと二週間もすれば生まれてくるわ」

日に日に近づいてくる出産を前に、ガーダは母親としての心の準備をしているようだった。

赤ん坊が生まれた

朝の五時半、ガーダの妹サーミヤに起こされる。どうやらガーダの陣痛が始まったらしい。夫ナセルの車で、ガーダ、ナセル、サーミヤ、それに私の四人は市内にあるアル・アハリ病院へ向かった。市内にある大きな病院は二つだけ。親戚が勤めているので安心だからということで、ガーダはこの病院を選んだ。ガーダはナセルの横の助手席に座りながら、時々呻き声をあげている。ガーダの家からこの病院まで数分なのに、なんと長く感じることか。早くも彼女の顔は半泣きだ。

ガーダの婚約、結婚を撮ってきた私はどうしても女性にとって一大イベントの出産を撮りたいと思っていた。今まで私は自分自身出産の経験もなく、女性の出産場面に立ち会ったこともない。よってカメラで撮ったこともない。日本で写真や映画で出産場面を撮っている人たちはたくさんいるが、それでも容易なことではないと感じた。ましてここはイスラム社会である。女性の髪や手や素足をさらすことは許されないところだ。出産場面を撮らせたイスラム女性の話も聞いたことがない。不安が広がったが、今まで何でも撮らしてくれたガーダのことだ。一方で何とかなるという気もしていた。ガーダとの信頼関係が唯一の頼みの綱だった。ある日、こっそりガーダに聞いてみた。「撮れるかな」。ガーダは一瞬ためらった感じだったが、頭のいい彼女はある程度予想していたようだった。「撮りたいんでしょ」と言ってくれた。

病院に横たわるガーダは、いつもの自信に満ちた表情からは想像できないほど、不安そうな子どものような顔をしていた。本人から撮影のＯＫは取っていたものの、私はもうひとつ大事なことを忘れていた。オペレーション室に入れなかったらどうしようか？　私は不安になった。「病院の許可をとってね」と数日前から私はガーダに頼んでいたものの、楽天的な彼女は「大丈夫よ」と言っていただけで、どうも頼んでくれたような気配はなかった。パレスチナではその場勝負でＯＫであればラッキーで、だめなら諦めようということがよくある。それでもデモや集会ならまたチャンスはあるかもしれないが、出産はもう一度というわけにはいかない。私は頭を抱えた。無事な赤ちゃんをという気持ちと、どうか私も無事にオペレーション室に入れますようにと祈った。

病室に入ってきた看護婦にガーダが私のことを「日本から来たカメラマンよ」と説明すると、看護婦は「フーン」と珍しそうにしただけで何も言わなかった。私はホッとして、陣痛で顔を歪めるガーダを撮りはじめた。それでもライトだけは使うのを遠慮した。

ガーダはベッドに横になり、陣痛がひどくなると、起き上がっていた。そのたびにナセルは心配そうにガーダの身体を支える。ウーン、これだけ優しい夫が日本に何人いるだろうか。ましてここは日本よりも、男社会である。日本でも夫はあまり出産に立ち会わないが、パレスチナでは立ち会ったという話は聞いたことがない。

ガーダの陣痛が激しくなると機械の数値もあがる。パレスチナの病院に陣痛の度合いがわかる測定器があるのには驚いた。ナセルはガーダと秒針を見比べる。ガーダは苦し紛れに、「ヤンマー(母さん)、ナセル、サーミヤ」と交互に名前を呼ぶ。ナセルがしっかりとガーダの手を握りしめる。

お産の前にガーダは経験のある母親や妹から話をよく聞いていた。次女サーミヤは三週間も産後が悪かった。三女のタガリードは強く、その日のうちに病院から帰って来た。ガーダは他の妹以上に強いから出産も時間がかからないだろうというのが家族の意見だった。

ところがガーダは予想以上の難産だった。カメラを向けながら、私は手に汗を握っていた。二日前まで私といっしょに車に乗っていたことを思い出し、それが響いているのではと悔やんだがもう遅かった。ガーダは陣痛がひどくて叫びまくっていた。意識は朦朧としているようだった。ナセルは不安でたまらなそうだ。サーミヤは三人の中では唯一の経験者なので落ちつきはらっているが、それでも少し不安そうだ。始めはガーダの我慢が足らないのかと思っていたが、本当に辛そうだ。

一時間ぐらいしてガーダはオペレーション室に運ばれた。あまり陣痛がひどいのでついに背中に麻酔注射が打たれることになった。なんと太い注射か。私はカーテンの横から撮っていたが、不安でたまらないナセルは私の後ろで、「今、何をやっている?」と私にいちいち聞く。ナセルはそれでも時々盗み見ては、見てはいられないと顔を覆う。出産は普通分娩でなく、吸引器を使った分娩になった。医師が二人、一人はガーダを励まし、一人は赤ちゃんの頭を取り出そうとしている。看護婦も横から声を掛けて励ます。まわりの皆も力が入る。ガーダは痛さのあまり、英語とアラビア語をごっちゃまぜにしてわめいていた。陣痛の波が押し寄せるたびに、医師と看護婦は「それ、それ」と妊婦を力ませるために掛け声を掛ける。

陣痛が始まってから延々五時間後、やっと赤ちゃんが生まれそうだ。ガーダが残りの力を振り絞り、「ウーン」と長く呻き声を上げたかと思うとやっと赤ちゃんが出てきた。身体は血まみれだ。

出てきた赤ちゃんはすぐには「オギャア」と言わなかった。一瞬心配したが、しばらくして「オギャ、オギャ」と泣きはじめたので、私もナセルもホッとした。女の子だ。三キロには足らない小さめの赤ちゃんだが、元気そのものだ。ホッと皆からため息が漏れる。ガーダはもちろん疲れてぐったりしていたが、私もナセルも見ているだけでぐったりしてしまった。

初めて出産シーンを見る私は驚きの連続だったが、お産の後もさらに驚きが続いた。看護婦は赤ん坊を軽々と片手で取り上げ、タオルで身体を拭いた後、いきなり水道の下に赤ん坊の頭を持っていき、蛇口をおもむろにひねったのだ。ガザの水道だ。どこかの温水が出てくるような設備はない。看護婦はギャーと泣きわめく赤ん坊に動じるところはなく、今度はスポンジに洗剤を含ませて、ゴシゴシと赤ん坊の頭を擦りはじめた。赤ん坊はさらに火がついたように泣きわめく。日本ならさしずめ、バスにぬるま湯を入れ、赤ん坊はガーゼでそっと丁重に洗われるぐらいだろう。

パレスチナ式に赤ん坊は洗われた後、タオルでもう一度拭かれ、出来上がりだ。パレスチナは日本と比べ、政治状況も社会状況も厳しい。そうした環境で生き抜くためには赤ん坊のときからこのように逞しく育てているのかとあらためて私は納得した。

それで驚きは終わりかと思えば、今度は下着をつけ、その上に四、五枚衣服を重ね始めた。それもぐるぐる巻きで、赤ん坊はこけし状態になってしまっていた。日本なら軽い下着、上着で二、三枚がせいぜいだが、パレスチナでは赤ん坊が動かないように巻くのだという。確かに赤ん坊は生まれたばかりでふわふわ状態だが、あんまりきつく巻くとこけしのように赤ん坊の身体が固まってしまうのではないかと思った。

その後が待望の、父親ナセルと母親ガーダのご対面だ。ナセルは嬉しくて顔が溶けているかと思うほど、相好をくずしていた。対照的にガーダは疲れ果て、「もう子どもはいらない」と投げやりな感じだったが、それでも赤ん坊の顔を見ると、「なかなかかわいい」とご満悦だった。ガーダの初めての出産騒動はこうして終わったのだ。

8カ月のガイダを抱くガーダ

子育て、そしてその後

難産だった初めての出産はガーダを苦しめていた。おそらく普通なら二週間もしないですぐ仕事に復帰するガーダだったが、さすがの彼女もおとなしくしていた。ガーダの母親はしばらくいたが、いつまでも夫や子どもたちをそのままにしておくことはできず、家族の待っているハンユニス難民キャンプに帰っていった。かわりにナセルの姪のウジダンが手伝いに来ていた。ウジダンは国連の学校の教師をしているナセルの兄の娘で、高校を卒業後、家の手伝いをしていた。ガーダの結婚のときも彼女の意見に賛成し、自分の生き方を貫くガーダに憧れている。将来は自分も仕事を持ち、自立したいと考えている。

ガーダは出産から一カ月後身体もよくなり、仕事につくことにした。まだ乳飲み子のガイダを保育所に預け、語学学校で、NGOや仕事で外国から来ている人たちに、アラビア語を教え始めた。以前勤めていた小学校は出産を境に辞めた。

インティファーダの間閉じられていたガザの大学も、再び開けられた。ガーダは大学へ入るのが夢だった。今再び勉学の機会が訪れたガーダは、イスラム大学に入学した。専攻に英語を選んだのには、ガーダの考えがあった。パレスチナのことを発言していくためには、英語が話せなければ相手にされないと思った。そしてガイダを育てながら、昼間は大学で学ぶ一方、語学学校で教鞭をとる多忙の日々が始まった。

インティファーダで大学が閉じていた頃、ガーダはイスラエルのネタニアでヘブライ語を学んでいたことがあると書いたが、ガーダの勤める語学学校が、彼女にヘブライ語を教えた教師やいっしょに学んだイスラエル人をガザ地区に招くことになった。ガーダはガザ地区を案内する役を買ってでた。

イスラエル人十人にガーダや他の教師たちでおよそ二十人がバスでガザ市内と、主要道路をまわることになった。護衛にはパレスチナ警官がついた。ガーダは久しぶりに会った教師や友人たちと昔話に花を咲かせた。

インティファーダの間、イスラエル人はガザ地区に近づくことが出来なかった。和平になってもガザ地区に住むユダヤ人入植者を除けば、普通のイスラエル人がやってくることはない。イスラエル人とパレスチナ人をいっしょに乗せたバスはスタートした。主要道路から見える入植地をパレスチナ人教師がガイドする。ガーダもマイクを取ってパレスチナ人の置かれてきた状況を話す。

「一年前、私の夫はひどい目にあった。イスラエルの空港から出国しようとして五時間も取調べを受け、挙句の果てに出国できず、ガザに戻された。パレスチナ人は陸路で、ラファ国境から出るしかない。私たちは三つの政府を持っている。パレスチナ、イスラエル、エジプトだ。そうしてはじめて外国へ行くことが出来る。あなたたちも同じ方法で出れば、きっと私たちの苦しみが経験できる」

と少し冗談もまじえて解説した。

入植地を越えたところで、バスは急停車した。どうやらイスラエル軍に止められたようだ。パレスチナ警察と代表者を交えての話し合いが始まった。何とか解決したのか、十分ぐらいでバスは発車した。イスラエル人がバスに乗っていたことで、監視塔から見ていた兵士があわてたようだ。バスは難民キャンプには入らず、主要道路を突っ切って、最後は新しく出来たパレスチナ空港の見学で終わった。肝心のパレスチナ人たちの現状を見たとは言えないツアーだったが、それでもイスラエル人たちが、ガザのど真ん中まで来たことは画期的なことだった。

ガーダは旅の最後に、イスラエル人たちにインタビューした。イスラエル人たちは口々に感想を述べた。

「あなたはガザに来たのは初めて?」

「いいや。二度目だ。最初は五年前、イスラエル軍兵士として、三週間来た。最初は何も見ることができなかった。石が飛んできて、怖かった。今は友人として、市民として来ている」

「私も兵士としてガザに来た。一九六八年のことだった。キャンプはビーチのUNキャンプ。イスラエルはキャンプも占領した。私は十八歳だった。政治的には何も

語学学校のイスラエルの友人たちと．右端がガーダ．

知らない頃だった。私は制服で歩いていた。怖れることもなかった。危険なんて考えなかった」

「ガザに来ること。これは新しいアイディアだわ。討論よりもここに来ることは有意義よ。本当に勉強になる」

「ここに来ることは平和へのプロセスね」

ガーダは最後に自分の意見を述べた。

「パレスチナ人として、イスラエルの語学学校で学んだことは、イスラエル人は兵士だけではなく、同じように人間であり、母親であるということだった。同じことをイスラエル人は言う。この方法で二歩でも、三歩でも平和に近づくことができるかもしれない」

ガーダがイスラエルで学んでから、五年が経っていた。和平の中でもまだまだ状況は変わらないが、ガーダはいつか変わっていくのではという希望を持っていた。

赤ん坊だったガイダもよちよち歩きができるようになり、かわいい盛りだった。

「ガイダは平和の子よ。私たちは和平交渉が始まったときに結婚した。アラファトがガザに来た九四年七月の終わりの頃、和平交渉が始まっていた。ガイダはインティファーダを知らない。大きくなったら教えるの、人々が何のために闘ったのか。数年後、彼女が物心つくようになってから、石の闘いがどういうものだったか、私が話してあげるわ」

2000-2001 II

故郷の記憶

―ガーダの旅

ガーダの故郷ベイト・ダラス．祖母たちがかつて暮らした．

第二次インティファーダとカラムの死

二〇〇〇年九月、第二次インティファーダが起こった。私はまさかと目を疑った。和平の中であきらめきっていたパレスチナの人たちが再び立ち上がったのだ。私はいてもたってもいられなくなった。その直接の原因となったのは、イスラエルの右派政党、リクードのシャロン党首(後に首相)がイスラム教徒の聖地「ハラム・アッシャリフ(高貴なる聖域)」を強行訪問して、パレスチナ人の怒りを買ったことだ。訪問に怒ったパレスチナ人に対しイスラエル軍が発砲し、多数の死傷者が出た。その後も衝突はやまず、ヨルダン川西岸、ガザ地区へと飛び火した。人々は今回のインティファーダを第二次インティファーダと呼んだ。一カ月の間におよそ百八十人以上の死者を出した。

ガーダはインティファーダが起こったとき、ニュースをイギリスの大学の寮で見ていた。彼女はイスラム大学を優秀な成績で卒業するころ、イギリスのエクセター大学へ国際政治学修士課程の交換留学生として入学することを許された。そして第二次インティファーダが始まる一年前からイギリスへ行っていた。

「九月の終わりに論文を書き終えようとしていたとき、インティファーダが始まった。アメリカで作られたアパッチ戦闘ヘリは、自治政府が進めているプロジェクトの一部である二つのビルを爆撃した。そこに住んでいた四十家族は二度目の難民になった。私はヒステリックな状態で、私の家、私の家族、人々を思いながら終始、泣いていた。特に自分が住んでいる近くのネツァリーム入植地付近で、パレスチナの少年ムハンマド・ドラが父親の腕の中で殺されたのをテレビで見て、泣いた」

ムハンマド少年と父親のジャマールはキャンプを出て、近くのマーケットに向かった。父親は少しずつ貯めてきたお金で中古車を買うつもりだった。大通りの交差点を横切ろうとしたそのとき、突然、イスラエル軍とパレスチナ人の間で銃撃戦が始まった。親子は大きな石の後ろに隠れたが、ムハンマドの足に銃弾が当たった。息子を背中に隠そうとする父親に、気丈なムハンマドは、「僕のことは気にしないで。父さん、気をつけて！」と叫んだ。親子を助けようとして近づいた救急車の運転手が撃たれて死んだ。父親は何度もイスラエル軍兵士に向かって手を上げ、大声で「子どもがいる、子どもがいる」と叫び続けた。しかしその声も銃撃の音にかき消された。ついにムハンマドの腹部に一発の銃弾が当たり、父親の腕の中で息絶えた。父親自身も何発もの銃弾を受けた。恐怖におののく父子の姿をとらえた衝撃的な映像は、世界を駆け巡った。

二〇〇〇年十月、私は緊張の高まったガザ地区へ向かった。イギリスから一時帰国していたガーダに会うためだった。以前私が見た、ガザ地区で、パレスチナの旗がなびき、人々が海辺で寝そべっていたのんびりした雰囲気は消えていた。

私はガザ市で、ガーダに合流した。久しぶりに会う彼女は生まれたばかりの男の子ターレックを抱え、家族は四人になっていた。母親としての貫禄のついたガーダに圧倒されながら、私はナセルの運転する車で、ハンユニスに向かった。

主要道路の脇には、イスラエルの戦車が要所要所を固めていた。撮影している私を見て、兵士たちは睨みつけながらも何も言わなかった。ハンユニスに入ると、私たちはトファ地区へ行った。私たちが以前海に行った道は閉ざされ、子どもたちが入植地に向かって、口々に叫びながら、石を投げていた。車でナセルの実家の近くに行くと、そこでもタイヤが燃やされ、たくさんの若者が集まり、イスラエル軍は時々、催涙ガス弾を撃っていた。若者たちはガス弾で涙を出しながら、石を投げていた。撃たれた人たちが運ばれていく。再びパレスチナは戦場と化していた。

ガーダの夫ナセルの姉の家にいるとき、ハンユニス難民キャンプからきていたナセルの甥ビラールが、ガーダとナセルに何やら話をしていた。あとで話を聞いてみると、ナセルのまた従兄弟にあたるラファ難民キャンプに住むカラム(十三歳)がイスラエル軍に撃たれ、ガザ市のシェファ病院へ入院しているという。私たちはすぐ病院へ向かった。

私たちが向かったところは病院の集中治療室。ここに入るのはたいへん難しい治療を必要とするか、助かる見込みのないものが多い。不安な気持ちで入ろうとすると、看護助手の人に止められ、殺菌されたカバー着を着るように言われた。集中治療室の中央には二人の少年が口にはゴム管を入れられて横たわっており、二人とも意識のない状態だった。そのひとりがカラムだった。

医者の話では「脳内部の損傷がひどく、カラムは助かる見込みはない。彼は兵士に向かっていくところを撃たれたのではなく、後ろを向いているときに撃たれた」という。

カラムは撃たれた直後にガザ南部の病院へ運ばれたが、そこでは治療できず、ガザ市の中では一番大きい病院に運ばれた。ガザ地区ではイスラエル軍による道路封鎖が行われていた。主要道路には検問所があり、決められた時間しか開かなかった。カラムの両親は救急車に付き添うことも、検問所も通してもらうこともできず、カラムだけが病院へ運ばれた。このときのことをガーダは怒りをもって話す。

「イスラエル兵は子どもを殺したのよ。後ろから撃つなんて、十三歳の少年なのに、石を投げたといっても頭ではなく、手や足にするとか、ゴム弾やガス弾にすることもできたのに、殺すことないじゃない。家族が病院へ来ることも許されない。子どもが死にそうなのに、親はそばにいてやれない。両親はどんな気持ちか、息子が死んでいくのをただ家で待っている」

両親がカラムに会えたのは一日置いた三日目だった。カラムは兄弟の中でも利発な男の子だった。今回の抵抗運動には積極的に関わっていた。二〇〇〇年十一月の終わり、彼はエジプト国境のイスラエル軍監視塔近くのゲートで、石を投げ、イスラエル軍兵士に撃たれた。

カラムが撃たれたとき、一番先にカラムを見つけたのは兄のアハマドだった。

「その日、イスラエル軍によって殺された四人のパレスチナ人たちの葬式があった。葬式を待つ人々の中にカラムがいた。僕は『ゲートには行くなよ』とカラムに言って、友人の家に行った。帰り道、通りを歩いていると銃撃の音が聞こえた。数分後、僕は少年たちがカラムの友人を運んでいるのに気がつき、少年たちにかわって彼を運んだ。すると『お前の弟も撃たれた』という声が聞こえたので、後ろを振り向くと、カラムのシャツが見えた。僕は彼を抱き、泣きわめきながら運び始めた。三十メートル走り、救急車にカラムを乗せた」

カラムの墓でお祈りするカラムの家族とガーダ(左端).

病院の集中治療室のそばで、駆けつけたカラムの祖母は泣きながらガーダに話した。

「カラムはいつも『僕は殉教者になる。そしておばあちゃんを天国に連れていってやる』と言っていた。私は『おばあちゃんは天国になんて行きたくないよ。お前をイスラエル軍なんかに殺されたくないよ』と言っていたのに」

カラムの祖母は一九四八年に故郷を追われた難民の一人だ。十歳のときに家族といっしょに現在のイスラエル領バルカ村を追われ、ガザ地区南部にたどり着き、現在まで難民キャンプで暮らしてきた。彼女は二十五歳のとき夫を亡くし、以来女手一つで子どもたちを育てるために、イスラエルへ出稼ぎに行き、イスラエル人家庭の家政婦をしたり、農場で住み込みをしたりして働いた。当時、二十代の若いパレスチナ人女性がイスラエルへ出稼ぎに行くのはたいへん珍しいことだった。数カ月働いてはお金を持ってガザ地区の自宅へ帰るという生活を続け、五人の子どもたちを育ててきた。今ではみんな成長し、それぞれに結婚して子どもがいる。カラムは長男の息子だった。

「カラムはいつも『一九四八年以前の自分たちの故郷について話してよ』と言っていた。私は故郷バルカ村のこと、私が十五歳でカラムの祖父と結婚したこと、祖父はとても立派な人だったことなど話してやった。するとカラムは『故郷ではどんな生活をしていて、どのくらい土地を持っていたのか？　どうしてイスラエルは自分たちの土地を取ったのか？　どうして自分たちを殺すのか？　土地を取った上に、なぜ今でも自分たちを追いかけてくるのか？』と聞いてきた。私はカラムに、戦闘ヘリコプターが攻撃してきて、たくさんのパレスチナ人たちが殺された戦争の話、イスラエルが占領した話をしてやった。そして私たちがどういうふうに難民になったかという話を聞くと、カラムは怒り、悲しんでいた」

一週間後、カラムは意識を取り戻さないまま亡くなった。カラムが亡くなった後、家族は彼の自筆の遺書を見つけた。遺書にはカラムの絵とともに家族全員と親戚、友人などたくさんの人たちあてに名前が書かれていた。

「殉教者は死ぬのではなく、天国で生き続ける。すべての人間は死ぬんだ。だからどうか悲しまないで。幸せでいて。皆が悲しむと僕は幸せでなくなるよ。僕は殉教する。アル・アクサ・モスク

カラムの祖母とおもちゃの銃をもつカラムの弟.

（エルサレムのイスラム教聖地）のために死ぬんだ。僕は闘い続ける」

カラム少年の死はガーダの心にも変化を与えた。二児の母親となったガーダにとって、カラムの死は他人事ではなかった。カラムの両親の悲しみがガーダには痛いほどわかった。

第一次インティファーダのとき、ガーダ自身は大学進学の夢は閉ざされたが、それでも積極的に政治に参加することはなかった。しかし今回の第二次インティファーダでは、ガーダはカラム少年を亡くしただけでなく、同じ月に従兄弟をイスラエル軍兵士に撃たれ、亡くしている。次々と起こる身近な人たちの不幸に、ガーダは何かをしなければと思うようになっていた。

ガーダの新しい旅

二〇〇一年、ガーダはある仕事に取り組み始めた。それは祖母の年代の出来事、すなわち一九四八年の戦争のとき、祖母の年代の女性たちがどういう体験をしてきたか記録することだった。

ガーダを突き動かしたのは、母方の祖母ファートマの死、そしてカラムの死だった。祖母のような人たちがいなくなれば、ガーダたちの原点であるパレスチナの歴史は消えていく。ガーダは確実な形で残さねばと思った。カラムの死は二児の母親になったガーダを深く悲しませた。自分の子どもたちが殺されたら、自分はカラムの両親のように強く生きていけるのか、心の中に湧き起こる怒りを抑えることが出来なかった。次の世代のために、ガーダは自分がやらなければならない仕事をやっと見つけたと思った。それは女性たちの戦争体験をまとめることだった。

ガーダは聞き書きを始めることで、ナセルと何度も語り合った。

「私はパレスチナの女性たちの人生に、そして女性たちがどのように生きてきたのかに焦点を当てたいの。彼女たちの子ども時代、結婚、戦争、そして難民となった旅、そのときの苦しみの体験。彼女たちの人生の物語を通して、時代の真実や歴史を知ることができるわ」

「僕は君に賛成するよ。たとえば君のお祖母さんは、パレスチナ人の離散の経験を持っている。歩いてベイト・ダラスから出て行く旅、その過程で出会った困難なことを記録することが出来ると思うよ」

「もうひとつ大切なことは、男性は物語を語るけれど、女性はそれを生きるということよ。女性たちは家庭、子ども、生活、すべての面において苦しみながら生きてきた。そして彼女たちはその体験を正確に語りうる唯一の存在なのよ。戦争の結果、家を失った。彼女たちは誰もが経験している政治的な問題と同様に、家を失うことによっての苦しみの経験をしているわ」

「女性たちはその当時(一九四八年)の政治的な決定には何の関係もなく、そしてその決定によってどうなるのかもわかっていなかったわ。けれどその結果は、直接的にも、間接的にも、彼女たちに跳ね返ってきたということね。なぜなら男性たちはアシュドッド、あるいはハママへと、どこに逃げるのか決定することが出来たけど、女性たちはその道のりを先導し、家族の新しい生活をどうにかすることに責任を負っていたから」

第二次インティファーダを契機にパレスチナに再び戻ってきた私は、故郷への聞き書きを始めたガーダに同行することにした。ガーダの聞き取りの作業は祖母たちから始められた。小さいころから祖母の話を聞かされてきたが、ガーダが自分から聞こうとするのは初めてだった。ガーダの新しい旅が始まった。

祖母ハディージェ（七十五歳）

祖母ハディージェはガーダの父親の母親、つまり父方の祖母だ。出会った頃は七十歳をすぎていて、リウマチという持病はあったが、母方の祖母に比べればずいぶん若く、元気そうだった。ガーダの実家近くに叔父一家といっしょに住んでいる。

祖母は朝ごはんが済んだころやってきて、ガーダの母親とよく昼食の準備をしていた。パレスチナの食事はアラブパンが主食だが、昼食にはご飯物がつく。私はご飯が大好きだが、パレスチナの人たちがパンとご飯をいっしょに食べるのは、なんとも不思議だった。ガーダの母親は鶏をさばいている。手際よく、鶏はきれいに洗われ、鍋で煮込む。

「今日は故郷の料理を作るよ」祖母は薄いパンを一生懸命、もみ砕きながら言った。昼過ぎになったらいつのまにか叔母たちも集まってきて、ガーダの姉妹とあわせると十人ぐらいになった。それに子どもたちが加わるとたいへんなにぎやかさだ。わいわい大勢で、おしゃべりしながら食べる。これが食事をいっそう美味しいものにすることを私はここで知った。気がつくと私のまわりには女性と子どもしかいない。男性たちはいつ食べるのだろうと思ってみていると、ガーダの兄弟は男性だけ集まって別の部屋で食べていた。ガーダの父親はいつものごとく部屋で、一人で食べる。やはりこの家は女性主導のようだ。

パン作りをガーダに教える祖母ハディージェ

祖母の家はガーダの実家から歩いていける。ガーダと私は祖母の家に何度も通った。祖母はいつも自分の部屋の奥に座って、繕い物をしながら、歌を歌っていた。ガーダは二人の祖母からいつも故郷で歌っていた歌を聞かされて育ってきたという。

おー、私のお母さん、私を家に閉じ込めておくような農夫と私は結婚したくない
おー、素敵な服を着た美しい人、義理の母親抜きであなたといっしょにいられたら
おー、無花果《いちじく》を食べている美しい人、私にはくれないでいい。たとえ挨拶だけでもいいから、私に声をかけてくれ
おー、井戸へ水汲みに行く美しい人、金曜日にあなたに会いに来るのを待っていてくれ

祖母ハディージェはガーダの聞き書きの中心人物だが、この聞き書きの始まりが、祖母の歌だった。ガーダが祖母や母親から歌い聞かされたように、彼女らも小さいときから歌を聞かされてきた。故郷を奪われたが、歌は確実に世代を超えて生き続けている。ガーダは歌い継いでいく大切さに気づいていった。

祖母は結婚式の歌、刈りのときに歌う歌、若者が恋をする歌などを聞かせてくれた。私はガーダの祖母の歌う歌が大好きだった。そして祖母たちが生きてきた歴史や背景を知りたかった。ガーダという存在を通じて、女性たちの以前の生活をのぞくことにした。

■祖母のはなし——一九四八年以前の日常生活

私の家族は三百ドナム(一ドナム=千平方メートル)の土地を持ち、羊、牛、ロバ、ヤギ、そしてラクダを持っていた。ミツバチの箱もたくさんあった。家はベイト・ダッラースでは名高く、お金持ちだった。

父親は理髪師で、医師だったから、いつもたいへん忙しい人だった。ベイト・ダッラース村の内外から人々がよく彼を訪ねてきていた。彼は人々の目、歯などすべて治療した。男子の割礼もやった。彼は村で唯一の医師だった。

朝、私たち女性が最初にすることはパンを焼き、牛の乳を搾ることだった。それからヨーグルトを作り、他の製品(チーズなど)を乳から作った。朝食を食べ、家を掃除し、パンを焼く用意をし、昼食(パン、チーズ、ヨーグルト、オリーブ)を食べた。夕方や夜には肉があった。羊飼いの男たちが家にやってくるからだった。私たちは鶏肉、ハトを食べた。すべて土地から採れたものだった。私たちは土地を持った農夫(農婦)であることが幸せだった。私たちは戦争など知らず、幸せな毎日を過ごしていた。

ユダヤ人は私たちの隣人だった。彼らから物を買ったり、売ったりしていた。私たちはよく彼らのところに行ったものだ。彼らは動物を殺す機械を持っていたから。

私たちの家は土でできていた。ユダヤ人たちは村を通るとき、土でできた家にいる私たちを見て笑って言った。「どうして土で作っているの? 石で作るなら一生、住むことができるのに」

私たちは故郷を離れる二、三年前、土でなく石で家を作り始めた。三軒の隣人はすばらしい石で彼らの家を作った。それから私の父親は家を建て直す準備をした。彼は鉄、石、セメントすべてを買い、家を建て始めた。そして戦争が始まった。

私たちは村の中央の井戸から水を得ていた。井戸の水は安全でよかった。後には村にたくさんの井戸ができてきた。私たちの村のものはアーチ状で、古い形そのままを残していた。

男の子たちは四年生まで学校へ行き、勉強をしていたが、女の子たちはできなかった。四年間はとても厳しく、集中的な授業で、終えたものは現在のトージーヒ(高校卒業試験)に匹敵した。ほとんどの授業は宗教やアラビア語で、卒業したものは優秀だった。学校にいる少年のほとんどの家族は、子どものために女性が、土製のカメに入れた水を持ってくるのが常だった。私は幼く、小さな水筒でしか運ぶことができず、二回くり返さなければならなかった。村の子どもたちは四年生まで学校で勉強した。続けて勉強したいものは、アスドゥードかマジダルへ通って勉強した。もし家族がお金を持っていたら、男の子たちは勉強のために村を出ることができた。もしできなければ村の畑で働かなければならなかった。

女の子たちは結婚するまえに料理をしたり、パンを焼いたり、牛のミルクを搾ったり、刈り入れ後、籾殻をわけることができなければならなかった。これは私たち、女性の最低限の条件だった。しかし私たちはどんな教育も与えられなかった。そしてもし毎晩、一つや二つの言葉を教えてもらっていたら、私は今では科学者か何かになれていたかもしれない。

私たちは現在みなが使っているような香水を使うこともなかった。植物や花があったので、それを切り、身につけるとすごくいい匂いがした。女性たちは美のためにヘンナ(植物を原料にした染料)

を手や足やツメにつけていた。

女の子たちが十四歳の年齢の大人になると、絹糸と布地を買い、伝統的衣装を作ったり、ズボンに刺繍したりした。私たちの家族が絹糸や布地を買うお金をくれた。デザインや形から、私たちは自分たちの伝統的衣装を名づけていた。毎年、流行の色や形は変わった。村に刺繍がたいへん好きな女性がいて、伝統的衣装の流行を知るためによく北部に行っていた。女性たちはその女性から絵柄や情報を得ていた。

村人のみなは金や銀や銅製のコインで作った、頭をおおう伝統的な被り物のシマダを持っていた。たいへん古いパレスチナのお金で、それぞれ違った形をしていた。私たちは四十の金や銀のコインのついたシマダを持っていた。私は後にこれらのコインを売ってしまった。それは後にマーケットで外国人やユダヤ人に売られた。

毎年八月、九月には、人々は割礼の儀式のために北部のアル・フセインに行った。私の家族はラクダを持っていた。私が幼いとき、私の従兄弟の二人が割礼をすることになった。そこで彼らは花嫁にするように同じ方法でラクダを飾った。私も割礼の儀式をする従兄弟たちといっしょに、連れて行かれた。アル・フセインはアル・マジダルのそばで、アル・ジュラ村の近くだった。そこで私たちはよく泳ぎ、羊を殺して、食べたものだ。

■結　婚

私たちは結婚したとき、ヘンナを作る。そして村の家々にヘンナを持って、配ってまわる。結婚前夜、花嫁は眠ってはならない。彼女は親戚たち、友人、近所の人たちと一晩中、踊らねばならない。もし眠ったら、運もつかなくなってしまうからだ。その晩友人たちは花嫁のところで泊まり花嫁の足や手にヘンナを塗る。そして自分もヘンナを塗る。朝になると、花嫁の家族はご馳走の朝食を用意する。客人はお米などを持ち寄る。そして他の人々は蜂蜜やヨーグルトや卵やミルクなどみんな土地から採れたものといっしょに、新鮮なパンも持ってくる。もっと時間のある人たちは伝統的な郷土料理マフトゥールを持ってくる。

結婚当日、花嫁が衣装を身につけ美しく着飾った後、花婿は花嫁を連れて行くために家にきて、花嫁の顔の覆いをはずさなければならない。そして着付けをしてくれた女性に心づけを払う。花婿がポケットからお金を出し、花嫁の顔の上にコインを乗せ、落ちるときにそのお金を受け取る。もし花婿がお金持ちなら、たくさんのお金を彼女の顔の上に乗せる。私の夫はお金持ちで、私の顔の上にお金をいっぱい乗せたので、着付けの女性はすごく嬉しそうだった。花婿が花嫁の覆いをはずすとき、特別の歌が歌われ、歓声があがると、その瞬間、花嫁は花婿のものになる。

花婿の家族は私を馬に乗せて、花婿の家まで連れて行った。私は素敵な衣装を身につけていた。そして白いスカーフを頭にかぶり、私の家から刀を持ってきていた。絹のスカーフで刀を巻き、自分の目の間に近づけた。

結婚式には、みんながたくさんの村からお祝いにやってきた。ジプシーの女性が一カ月ごとに、結婚、出産などの祝い時に、歌ったり、ダンスをしたりするためにやってきていた。私は夫といっしょにすわり、歌ったり、ダンスをしたりした。夫は私に刀を持たせ、いっしょにダンスをした。

人々は歌い踊り、幸せだった。刀は名誉であり、ずっと昔から勇気と力のシンボルだった。花婿が身を清め、新しい衣服を着ると、近所の人々、親戚の人々は花婿を飾りのついた椅子に乗せて運んだ。彼らは村中をまわり、五十メートルごとに椅子を下ろし、歌を唄い、椅子のまわりでダンスを踊り、歓声を上げる。それから再び、彼の家まで歩いていった。こういうことはパレスチナ全土の村で行われたことだった。

男性は教育があるので、セックスについて、女性より知識を持っていた。私の夫の世代は教育があり、知識があった。また男性たちはお互いに話して知っていた。女性も母親から聞いて知っているし、またお互いに話していた。しかし私は怖かったので、最初の三日間、何も出来なかった。三日後、すべてはうまくいった。私はたいそう恥ずかしがりだったので、すごく怖かった。私はまだ十八歳で、私の夫は二十五歳か、二十八歳だった。

結婚式後、お昼過ぎに、花嫁の家族が花婿の家族のところへ、肉や、米、パン、お菓子、そして花嫁の衣服、彼女の伝統的衣装、結婚のために準備していたものを持って来る。花婿の家族は、人々に花嫁が持ってきた衣服を見せるために、部屋に衣服を掛ける紐を準備した。彼らは伝統的衣装、上着、揃いのヒジャーブ、腰に巻く絹、頭に巻く絹などの衣服を並べた。女性の中には伝統的衣装を二十枚持っている人もいれば、十五枚持っている人もいれば、十枚持っている人もいた。

結婚後、花嫁が外出する最初の日、彼女は水差しを持って井戸へ行く。畑の地主はいろいろな種類の花を摘み、オレンジや果物などを水差しのまわりに置く。花嫁は白い衣装と白い靴を身に着け、腰には絹のヒジャーブを巻き、頭にもとても素敵なヒジャーブをつける。そして彼女が散歩をして、みんなの注意をひくことは重要なことだった。

■出　産

妊娠したどの女性も助産婦に来てもらうかどうかの選択はある。助産婦は自分の村か、村の近くから来てもらうことが出来る。赤ん坊が生まれた後、助産婦は温かいお湯を用意し、赤ん坊を洗う。彼女はそれから衣服を用意し、赤ん坊に着せる。彼女は三本の指で、母親のへそから、へその緒を長く切る。そして切った後にオリーブオイルを塗り、おなかに絆創膏を貼る。赤ん坊の目にまつげを長く、きれいにするために、墨をつけたものだ。それは病を取り除いた。赤ん坊が生まれたとき、小さく見せるために赤ん坊を衣服でぐるぐると包む。寒さから守るために、赤ん坊は最低四十日、そうされていなければならなかった。特に冬に生まれた赤ん坊は、ほとんど一年間はそうされた。夜、寒さから守るために、私は自分の子どもたちに、三歳から四歳ぐらいまでそうしていた。

四十日間、部屋には出産した女性以外は誰も入ることが出来なかった。料理していない肉や血を含んでいるものも持ってくることは禁止されていた。赤ん坊を洗うとき、水の中に香水やバラの花びらや、香水のにおいのする石鹸を入れなければならなかった。私は子どもたち皆にそうしたものだ。最初にした仕事は子どもの衣服を洗うことだった。そんなにたくさんの衣服がなかったので。私はモロヘイヤやバーミヤを、四十日間食べることを許されなかった。レバーのような肉、ウサギ、ハト、薬草茶、乳製品を四十日間食べたり、飲んだりしなければならなかった。四十日後、普通の仕事をすることを許された。

七日後、私たちは赤ん坊のお祝いをした。もしそれが男の子だったら、籠に入れ、穀物を吹きつけ、もし女の子だったら籠に入れ、村の子どもたちを集め、果物を集めた。私たちは四十日間、子どもを守るために目のまわりに墨を入れた。そして子どもの体を丈夫にするために、四十日間、毎日、オリーブオイルを塗った。

私に最初の子どもが出来たとき、義理の母親はとても喜んだ。村にある二つのお菓子の店が空になるほど、お菓子を買った。夜更けまでダンスしたり、歌ったりした。音楽は素晴らしかった。

ベイト・ダッラース（*Bayt Daras*）

▼土地　一万六三五七ドナム（アラブ人所有一万五八九六、公共地四六一）

▼人口　二七五〇人。家屋　四〇一戸。

この地に十字軍は村を見下ろすための城を築いた。住人たちは、穀物や柑橘類、野菜を栽培し、暮らしていた。アラブ解放軍の報告によると、ユダヤ軍はこの村に一九四八年三月二十七、二十八日、無差別の砲撃を行ったという。イスラエル人歴史家モリスによると、同年五月十五日以前に「浄化」のスローガンを掲げた攻撃で、家屋が破壊される中、住民たちは避難していったようだ。

イスラエル入植地は、一九五〇年にアズリカム、エムニーム、ギヴァティが、一九五〇年代にゼメロットが建設された。

（『パレスチナ　消えた村と家族』広河隆一著　日本図書センターより）

■一九四八年戦争

ガーダの祖母たちは一九四八年の戦争のなかで、故郷を追われて難民となった。一週間かそこらで帰れると思い、何も持たずに気のみ着のままで逃げた。パレスチナ人の中には家の鍵だけを持って逃げた人もいた。ガーダの祖母や両親など、このとき難民となった人たちは、半世紀以上、現在に至るまで苦しみの中で過すことになる。

かつて四百年にわたって、オスマン帝国の支配を受けていたパレスチナは、第一次世界大戦を境に大国に翻弄されていく。第一次世界大戦中、イギリスはフランスと戦後処理について、オスマン帝国の領土をどう分け合うかを取り決めたサイクス・ピコ条約を結び、一方でアラブ首長フサインにオスマン帝国と戦えば、パレスチナの地をアラブ国家として独立させると約束(フサイン・マクマホン協定)し、さらにヨーロッパで迫害を受けてきたユダヤ人には、パレスチナにユダヤ国家を作ると約束した(バルフォア宣言)。そして大戦後、国際連盟にかわって、イギリスはパレスチナの委任統治を認められ、二十六年にわたり、パレスチナを支配下においた。

バルフォア宣言を受け、ユダヤ人たちはパレスチナに移民を続け、それに対して危機感を募らせたアラブ人との衝突が激しさを増した。手を焼いたイギリスは問題の解決を国連に委ねた。そして一九四七年の国連分割決議によって、パレスチナの地はユダヤとアラブの二つの国に分割されることになった。

その背景には第二次世界大戦で、ドイツのナチスによって六百万人ともいわれるユダヤ人の犠牲を出したことへの配慮があった。イギリス、アメリカなどの大国のエゴが、戦争責任のないパレスチナ人たちに押し付けた形となった。

ユダヤ人はパレスチナの都市や多数の村落を次々と陥落させていった。一九四八年、イスラエルは一方的に独立を宣言し、それを不服とするアラブ諸国との間に、第一次中東戦争が始まった。戦いは四九年始めまで続き、アラブ諸国との間で停戦協定が結ばれるまでに、パレスチナの七八%の領土がユダヤ人の支配下におかれた。パレスチナにあった五百あまりの村は征服され、四百を超える村から住民が追われ、当時のパレスチナ人口の六割にあたる七十五万人以上が追放された。

ガーダの祖母ハディージェは第一次中東戦争が始まった頃、故郷ベイト・ダラスからおよそ五キロ離れた現在のアシュドッドまで逃げてきた。しかしイスラエル軍の攻撃が緩む昼間は、自分の村まで歩いて農作業をして、夜になるとアシュドッドで寝泊りする毎日だった。しかし戦争は激しさを増してきた。

祖母は現在のガザ地区ジャバリヤまで着いたが、まだその頃は故郷に帰ることを考えていた。しかしイスラエル軍は祖母の村を占領し続け、もはや帰るチャンスはなかった。祖母は歩き続け、ジャバリヤからベイトラヒヤ、ベイト・ハヌーン、そして現在のハンユニス難民キャンプにたどり着いたのだ。祖母は自分たちがどのように難民になっていったかガーダに語り続けた。

私たちは逃げ始めた。ハマーマ村、アスドゥード、そしてマジダル村へと逃げ出した。私たちはハマーマ村に七カ月とどまり、ある日の夕日が沈むころ、エジプト兵士たちが引き上げて行くのを見た。エジプト兵士たちは泣いていた。引き上げるよう命令が出たからだ。エジプトのファルーク王は裏切り者で、エジプト兵士たちの武器はよくなかった。戦争でたくさんのエジプト兵士たちは殺された。ユダヤ人のヘリコプターは通りごとに空から攻撃した。私たちはエジプト兵士たちが引き上げるのについて行った。私たちは気落ちしていた。たとえ七カ月もハマーマ村にいてもいつかは帰れると思っていたからだ。しかしそうはならなかった。

私たちは親戚の二人を失った。今にいたるまで何の音沙汰もない。ユダヤ人たちは私たちの村を何度も襲撃した。ある日の午後、突然、ユダヤ人たちは何の警告もなく、私たちの村を大砲で攻撃し始めた。大砲の弾が人家の上に落ちてきて、人々が殺された。

私の夫は一九四八年以前、農夫として畑で働いていた。彼は誇り高い、勇敢な人で、常に村の人々の問題を解決してきた。そして戦争のとき、戦士だった。どの家族にも銃を持った二、三人の男たちがいた。

戦闘は毎日毎日あったわけではなかった。一、二週間は静かだった。だから私は家や畑から物や食料を持ってくることができた。しかしユダヤ人たちは捕まえたものは誰でも殺していた。村の行き帰りにたくさんの死体を見た。それを見たとき、何度も泣きたくなった。でも涙も枯れ果てていて、泣くこともできなかった。そして多くの人たちは物を集めに行き、戻って来なかった。

ある日、私は村に残っている家族に会いに行った。父親は夜、泊まっていくようにと言った。私はシャワーを浴び、ご馳走を食べた後、息子の体を洗い、乳をあげた。乳をあげている間に息子は眠ってしまった。朝の四時に私の父親が帰ってきた。彼は他の戦士といっしょだった。私に家を出ないようにと言った。ユダヤ人が村を囲んでいたからだ。彼は私に銃声を聞いたら去るように言った。歩いている間は気をつけろ、ユダヤ人が地雷をしかけているので主要道路は歩くなと言った。

私たちは銃声が聞こえるまで待って、それから移動を始めた。銃撃があらゆるところから始まった。朝だったが、まだ夜が明けていなかった。私たちは数頭の羊を連れて行った。私は神に祈った。爆弾が私たちのところへも落ちてきたが、幸いにも負傷する人はいなかった。

私は息子を抱き、頭の上にいくらかの衣服を乗せ、頭上を軍用機が飛び交う中、逃げだした。銃弾が頭や足のすぐそばを通り、恐ろしかった。次の日、アスドゥードの人々はみな逃亡し、土地はユダヤ人の手にわたった。

一人の男性が彼の肩に娘を乗せ逃げていた。彼は頭を撃たれて亡くなった。彼の娘は彼の肩の上で生きていた。彼の妻は振り返り、娘を抱き上げ、夫が死んでいるのを見ると、再び逃げ続けた。悲しみや絶望にひたっている時間はなかった。

攻撃が静かになったとき、私たちは村がどうなったか見に行った。何十人もの死体が道路の隅に転がっていて、葬られようとしていた。その日は村のたくさんの人たちが殺されていた。一人のパレスチナ人にハマーマ村まで荷馬車に乗せてもらうために一リラを払った。多くの人たちが同じことをしていた。私たちは幸運なことにもトラックに乗せてもらえた。私たちはロバに引かれる荷車にたくさんの人たちが乗っている横を通り抜けていった。私たちが通ろうとするとロバが地雷を踏んで、爆発した。そしてそこにいた人々はみな殺された。

マジダル村が占領されると、私は南部のハンユニスに逃げた。私は小さな子どもをかかえていた。彼はとても重く、ハンユニスまで歩くのは非常に辛かった。

■戦争時の生活

当初、私たちはUNRWA（国連パレスチナ難民救済事業機関）が提供した避難所に移動するのが嫌だった。しかし最後には移動する決心をした。そこには二つの小さな部屋と部屋の前にある小さなスペースがあった。そしてドアが一つあった。たくさんのサボテンがある小道の中央に避難所の建物があった。そこでは食べたり、座って何かをしたりするプライバシーも何もなかった。ある女性はパンを焼いた後、みんなの衣服や身体や髪についている蚤や虱を殺すため、衣服を火にかざした。状況は悪かった。石鹸はなく、水もなく、洗うところもなかった。

人々がパイプをつけて、水を引こうとするとUNRWAが来て切断した。彼らがどうして生活を改善させてくれないのかわからなかった。しかしある日、画期的なことが起こった。人々はUNRWAの事務所へ行き、「私たちは家に水道が欲しい。あなたの家には水道がありませんか？あなたは何も持っていないのですか？　あなた方はどうして私たちを一杯の水で争わせたいのですか？どうして私たちに水をくれようとはしないのですか？」と言った。そこでUNRWAの将校は私たちに水をくれると約束した。

私は六番目の子どもを妊娠中の最後の月でも、ハンユニス市から水を運んできた。私の番がくるのを待ち、水を一杯にする時間も入れて、私は二度行き、ほとんど二時間ぐらい歩いていた。私は健康で、休むこともしなかった。多くの女性たちは頭に乗せている水がめが重く、休むために座っていた。時々、私は頭の上に水がめを乗せ、両手にもう二つ持って歩いた。

貧困がはびこり、お金がないため、物乞いをする現象が出てきた。多くの女性たちが、顔を隠して都市に行って、物乞いをしていた。子どもたちを食べさせるためだった。助けるためのお金を持っている人はいなかったし、みな同じように貧しかったから。もし誰かが他の人にお金をあげたら、その人自身は物乞いをしなければならなかった。お金を持ってくる方法もなく、食料もなく、仕事もなく、金もなかった。

■一九六七年戦争

ガーダの家族がガザ地区の難民キャンプで暮らすようになって、二十年近くたった一九六七年、再び戦争が起こった。六日戦争とも、六月戦争ともいわれる第三次中東戦争だ。再度にわたるアラブ諸国とイスラエルとの戦争で、イスラエルは圧倒的な強さを示し、六日間で、以前の約四倍の土地を手にした。その結果、イスラエルはヨルダン領となっていたヨルダン川西岸、エジプト領となっていたガザ地区を占領し、エルサレム旧市街を併合した。これでパレスチナ全土がイスラエルのものとなった。

その頃ガーダの祖母たちは再び戦火を逃れるために、ハンユニス難民キャンプから、海に近いマワシ地区に避難した。

六日間の戦争の間、麻袋に入れたパンで、私と子どもたちは生き延びた。二、三日で乾燥したパンだけ残り、食べるパンがなくなったとき、私は病院で働いている女性に会った。ユダヤ人たちは病院を爆撃し、一部を壊した。その女性は病院から食料を取ってきた。それはキュウリとトマトなどだった。彼女は私の子どもたちが空腹のために泣き叫んでいるのを見て、食料を半分くれた。代わりに私は、子どもたちや義理の父親から隠して、唯一残っていたパンのかけらを彼女にあげた。そしてちょうど通りがかった親戚の人に、私がもらった半分の食料をあげた。彼の家族もまた飢え死にしそうだったから。人々は木の葉を食べ始めていた。すべての食料が底をついていた。

私たちの多くは一九五六年の戦争から学んだ。五六年のときは家を出て、海岸や畑に逃げるとき、何も持っていかなかった。六七年に私たちはこれを思い出し、食料を持っていった。しかし子どもたちがいて、たくさんのものを持っていくのは無理だった。私たちは人々から毛布をもらって助かった。特に子どもたちは幸せだった。夜に海岸で眠るのは寒く、そのため、ほとんどの人たちは病気だったから。

戦闘がやんだとき、私たちはハンユニスの家に帰り始めた。私たちは遠回りしてラファの道から戻り、同じ状況に出会った。同じ光景が再び繰り返されていた。いたるところに死体があった。私たちは二人の男性を見たが、彼らは道端で死んでいた。死んだ女性も死んだ男性もあちらこちらにいた。私たちは歩き続けた。泣きたかったけれど、泣くこともできなかった。まわりに生きている人がいないか捜した。倒れている人たちは黄色の顔をして、蛇にかまれたかのように、皆死んでいるように見えた。生きている人さえ、死んだ人のように見えた。イスラエル兵士がいたるところで身分証明書を検閲していた。私たちは彼らにＵＮＲＷＡの難民認定のカードを見せた。

私はハンユニスで起こった虐殺を覚えている。戦闘の後、イスラエル軍兵士は人々が隠れている防空壕を発見した。兵士たちはグループごとに人々を集め、壁に向かって立たせ、そして撃った。そして次のグループを連れてきた。まもなく死体は撃たれてくずれ落ち、丘のように積み重なった。私たちの近所の人は幸運だった。彼のグループが立たされ、撃たれる直前にやめろという命令がきて、彼は命拾いした。ユダヤ人たちは見つけた誰でも、男たち、女たち、子どもたちを一時間で殺したのだ。

戦闘がやんだあるとき、私は家族のために水を汲みに、ナセル病院へ行った。病院の横でたくさんの人々がまた殺されていた。一人の男性は頭と身体が別々の場所にあった。別の女性は、彼女の編んだ髪の一つと、もう一つが別の場所にあった。私は夢中で水道の蛇口を開け、水を汲んでいた。手が動いて水がこぼれても、私はそれも気がついていなかった。私は集中しなければならなかった。水を汲み、それからキャンプに戻った。

忘れられないことは、赤ん坊を抱いて、お乳をやったまま死んだ女性のことだ。誰かが彼女から赤ん坊を抱き上げ、赤ん坊は他の人々によって世話をされた。私はこの世でたくさんのひどいことを見た。

私たちが家に帰ったとき、ミルクはなく、子どもたちの食料もなく、そして一歳にもならない私の子どもにやるお乳もなかった。他の子どもたちも食べるものがなく泣いていた。あるとき、真夜中にイスラエル兵たちが家の前を通っているとき、子どもたちが泣いていたので、静かにするように言った。兵士たちは通るときに窓を叩いていた。私は「兵士たちが聞いたらあなたたちを殺すわよ」と子どもたちに言った。子どもたちは怯え始め、静かになり、そして眠った。

この戦争の後も、私たちはたくさんの家が、イスラエル軍戦車によって壊されているのを知った。小さい子どもたちの頭や、女性の手などが、あちらこちらにあった。私は四八年、五六年の戦争を思い出した。十九年間で三回、同じシナリオだった。そして私は泣いた。歩きながら泣いた。泣きながら四八年の戦争を思い出していた。戦闘がやんで、ハマーマ村から自分の村へ帰って、いくらかの食料や品物を持って行こうとしたとき、私は村の道端に数百人の人々が殺されているのを見た。私はそのとき、泣かなかった。泣く涙がなかった。血の気が引き、泣くこともできないほど怖かった。しかし六七年は泣いた。どこもかも同じ光景だった。いつまで私たちは同じことを繰り返さなければならないのだろうか？

「私はインティファーダの前に二度、故郷ベイト・ダッラースを訪ねた。ほんのちょっとだったが、私は見覚えのある大きな石を見た。私たちは倒れないように、石を運んだ。そして私はそこに座り、泣き出した。私はここで結婚し、二人の息子と暮らしていた。どうしてすべてが破壊されてしまったのか？　自分の家はこれらの小さな石になってしまった。自分の手で建てた家がこんなになってしまうなんて。私は気が狂いそうだった。私は父親が戦後、村に来るのを嫌がったのがわかった。もし訪ねたら、父親は気が狂っていただろう。

ユダヤ人が取った土地、農場、すべてが楽園だった。アプリコット、葡萄、無花果《いちじく》などの果物。私たちは旬の果物や野菜しか食べなかった。小さなメロンやスイカをよく植えて、トウモロコシがそれらを囲んでいた。そしてひまわりも。私は五十年前、とても健康的だった。私は小さな籠を持ち、木に登った。葡萄などの果物でいっぱいになったら、大きな籠に入れ替えたものだ。私は三カ月の身重で、幸せだった。そして今、私はこの部屋にいる。この部屋は小さく、天井が落ちてきそうだ。私たちは故郷に戻る途中だから立て直すことはないと思ったのだ。私は楽園から出て、今はハンユニスの砂の丘にいる」

祖母はガーダに時間の経つのも忘れて話し続けた。ガーダはいまだに故郷を見たことがない。ガーダの夢は祖母といっしょに故郷を訪ねることだ。しかし祖母はリウマチを長年患っていて、思うように動けない体だ。さらにイスラエル軍の封鎖も続き、ほとんどのパレスチナ人はイスラエル国内へ入ることは許されない。故郷をしのぶ祖母の歌声はハンユニスの難民キャンプで、悲しく響いていた。

人生は早く過ぎていく
私はあなた(故郷)を思い出すとき悲しくなる
私はあなた(故郷)をみることはできない
あなた(故郷)といっしょにいることが出来ない
私の心は悲しみで濡れる

祖母ファートマ(八十歳)

母方の祖母ファートマは八十七歳ですでに他界したが、印象に残るおばあちゃんだった。祖母ファートマはガーダの家に隣接する一軒家に姪ゼナブといっしょに住んでいた。私が初めて会ったときは八十歳で、身体は思うように動かなかったが、話好きで元気そのものだった。よそ者の私が訪ねると、いつも愛想を崩し、顔をくしゃくしゃにして、迎えてくれた。祖母ファートマはガーダが訪ねると、よく歌を歌っていた。

私は人生をあなたに捧げた
私の愛する人、結婚式の夜はどうしたらいいの?
彼らはあなたの右手をとり、結婚式に連れて行った
そして私の番がやってくる
愛する人はそばにいる
でも私は心の準備ができていない
私は素敵な腰の持ち主で
絹の服を身につける

私は素敵な腰の持ち主で
口は甘く、蜜のよう

祖母ファートマの食事は娘であるガーダの母親が作り、ガーダなどの孫たちがそれを運んだ。ガーダは祖母ファートマが大好きで、身体を洗ってあげたり、爪を切ってあげたりしていた。トルコ、イギリス、エジプト、イスラエルと四代の支配を生き抜いてきた祖母ファートマは話の間にも昔のことを思い出すのか、ガーダに故郷ベイト・ダラスの話をよくした。


——トルコ時代はどうだったの？

あいつらは悪いやつだった。私らにひどい扱い方をした。飢えと乾きで、死なせた。私らはあの頃、空腹だった。あいつらは米や食物を食べさせるよりも、土に埋めていた。トルコのおかげで、あまり収穫ができなかった。

——どうして自分の土地や農場を持てなかったの？

私らは土地を持っていた。でも耕せなかった。トルコ軍は男たちを連れて行き、軍の仕事の手伝いをさせていたから。そして女たちは残された。

——彼らはどこに男たちを連れて行ったの？

兵役さ。

——トルコ軍はすべての男たちを連れて行ったの？

みんなではない。私らはよく男たちを隠したものさ。何人かは逃げた。あるとき私の母親は豆や小麦を貯蔵する穴に男を隠した。トルコ軍は彼を見つけることが出来なかった。母さんは彼を助けるために一切れのパンや、水をあげていた。トルコ時代、人々は苦しめられたものだよ。

――イギリスの時代はどうだったの？

イギリスのほうがよかった。最低、ひもじい思いはしなかった。十分な食べ物はあったから。私らはよくイギリス軍のキャンプで働き、食べ物をもらっていたものさ。よく大きなおいしいイギリスパンをもらった。やつらはトルコ軍よりましだった。でもイギリス軍は甥を殺した。

――イギリス軍がおばあちゃんの甥を殺したの？

そうだよ。

――どうして？

理由なんてないさ。反抗したからさ。誰かがイギリス軍に彼のことをしゃべったから殺されたんだ。仲間の一人が彼は武器を持っていると言ったんだよ。彼は反イギリスの抵抗グループにいると言われたんだ。イギリス軍兵士たちが彼を谷のところまで連れて行って、三人の兵士が夕方、彼を撃った。彼はいい男だった。勇気があって、ハンサムで。父親は彼を失い、ショックを受けた。裏切り者が何人かいたんだ。彼らは私の甥の人生を狂わせてしまった。それからイギリスはよくないことをするようになった。人々を殺し始めた。

――イギリスが引き上げて、ユダヤ人が来るようになった。

神はユダヤ人に報復し、やっつけてくださるだろう。

——彼らは何をしたの？

私らは最初、あいつらのために働いたよ。

——ユダヤ人たちがおばあちゃんたちを追い出したときのことを話してよ。

あるときあいつらは私らを集め、アワブダと呼ばれるところに、朝から日暮れまで座らせた。

——おばあちゃんたちは、一九四八年の戦争のとき、戦ったの？

戦いは(ベイト・ダッラースの中ではなく)村から出たところで起きた。ユダヤ人が占領したとき、村を守るために戦いにのぞんだ男たちすべてを殺した。彼らは農夫だった。やつらは見つけたものは誰でも殺した。やつらは町を攻撃し、あらゆる方向から無差別に、村に向かって撃った。逃げたり、生き残ったりしたものは幸運だった。残りはみんな死んでしまった。やつらは村を占領し、土地をみんな取ってしまった。

——ユダヤ人はおばあちゃんをどうしたの？

やつらは二度並ばせた。でも神様が私を守ってくれ、私は助かった。

——どんなふうにして？

やつらはよく壁に向かって、人々を並ばせ、撃ったものだ。時々は皆を殺し、時々は何人かを殺した。でも最後には、ほとんどみんな殺した。男性も、女性も、そして子どもたちまでも殺した。

——戦いの中で、どんなふうにおばあちゃんは私の叔父アベド・イブラヒームを産んだの？

ユダヤ人が攻撃を始めたとき、人々は家から逃げ始めた。子どもたちが走るには幼すぎて、私たちは逃げることができなかった。子どもたちを、どこへも預けるところがなく、虫がいっぱい湧いていた、家畜のえさが入っている貯蔵庫に入れた。それから軍用機が爆撃していたので、玄関のドアを閉じに行った。ちょうどドアを閉じようとしたとき、爆弾が身重の女のお腹に落ち、彼女と息子は殺された。私は見られたら爆撃されると思った。反対の方向に、急いで後ずさりをした。あわてた私は灰のあるかまど(火をおこし、食べ物を作るかまど)の中に落ちてしまった。

私は恐ろしさのあまり、赤ん坊を灰の中に産み落としてしまった。しばらく赤ん坊を見ていたが、どうしていいかわからなかった。赤ん坊は灰まみれになって、誰かが白いドレスを着せたようだった。男か女かさえ分からなかった。赤ん坊はまだ私の子宮とつながっていた。私は血を流し、助けを求めていた。私は軍用機が見えなくなるまで、そこに座って誰かが来て助けてくれるのを待った。そこに親戚の女性リファがやってきた。彼女も助けを求めて叫んでいた。私も助けを求め、赤ん坊のへその緒を切ってくれと頼んだ。私は赤ん坊が白い灰をかぶっていて死んでしまうと思ったので、「私を先に助けてよ」と立ち上がって頼んだ。

「私のお尻に刺さっているものを取り出すのが先よ」とリファも負けじと叫んだ。私は「こっちに来て、動くことができないのよ」と言いながら、何かが彼女のお尻に刺さっているのに気がついた。それは爆撃の破片だった。私は彼女に近づき、お尻から取り出すのを助けた。すると傷口から血が噴き出した。彼女の傷口に灰を何度もつけて、止血した。

「さあ、あんたを助けたから、今度は私を助ける番だよ」

彼女は私を助け、赤ん坊についている灰をおとした。彼女は「おめでとう。赤ん坊は男の子で、健康でかわいいよ」

と言った。私は男の子でも女の子でもどうでもよかった。
「助けて。早く終わらせたい。息をすることも出来ないよ」と言った。彼女は油のビンを持ってきて、それに息を吹き込めば胃の中の悪いものがいっしょに出て行くからと言った。私は強く息をし続け、全部を吐き出した。

——おばあちゃんのお母さんは戦争で死んだの？

そうさ。ユダヤ人が母を殺したのさ。母は私が赤ん坊を産んだので、訪ねてきたんだ。私をかわいがっていたし、私も母が大好きだった。でも家に帰る途中で殺されたんだ。
最初、兵士は母を二回撃った。最初の弾は当たらなかったが、もう一つの弾が母に当たった。弾が当たった後、彼女は立ち上がって歩き続けた。しかしやつらはもう一回撃ち、母を殺した。私は母の様子を見に行くことも出来なかった。子どもたちが小さくて歩いたり、走ったりできなかった。

——おばあちゃんは村から荷物を持ってくることができた？

私たちはみんな村に置いてきたよ。何も持ってくることができなかったが、私の金は持ってくることが出来た。私たちは牛やラクダ、羊などの家畜もみんな置いてきた。子どもたちを運ぶために、小さなロバを連れてきた。子どもたちはひどく汚れて、頭にはたくさんの虫をつけていた。神はやつらに仕返しをなさるだろう。私たちはひどく疲れて、苦しめられた。ユダヤ人は私たちを尋問した。やつらは誰でも止めて、「どこから来たのか？」と聞いた。やつらは私も止めた。でも私はベイト・ダッラースから来たとは言わなかった。戦っていなかったネアリア村から来たと言うと、やつらは私を自由にした。もし戦っていた村から来た者を捕まえたら、やつらは殺した。

私はネアリア村で二カ月間、過ごした。私は年寄りや弱っている人たちに食べ物や水をあげ、助けていた。私はたくさんの人たちを助けた。私が人々を助けるなら、神様はきっと戦争から私や子どもたちを助けてくれるだろうと思ったからだ。

神様のおかげで私は息子を誰一人、失わなかった。私はいつも命を救ってくれた神様にお祈りしなければならない。私の息子たちは外国にいる。サウジアラビアに一人、クウェートに一人にいる。ムスタファは一九九一年の戦争(湾岸戦争)後、クウェートから追い出された。どうしてイスラムの国が、イスラム教徒を追い出せるのかわからない。今はイエメンにいるムスタファは長男で、みんなから愛されていた。本当の男だった。フセインはサウジアラビアにいて、息子のアリもサウジアラビアにいる。アリはいい子だ。お祈りするし、断食もするし、他人に分け与える。それから娘たちもみんないい子で、幸せだ。お前の母親をみてごらん、皆から好かれているよ。すべてにおいて私は助けてもらっているよ。

――インティファーダはどう思う?

インティファーダって何だね? 今の戦争のことかい? 神はうちまかしてくださるだろう。ユダヤ人はたくさんの人々を殺した。

――叔父さんはエジプトで最も高いレベルの教育を受けた。そうね?

そうさ。フセインとアリはエジプトで勉強した。アブドゥラヒーム(リビアで死んだ)はレバノンで勉強した。ムスタファはクウェートで勉強した。

――誰がお金を送ったの?

それはね、長男のムスタファがみんなのためにお金を送ったのさ。そう。彼はたいへんいい子だった。みんな彼のことが好きだった。

――おじいちゃんは戦争後、働いていたの？

いいや。仕事がなかったからね。問題だけがあった。

――四八年と六七年の戦争後、国連の助けを受けたの？

仕事がなかったからね。食物の配給を受けたものさ。

――エジプト人はどうだったの？

彼らはよくなかった。私たちはその頃、飢えていた。

「孫娘よ。私は食べることができないよ。パンのかけらを食べるのに一時間かかっている。歯がないし。私は果物、リンゴ、甘いものを食べるよ。私が食べるものをおまえのお母さんに聞いてみてくれ。本当に弱くなったものさ」

「おばあちゃんの髪は長かったの？」

「背中の一番下まで届くような髪の長さをしていたよ。私は素敵な歌を歌い、じょうずに踊ったものだよ」

「おばあちゃんはいつも髪をこんなふうに隠していたの？」

「私たちはたくさんの飾りや金がついたスカーフを持っていたものだよ」

祖母は外に出て椅子に座った。ガーダが「おばあちゃん、歌ってよ」と言うと、椅子に座りながら、祖母は歌い始め、やがて腰を振って踊り始める。

「私が若い頃には胸が豊かで、うまく踊れたのに」それを聞いたガーダがくすっと笑う。

アラブの踊りは胸と腰を振りながら踊る。肉付きのよい胸と腰がなければ踊れない。最後まで愛嬌のあるおばあちゃんだった。彼女は第二次インティファーダが始まる前の一九九九年に他界した。

百歳のハリーマ

二〇〇〇年十一月、抵抗運動が激しくなるにつれ、イスラエル軍はユダヤ人入植地の治安を守るため、入植地につながる道路を封鎖しただけでなく、まわりにあるパレスチナ人の家屋を破壊したり、木々を切り倒したりしていた。

家を破壊されテント暮らしを強いられている家族の中に、百歳になる女性がいると聞いて、ガーダは訪ねることにした。その女性は難民ではなく、生まれたときからずっとガザ地区に暮らしてきたハリーマという女性だった。

「五十年も住んできた私の家をイスラエルが壊したの。トルコが来て、イギリスが来て、でもイスラエルほどのことはしなかった」

現在イエメンにいるハリーマの息子の家一軒だけ残し、娘の家、そして近所の家六軒がいっしょに壊された。同夜、ハリーマと同じように家を壊された女性サディーアは興奮が冷めやらない口調で話し始めた。

「最初イスラエル軍はブルドーザーで、まわりの木をみんな切り倒した。そして私の家に近づいてきた。何が起こっているのか、わからなかった。家の反対側に二台のブルドーザーがやってきた。私は家の隅にある井戸のそばにいた。ブルドーザーが家を壊し始めた。娘が泣きながら駆けてきて、ブルドーザーに轢かれる前に、私をそこから助け出してくれた。戦車のライトで照らし出しされ、私たちはほうほうの手でその場から逃げ出した。数分後、家はなくなっていた」

ハリーマは家のほかにも羊小屋、鶏などのほか、ナツメヤシの木、オリーブ、オレンジなどたくさんのものを失った。

「夫が死んで、長男のアショルが結婚して娘が生まれて、子どもたちを育てるために一生懸命働いた。働いて、働いて人生が過ぎていった」

ガーダがたずねた。「壊された家は誰が建てたの?」

「二年以上、夫といっしょにミシンで縫い物をして働いた。そのお金でこの土地を一ドナム五パレスチナリラで買った。家は夫がラファにあった土地を売って建てたんだ」

「何も持ち出せなかったの?」

「何もね。すべてなくなってしまった。彼らがブルドーザーでさらってしまった」

ハリーマの息子タヒルはイエメンにいるが、イスラエルに入国できる証明書を持っていないため、帰ってくることができないでいる。ハリーマは家を壊された後、息子の家の一階で、まるで家の番人のように一人で住んでいる。

「誰も住んでいないとイスラエル軍は家を壊してしまう。息子が帰ってくるまでこの家を守る」

とハリーマは言う。

壊された家の前で、ハリーマは家の鍵を見せた。

「これが私の部屋の鍵、これが玄関の鍵、これが羊小屋の鍵……でももうみんないらなくなった。

これは息子タヒルの家の鍵。これは合鍵を作ってなくさないようにしなきゃ」

そのときイスラエル軍の検問所から銃撃が聞こえた。パン、パン、パーン。少し遠くなったハリーマの耳にも、銃声ははっきり聞こえるようだ。後を振り返り、ガーダに「今のは銃声?」と聞いていた。

ハリーマには、息子のほかに娘がいる。娘のウンム・アリは同じ日に家を壊された。彼女は家を失ったことからまだ立ち直れず、話題が家の話になるたびに涙ぐんでいた。

「明日はイスラムのお祭りだけど……」とガーダが遠慮がちに聞くと、「何もお祝いなんて出来ないわ」とウンム・アリは泣き出した。そばにいたもうひとりの娘のウンム・アクラムは慰めるように言った。

「私は十三年間もラマダン明けのお祭りをお祝いしたことがない。五六年の戦争のとき、爆弾が私の家に落ちて、家族全員が死んでしまった。最初のインティファーダでは催涙弾で娘の目が見えなくなった。娘のことがあってから私たちは祭りを祝ったことはない。家よりも人間が残っていること、これが大事よ。家はまた建て直せるときがきっとくるわ」

ハリーマは娘のようなガーダに、わずかに残されたオレンジの木から、手に持ちきれないほどのオレンジを採って渡した。

「ここはオレンジとオリーブの木だらけだった。今では何もない」

パレスチナ人が住んでいる家のまわりには必ずといっていいほど、オリーブの木やオレンジの木、ナツメヤシの木、そしてサボテンの木がある。その木々が切り倒され、あちらこちらに無残な姿で

「私はここにいるときが一番幸せなのさ」というハリーマ

横たわっていた。

「私はここにいるときが一番幸せなのさ。ここで私は眠り、気分が安らぎ、休むことができる。ここにいられるなら、たとえ木の下でも眠れる。ほかにどこへ行けるというのか？　私はここにいたい」

わずかに残されたオレンジの木の下で、ハリーマはガーダにそう語った。息子がいつ帰ってくるかわからなくても帰ってくるまでここで待つ、とハリーマの決意は固い。

ハリーマを訪ねた後で、「ハリーマは百年生きて、人生の終わりというときにすべてを失った。五十三年後の今もなお、難民になる女性がいるのに気がついた」とガーダは語る。

二〇〇三年、ガーダと私は再びハリーマを訪ねた。息子の家は壊され、ハリーマは亡くなっていた。私はしばらく訪ねなかったことを悔やんだ。娘のウンム・アリによれば、そのころハリーマは、ハンユニスにいる息子の家にときどき行っていた。彼女が帰ってきたとき、イスラエル軍は、木を切り倒し、家を壊し始めた。ハリーマは近づこうとした。しかし彼女がどう抵抗しても近づくことはできなかった。息子の家はハリーマの目の前で壊された。ハリーマはまるで目の前で息子が殺されたような気がした。気が狂ったようになったハリーマをウンム・アリは家に連れて帰った。それからしばらくしてハリーマは悲しみの中で息をひきとったという。

政治犯の母親、ウンム・ジャービル（七十二歳）

二〇〇一年、ガザ市にある赤十字社にいたウンム・ジャービルを訪ねた。その日はイスラエルの刑務所に息子を捕らえられている家族たちが、ガザ市で釈放を要求してデモをする日だった。彼女は顔見知りの赤十字社の人たちと何やら話をしていた。デモが始まると、七十二歳の彼女は「息子や娘たちを釈放せよ」と叫んで、先頭に立った。

彼女の長男ジャービルは一九八五年、イスラエル軍に逮捕され、十五年間刑務所に入れられた。ジャービルは逮捕される前、ガザ地区にあるザハル研究所で、教師として物理学を教えていた。彼は占領に抵抗する武装闘争を指揮した疑いで逮捕され、終身刑を受けた。ジャービルによると、

「兵士たちは深夜、家のドアを押し破って入ってきた。そのとき、二歳と四歳だった二人の娘は眠っていたが、その音と兵士たちの叫び声に、長女は目覚めた。僕は彼らにひどいやり方で連れて行かれる前に、娘を抱き、キスをしたいと言った。僕はまたベッドで眠っている下の娘のところへ行き、彼女にキスをした。赤ん坊の香りは刑務所での十五年間のあいだ、忘れることはなかった」

その後、ウンム・ジャービルのもとに刑務所へ来いという手紙が送られてきた。彼女は刑務所に駆けつけた。そのときのことを彼女は語った。

「そこには三百人のパレスチナ人が、後ろが見えないように、壁から離れて立たされていた。皆、

ウンム・ジャービル（右）とガーダ．

手と足を縛られ、黒いビニール袋をかぶせられていた。彼らの足元には小水ができるように、容器が置かれていた。やつらは私を小さな取調室へ連れて行った。イスラエルの取調官は、息子が隠すように何を渡したかということをしつこく聞いた。私は息子から何ももらわなかったと言った。

私への尋問が終わると、やつらは息子を連れてきた。息子は縛られ、頭には黒いビニール袋をかぶせられていた。息子の頭からビニール袋をはずした。息子を見たとき、顔は濡れ、あご髭はすごく伸びて、ひどい様相だった。やつらはドアを閉め、私たちだけになった。私は息子を抱きしめ、『強く生きて、私たちのことは心配しないでね』と言った。兵士がほんのわずかしかたたない間に、再び入ってきた。そして息子の頭に再び、ビニール袋をかぶせると、何もいわず、息子を押し出した」

一九九三年のPLO（パレスチナ解放機構）とイスラエル政府のオスロ合意の結果、ジャービルは一九九九年に釈放された。彼が釈放されたとき、長女のフェダは高校三年生、次女ハニーンは高校一年生になっていた。ウンム・ジャービルは息子が釈放されて幸せだった。しかし今も息子たちが刑務所に入っている家族の気持ちを考えると、自分はすべての政治犯が釈放されるまでは、幸せでないと言い切る。ウンム・ジャービルは、パレスチナ人でなく、レバノン人の政治犯四十二人を養子にし、他の女性たちといっしょに刑務所に通い続けた。彼らはパレスチナのために闘うために他の国からやってきているから、自分たちの息子のように思っているという。

しかし二〇〇〇年の抵抗運動が起こってから、パレスチナ人はイスラエルに入れないため、多くの家族は面会できないでいる。ウンム・ジャービルも刑務所へ行くことは出来なくなった。

私とガーダはガザ地区のブレイジュ難民キャンプに住むウンム・ジャービルにインタビューをするために彼女の家を訪ねた。背筋をピンと伸ばし、椅子に座った彼女は、長い間、息子たちのために毅然と闘ってきた女性の顔をしていた。気丈なガーダもこの女性の前では、おとなしい女性に見える。今なお現役でイスラエルの占領と闘うウンム・ジャービルが、どういう経験を経て今日まで生きてきたのか、私たちはぜひ知りたいと思った。ガーダは昔の生活から聞き始めた。

――故郷ベイト・アッファー村での生活を話してください。

私には五人の兄弟、一人の姉妹がいました。私は若いときに結婚しました。

――何歳で結婚したのですか?

私は十三歳半で婚約し、十四歳のときに結婚しました。村では、お互いにみんな仲良く、幸せに暮らしていたのです。結婚式をしたとき、村中の人たちを招待しました。それは本当に幸せでした。

私たちの村があり、土地があり、何も問題はありませんでしたから。土地を離れることなんて考えもしませんでした。すべての問題は後で始まったのです。一九三六年、私たちの土地に最初のユダヤ人たちが来て、ヌクバ・キブツを作りました。小さな土地が売られ、ユダヤ人たちが木で家を作りました。しばらくしてユダヤ人たちはもっと土地を買って、もっと家を建てました。

そして三、四年後に彼らはセメントで家を建てるようになったのです。そしてだんだん家族を連れてきました。彼らはたくさんの土地を買って、入植地を広げていきました。でも私たちはお互いにいい隣人として住み、特別の行事があるときには、私たちは入植地のリーダーたちをよく招待しました。彼の名前はミシェルといいました。彼らは若い人たちとダンスをするためにやってきたものです。馬に乗ったり、パレスチナの伝統的なダンス、ダブケを踊ったりしました。ユダヤ人の女性たちもまたやって来ました。特に結婚式は、私たちとダンスをし、肩に手を乗せ、いっしょにダンスをしました。私たちはお互いに信用し、彼らをアラブ人として付き合っていたのです。私たちには自分たちの習慣や伝統があり、彼らには彼らのものがありました。私たちの間には敵はありませんでした。しかし後から来たユダヤ人たちは力づくで私たちを追い出し、村を占領し、ベイト・アッファーだけでなく、ほとんどのアラブの村々を占領しました。

イギリスがキブツやユダヤ人入植地を撤退し始めたとき、ミシェルは私たちの村長に会いに来ました。彼は「ハガナ(ユダヤ人地下武装組織)はたいへん悪く、ひどいことをするかもしれないから、家に白旗をあげるように」と言いました。そして「もし白旗を揚げるなら、あなた方は助かるかもしれない、私たちはあなた方を守ることができるかもしれない」と言いました。しかし村長は拒否をして、決してユダヤ人たちに投降しない、絶対受け入れないと言いました。

それから二、三日後、ユダヤ人は夜中の一時ごろ、私たちの村を攻撃してきました。それは断食月(ラマダン)が始まった最初の日でした。私はその頃、パンを焼いていました。銃声が聞こえたので、パンをオーブンに残しました。男たちは外に出て行き、彼らがどこへ行ったのか、わかりませんでした。私は他の女性たちといっしょに朝の八時まで家に隠れていました。ユダヤ人たちが村を占領し始めたとき、彼らは家に入り始め、二、三発の銃弾を撃ち、私たちに投降せよと言いました。私は手で息子を抱え、もう一方の手を上にあげ、外に出ました。

男たちは集められ手と目を縛られ、太陽の下に置かれ、女たちも一つの場所に集められました。村は完全に占領されたのです。兵士は無線で、入植地と連絡を取り、「ベイト・アッファー村を占領した。村民は皆捕虜として連れて行くが、それからどうするか」とたずねていました。彼らは「女と子どもたちは解放するが、男たちは、応援の部隊が来るまで捕まえておく」と言いました。

ユダヤ人たちは私たちに、子どもたちを連れて家に帰るように言いました。私は彼らが殺すかもしれないと思い、ものすごく怖かったのです。私は自分の家に帰り、金と銀を取り出し、自分の帯に入れ、息子を連れてカラティーヤ村まで歩こうとしました。しかし途中でユダヤ人兵士に会い、「どこへ行くのか?」と聞かれました。私は彼に「家に帰る」と言いました。兵士は私に「赤ん坊は男か女か」と聞きました。私は「女の子だ」と言いました。彼は「もし男の子だったら殺す」と言いました。私は血の気が引く思いでした。幸いに、彼は調べませんでした。そして他のグループの兵士たちに出会いました。彼は私が家に帰りたがっているとヘブライ語で言いました。私は歩いている間、ユダヤ人といっしょにアラブ人の男性がいるのを見ました。その男性は私たちの村の情報を提供するように強要されていました。私は歩き続けました。家の前にあるトウモロコシ畑に差し掛かったとき、私はその中に逃げ込みました。畑に入るや否や、私に向かっていっせいに銃撃が始まりました。私は靴なしで走りました。地面に伏せ、四つんばいになって歩き始めました。息子は私にぶら下がっていました。トウモロコシ畑を横切った後、視界が広がり、カラティーヤ村が見え、私は助かったのです。

――あなたの家族に何がありましたか？

この戦争で避難しているとき、たった一人の妹が殺されました。ユダヤ人に攻撃されたとき、たくさんの人々はガザや他の町に逃げました。私たちも村を去りました。結婚していた妹は、夫の家族、母親、二人の兄弟といっしょに、エジプト軍がファルージャを撤退するまで残りましたが、逃げるときに彼女のところで地雷が爆発し、抱いていた赤ん坊とともに殺されたのです。

私たちは村を離れるのは、長くて七日間で、それから戻れると思っていました。人々はいくらか手に持てるものを持ち、出て行きました。そのとき私にはイブラヒムという息子がいましたが、医者も薬も、お金もなく、病気のために死んでしまいました。他にも同じ理由で、子どもを亡くしました。私たちはたくさん移動しました。ガザの東部の国境にある、ジャビル・エル・ディークと呼ばれるところに一時は住んだこともあります。それからガザの谷を離れ、国連からテントをもらい、別の家族といっしょに住みました。そこで私はジャービルを産み、二年間いました。それから私たちは他の難民たちのようにブレイジュにきたのです。ブレイジュ難民キャンプで、私たちは通りから石を集め、他の材料といっしょに二つの部屋を作りました。一つは私と夫と子どもたちの部屋、そしてもう一つは客室です。

国連職員は私たちの生活や状況を見に来て、少しばかりのお金をくれました。部屋が手狭になると、私たちはナツメヤシの木から小さな葉をとり、屋根を作り、土で家を作りました。それは国連の避難所よりはましでした。

私たちは苦しみながら、子どもたちを育てました。子どもたちを育てあげる全ての責任は母親の肩にかかっていました。女性たちは家族がうまくいくかどうかの中心的存在だったからです。


ウンム・ジャービルは私とガーダを当時、国連が建てた部屋に案内してくれた。古びた様相の部屋が二つ残っていた。そこは使われないで物置になっていた。息子たちはこの部屋を壊して新しく建てたいと言ったが、彼女は反対した。家族とともに苦労した戦争を忘れないために。

ウンム・ジャービルは子どもたちを連れて、故郷のベイト・アッファー村(現イスラエル領)へ行ったことがある。子どもたちに、果物を取って食べさせた。彼女はまたジャービルを木の下に連れて行き、そこで、みんなが結婚式をし、お祝いの羊を殺したことを話してやった。ジャービルは自分の名前を木の枝や根っこに書いた。

「もし故郷に帰ることができるなら、私は少しもためらわず、この場所を去る。たとえ、この家が黄金で建っていたとしても、ここを去るのを悲しいと思わない。そして故郷でテントやビニールの家に住むことになっても、かまわない。そこでこそ私は安楽を感じることができる」

ウンム・ジャービルの故郷への思いは今でも強く息づいている。

レバノンから帰ってきたサミーラ（四十二歳）

二〇〇一年の春、私とガーダはレバノンから帰ってきた女性サミーラを訪ねた。サミーラは一九九五年、夫と子どもたちともに、夫の家族の住むガザ地区ベイト・ハヌーンへ帰ってきた。

サミーラは一九五八年生まれの四十二歳で、すでに結婚している娘ルバ二十歳と他に三人の子どもがいた。見ているだけでは、和平になって帰ってきたたくさんのパレスチナ難民の一人としか見えなかった。ガーダが訪ねた女性たちの中ではきわめて若い。はじめはどうしてガーダが彼女を選んだのかわからなかった。しかし話を聞いているうちに、彼女が経験してきたものは一九四八年の女性たちの話に匹敵し、ときにはそれ以上につらく、きびしい話だったことがわかった。

彼女の家族は一九四八年以前、レバノンに近いタルシーハ村で暮らしていた。母親の家族は村では大きな家族で、叔父は村長だった。農民として幸せに暮らしていたが、四八年の戦争が始まり、すべてを残して逃げ出した。

母親は難民となり、レバノンへ行った後、同郷の父親と結婚した。父親は国連の検査官として働いていたので、生活状況はよかった。しかし彼はまたＰＬＯ幹部でもあった。それを知ったレバノン兵士たちがある日、サミーラの家にやってきて、父親を逮捕した。彼は拷問を受け、殺されたあと十日間、冷凍室に入れられた。父親の死後、家族の生活は完全に変わった。サミーラが三歳のときだった。

父親を失い生活手段を失ったサミーラたちは、キャンプに住むために移動した。国連が住む場所といくらかのお金をくれた。サミーラは他の兄弟、姉妹とともに、難民キャンプで、母親の手ひとつで育てられることになった。サミーラはガーダに苦しかった幼い頃の話から始めた。

「私は一九四八年の『破局の日(イスラエル建国の日)』からずいぶん後に生まれたのに、本当に苦しんで生きてきた。私はブルジバラジネ難民キャンプで、下水道の設備もなく、水のパイプも電気もなく、隙間風の入る家に住んでいた。私たちは最低の生活をしてきた。冬には何度も雨水がベッドに入り込んで、私の足が濡れていることに気づき目覚めた。部屋中に皿やバケツを置き、天井から落ちてくる水を受けた。レバノン兵士は私たちのことを虫けら、あるいはそれ以下に思っていた。それでも私はいつかパレスチナの革命が起こり、幸せになることができるだろうという希望をもっていた。

しかし一九七六年からレバノン内戦が激しくなった。十六歳だったサミーラは学校を続けようとしたが、学校は閉鎖に

サミーラが婚約した日も爆撃があったという.

なった。キリスト教右派の民兵は東ベイルートの郊外からイスラム教徒をすべて追い出そうとしていた。キリスト教右派の民兵はシリア軍の応援を受けてキャンプを包囲し、陥落させた。その後、学校は開校となった。サミーラは再び、学校へ行ったが、彼らは学校に爆弾を落とし、再び学校は閉鎖された。

サミーラは語学力が巧みなのを生かして、私立の学校教師の試験に合格し、アラビア語教師を一年間勤めた。働いたお金で、午後は秘書の学校へ行き、勉強した。彼女はその後、ベイルートに移り、職場で秘書として働き、現在の夫マジッドに出会った。彼はガザ地区のベイト・ハヌーン出身だった。PLOの活動家だったため、七二年にヨルダンへ追放され、そこで高校を卒業し、それからイラクへ渡った。七六年、彼はパレスチナ人を助けるために、レバノンへやってきた。そして七八年サミーラと出会い結婚した。サミーラたちは四年間、ベイルートで結婚生活を続ける。その間、ルバが生まれた。しかし活動家の夫は家にいることはなく、サミーラは爆撃の中、一人でルバを守り続けた。

「一九八二年の経験は私たちにとって最悪の経験だった。私はそれまでたくさんの戦争を経験している。でもイスラエルがレバノンに侵攻したときが、一番ひどかった。イスラエル軍侵攻の三カ月後、私たちはほとんど死ぬ寸前だった。爆撃が始まると七カ月のルラを身ごもっていた私は、長女のルバを抱き、シェルターに駆け込んだ。周りの人たちはルバの手を離して歩かせなさいといったけど、私はルバと離れ離れになるのが怖かった。終わりはいっしょだと思ったから。それから私はルラを出産した」

「いつ？」とガーダが聞いた。

「アラファトがレバノンから撤退を決めた日よ。その日、イスラエルはベイルートを攻撃した。夫は病院に長女のルバを連れてやってきて、『娘を連れて行くように。イスラエル軍が西ベイルートを二つに分けたので逃げる』と言った。私は『ひとりにするつもり？』と言った。彼は『娘の前で、彼らに逮捕させたいのか？』と言い、『私はどこへ行けばいい？』と言うと、彼は『わからない』と言って、子どもたちにキスをして、出て行った。そして私もサブラ・シャティーラの虐殺があった一カ月後に、イラクへ行った夫の後を追い、子どもたちを連れてレバノンを去った」

サブラ・シャティーラの虐殺は今もなお、パレスチナの人たちの心から消えることはない。イスラエルはキリスト教右派の後ろ盾になることによって、レバノンで勢力を拡大し、そこからPLOとシリア勢力を追放しようとした。PLOがベイルートにとどまる限り、イスラエルは爆撃を続けると言った。爆撃は八十八日間、続いた。このときほとんどが一般市民からなる二万人の生命が奪われ、六十万人が家を失った。そして八月十八日、PLOがベイルート撤退に合意し、戦争は終わった。一般のパレスチナ人は難民キャンプにとどまることになったが、それは、PLOに撤退を承諾させるために、アメリカを中心とする多国籍軍が「残ったパレスチナ人の生命は保障する」と約束したからだった。しかしPLOの撤退の直後に、多国籍軍はレバノンを撤収した。そしてベイルートのサブラ・シャティーラ難民キャンプで、およそ三千人といわれるパレスチナ人が虐殺された。

「サブラ・シャティーラ難民キャンプの話を聞かせてください」とガーダは聞き続けた。

「私たちはブルジバラジネ難民キャンプに住んでいた。それはサブラ・シャティーラ難民キャンプとたいへん近いところにあった。一キロもなかったわ。空港が二つのキャンプを分けていた。PLOがレバノンから出て行ったとき、人々は状況がすぐ変わり、戦争は終わると思っていた。だから、病院やシェルターに避難していた私たちはキャンプに帰ってきた。虐殺の夜、私たちは軍用機が行き来する変な動きを感じた。嫌な予感がした。それはその日の午後から翌朝まで続いた。私たちのキャンプは高いところにあり、空港を見ることが出来た。その頃、イスラエル軍はベイルートに入ってきていた。私はそのとき、自分の娘の命を救うことだけを考えていた」

「テレビはなかったの？」

「電気も水もないのよ。どうして見ることができるというの？　私は赤ん坊のおしりを洗うために水を探していた。虐殺は九月十五日か十六日に起こった。人々が異変に気がついたのは、十七日だった。イスラエル軍はキャンプを封鎖して、誰も入ることも出ることも許さなかった。そして右派民兵はイスラエル軍とともに入り、虐殺をした」

「イスラエル軍は右派民兵に犯罪をゆだねた。実際は両方とも関わっていたのね」とガーダ。

「ええ。正確には、イスラエル軍はキャンプを封鎖した。そして右派民兵による虐殺を行わせた。私たちはだんだん怖くなってきた。イスラエル軍との間の距離は近く、次は自分たちの番だと思っていた。眠っている間、イスラエル軍が突然、やってくると聞いた。想像してみてよ。恐怖のあまりほとんど裸同然の女性が逃げ出すところを。

そしてシャティーラ難民キャンプの大通りで、私はこの目で見たの。遺体が交差して積み上げられていた。赤十字社の人たちは大きな穴を掘り、トラックで運ばれた遺体を中に入れていた。それは病気を蔓延させないためだった。運んでいた遺体はばらばらになっていた。トラックの中には、手や足や頭が見えた」

そういう悲惨な状況のなかでも負けないパレスチナの女性たちの姿があった。

「九月十八日には、イスラエル軍の戦車がブルジバラジネ難民キャンプに入ってきた。女たちは、イスラエル軍の戦車を囲み、『キャンプに入りたいのなら、入ってもいい。でも右派民兵を入らせ、私たちを殺さないで』と言った。イスラエル軍兵士は『ここにはテロリストはいるか？　武器を持っているか？』と聞いた。私たちは『いいえ。いるのは女と子どもたちだけよ』と言った」

「あなたもそこにいたの？」とガーダは聞く。

「ええ。私と母親がそこにいたわ」

「サブラ・シャティーラ難民キャンプから一キロメートルのところは安全だったのね」

「ええ。私たちと空港のこの距離が、そして、たぶんこのキャンプでレバノン人とパレスチナ人がいっしょにいたことが、私たちを救ったと思う。それにキャンプは高いところにあって、中で何が起こっているか、見ることが出来たから」

サミーラは虐殺の一カ月後には夫のいるイラクへ旅立ったが、その後レバノンでは内戦が激しくなっていった。一九八七年、サミーラの家族が住むブルジバラジネ難民キャンプでは民兵組織アマルによるキャンプの封鎖が長く続き、医療活動を続けていた外国人スタッフから声明文が出された。

「私たち、ブルジバラジネ難民キャンプに住み、働いている外国人医療スタッフは、キャンプが危機に瀕しており、人間として生きていける状態にないことを報告する。キャンプはすでに十四週間以上包囲されており、私たちと二万人の住民は、すべてを失い、悲惨な状況下にある……何も食べる物のない人々は、生きのびるために犬や野良猫を食べている……」(『パレスチナ難民の生と死――ある女医の医療日誌』ポーリン・カッティング著、広河隆一訳、岩波書店・同時代ライブラリーより)

パレスチナの女性たちは勇気があり、強かった。サミーラの姉によると、民兵組織アマルが封鎖を解いたとき、女性たちは食べ物を持ち帰るために出かけた。アマルはキャンプから五百メートルの高いビルにいた。女性たちが食べ物を持ち帰ろうとしたとき、アマルの狙撃兵が撃ってきた。たくさんの人たちが殺され、負傷した。ある女性は持ってきたばかりの食べ物を夫に渡しているときに撃たれ、彼の腕の中で死んだ。

サミーラはそのころ、キャンプにいた家族と何度も連絡を取り合った。姉は「虫のついた古い豆を見つけた。五つか六つ水に入れ、味付けなしで煮て、子どもたちに与えた」と言っていた。ある日、姉の息子が四人の子どもたちと外で遊んでいた。彼女が息子に家に入るように言った二、三秒後に大きな爆発音がした。息子は間一髪で助かった。そして今、その息子は二十三歳になる。勉強もできず、仕事もなく、ただ家に座っている。食べ物もない。誰も家を助けるものはいない。今でも姉たち、レバノンに残された家族の悲劇は続いているとサミーラは言う。

サミーラは夫と子どもたちとイラクで六年間暮らした。夫の仕事でチュニスへ行き、オスロ合意後の一九九五年、パレスチナへ帰ってきた。サミーラと娘のルバはそのときのことを話す。

「PLOがオスロ合意にサインしたときは、幸せだった。合意の中身は知らなかったけれど、私たちは故郷に帰る準備を始めた。帰ってきたとき、夫も私も夢のようだった。私はバルコニーで、『私はガザにいる、パレスチナにいる』と叫んだわ」

しかしサミーラたちは帰ってきた喜びが落ち着くと、新たな問題に直面した。レバノンの難民キャンプや長い間の外国暮らしを経験してきたサミーラたちは、ガザ地区の人々との生活様式の違い、考え方の違いに悩まされた。

「結婚前のルバが外に出ることをまわりは許さなかった。映画に行くのにも昼間通りを歩くのにも、いつも叔父といっしょに行かねばならなかった。彼らの許可なしでは行動できなかった。祖父は特にルバの服装を非難した。大学でもヒジャーブ(頭をおおうスカーフ)が問題になる。万事うまくいかず、しまいには私たちはユダヤ人のようだと言われた」

一時は重圧を感じる毎日だったが、サミーラとルバは今では乗り越えて行こうとしている。サミーラは私たちにコーヒーを作りながら、力強く言った。

「私たちはどこに行けると思う? レバノンへ行けと言われても、チュニスへ行けと言われても私はいや。ここでは私は落ち着くことができ、恐怖から抜け出せる。私は自分の家にいる。誰もここから私たちを追い出すことはできない。私はここを去ることは二度とないでしょう」

歌い踊るウンム・バシーム（六十七歳）

ガーダは次に農民の女性ウンム・バシームを選んだ。彼女はガザ地区の中では農業の盛んなベイト・ハヌーンに住んでいる女性だった。

私たちは知り合いの車でベイト・ハヌーンに向かった。以前、パレスチナ人がヨルダン川西岸やエルサレムに行くために必ず通らねばならなかった、イスラエル軍検問所エレッツの近くにあった。エレッツに向かう主要道路から右に曲がると、ベイト・ハヌーンだ。

私たちが初めて訪ねたのは二〇〇一年の春だった。道の周りにはオレンジの木や黄色の花が咲き乱れ、砂ばかりの殺風景なところばかり見てきた私たちは、ここはガザ地区なのかと目を疑うぐらい美しいところだった。遠方からたくさんの羊とそれを率いるベドウィン（遊牧民）の女性たちが近づいてくる。ベドウィンの女性たちは目を除いて顔を隠していたり、伝統的な服を着ていたりする人が多い。彼女たちは写真撮影を嫌う。地元のパレスチナ人よりももっと保守的で、写真撮影するにも父親や夫の許可を得なければならない。

小さな小道を通り抜けると視界が広がった。広々とした農地にオリーブの木、大きなナツメヤシの木、小麦畑、そこには以前のパレスチナの人々が住んできた土地があった。車が止まり、小さな農家から、前もって話を聞いていたのか、初老の夫婦がニコニコしながら出てきた。

さっそく昼食に招かれた。まずウンム・バシームが紅茶を作るために、火をおこした。ガーダはその横で彼女の話を聞き始めた。

「ここでの生活を話してください。何を作っているの？」

「小麦、スイカ、オクラ、トマトなど、自然栽培のものを作っているよ」

「作ったものを売っているんですか？」

「ええ。私たちの生活は土地から成り立っているんだよ。羊やヤギも飼っている。私はこの生活が好きさ。トマトを植え、美味しいサラダを食べている。何にも替えられないものよ」

「お子さんは何人いるの？」

農民は土地に根づいていると言うウンム・バシーム.

「五人の息子と四人の娘がいる。私の母親はベイト・ハヌーンではなく、ベイト・ダラスの出身さ」

「えー！　そう。じゃあ、あなたは私の親戚ね。私の家族もベイト・ダラス出身よ」

とガーダはウンム・バシームが自分の家族と同じ出身と聞いて感激した。ガーダは彼らを訪ねるたびに、不思議な感覚に襲われた。あたかも祖母たち家族が一九四八年以前に住んでいた故郷ベイト・ダラスにいるような気持ちになっていくのだ。ガーダは一度も故郷を訪ねたことはなかった。

ウンム・バシームは母親の実家ベイト・ダラスで産声をあげ、三日後には母親の嫁ぎ先であるベイト・ハヌーンへ母親と帰ってきた。父親は農夫で、アザーンという「お祈りの呼びかけ」をする仕事をしている人だったが、彼女が四歳のときに病死した。ウンム・バシームはベイト・ハヌーンで成長し、一九四八年の戦争時は十三歳だった。その後、従兄弟でもある現在の夫と結婚した。一九六七年、第三次中東戦争でイスラエルに占領され、当時七百ドナム(一ドナム=千平方メートル)あった土地は百七十ドナムまで取られたが、今日まで農牧業を営んできた。

――ベイト・ハヌーンにはユダヤ人と同じようにイギリス人のキャンプもありましたか?

イギリス人のキャンプは一九四八年の戦争より前にはものすごくたくさんあったよ。イギリス人は一九四七年に退却するとき、ユダヤ人にすべての武器を与えてしまった。

一九四八年の戦争は北西部サラマ村から始まった。人々はユダヤ人が村を攻撃したと知るや、逃げ始めた。戦争はベイト・ハヌーンまで押し寄せてきた。人々は逃げ始めた。戦いの間、私は一番下の弟と残り、母親は他の兄を探しに行った。

――あなたの一番上のお兄さんは戦っていたのですか?

もちろんよ。私たちは何も持たず、ジャバリアへ移動した。兄嫁は毛布だけ運んで、私たちが眠るときにかけてくれた。私たちはだんだんお腹が減ってきた。けれど何もなかった。

――ジャバリアには長い間いたのですか？

しばらくいたよ。土地があるものは働けたけど、そうでなければ何もできなかった。国連の援助がそのころ始まった。あの年の冬はとても寒かった。私たちは手で積みあげた粘土レンガの家に住んでいた。それから国連がきてキャンプをたてて、各家族に小さな家をくれた。もちろん、あんたはよく知っているだろうけれどもね。

――ジャバリアにはどのくらいいたのですか？

六、七年かな。

――ずいぶん長いですね。どこで結婚したの？

ベイト・ハヌーンでいとこと結婚した。

――家族はベイト・ハヌーンにいたのですか？

そう。そして私たちは二人とも馬に乗った。手を握りあってね。

――そのとき何を着ましたか？　白いドレス？　それとも伝統的衣装？

そのころはシルクのドレスを着たものだよ。白いドレスは着なかった。それから手に短剣を持って、それを両目に近づけ、ドレスの上においたものだよ。馬かラクダに乗って、新婦の兄かいとこが馬の近くに寄り添って、後ろで歌ったり踊ったりするんだよ。

ウンム・バシームはある日、私たちを昼食に招待してくれた。鶏を何羽かしめて、私たちが着いたときはすでに水洗いをしていた。パレスチナの女性たちは何時間もかけて、食事の用意をする。

午後の二時か三時に家族が揃って食事する。その日一番のご馳走があるのは昼食だ。大きなトレイに鶏肉スープをしみこませたパンが敷き詰めてあり、その上に鶏が並べてある。鶏のおなかにはご飯とミンチ肉を混ぜたものが詰まっている。私が「これはマフトゥール?」と聞くと、ガーダは「ベイト・ダラスではマフトゥールが代表的な料理よ。でもこれはシラク。シラクもベイト・ダラスの代表的な料理の一つだわ」と教えてくれる。口に入れると、ご飯に鶏肉の出汁がしみていい味がでている。パンにも味がしみていて、美味しい。ガーダは食べているうちに感無量になっていた。「これは故郷の味、私たちの土地の味、まるで故郷にいるみたい。私たちの村、土地、歴史、これらのルーツを思い出すため、記録を残すことは大切なこと。未来のためにも次の世代のためにも」

私たちは食べ終わると、農作業を手伝おうということで、ウンム・バシームの荷馬車で家畜のえさの草を集めに行くことにした。馬車に乗ると、いつの間にかウンム・バシームは歌いだした。

愛する人は私をおいて行ってしまった
素敵なスカーフの美しいあなた
あなたに手紙を書いた
返事はなかなか来なかった
エルサレムに行った美しいあなた
私は素敵な服を着たあなたに心を奪われた

草刈りに行った美しいあなた
馬車をひいている人に私は心を奪われた

女性たちの歌は次から次へと出てくる。ガーダの祖母もたいへん歌がうまく、たくさん歌ってくれたが、ウンム・バシームも歌が好きだ。パレスチナ人の歌は故郷を想う歌が多いかもしれないが、私が聞いたのはラブソングが多かった。やはりどの国にもラブソングは歌われているようだ。嫁と姑の確執を歌った歌もある。

わたしをうらやまないでね
義理の母親はわたしが好きです
私のかわいそうな母親は嫁が好きです
「いや。彼女は嫁が嫌いだよ」
義理の母親は嫁が好きでなかった

「私は嫁が嫌いじゃないよ」とウンム・バシームは言う。ウンム・バシームは結婚したときのことを話してくれた。
「叔父が兄のところへ結婚を申し込むために、意見を聞きにきた。私は『お好きなように』と答えた。実際のところ、私は結婚相手の母親が怖く、あまり気乗りがしなかった。たいへん強い女性だったから。私の叔父は『怖れることはない。おまえを食べやしないよ』と言った」
結婚後、やはり問題が出てきた。ウンム・バシームは紅茶が好きだが、義理の母親は好きではなかった。ある日、ウンム・バシームが隠れて飲んでいた紅茶と砂糖が、義理の母親に見つかってしまった。以来、気まずい状態が続いた。気丈なウンム・バシームも姑には苦労していたようだ。
草刈りを終え、帰り道の荷馬車のうえで、ウンム・バシームは熱い恋の歌を歌ってくれた。

あちらこちら、あなたの愛を探しています
日が沈み、月が出て、
ずっと口づけしていても思いはつきない
たとえ何が起ころうとも
あなたから離れたくない

ウンム・バシームたちは家に着いてから自分たちの馬に刈ってきた草を与え始めた。ウンム・バシームは美味しい紅茶を入れてくれ、夫妻は掛け合いの歌を始めた。

ウンム・バシーム　君はとても大切な人
死ぬまでずっとあなたを愛する
私の愛するあなた

あなたは私の魂　私のすべて
死ぬまでずっとあなたを愛します
（死んだら終わりね）

　初老に差し掛かった二人のラブソングは微笑ましい。ウンム・バシームは横に座って歌いながら、照れ隠しにパンや食器をガチャガチャと片付け始める。アブ・バシームのあまりの熱い言葉にウンム・バシームが盛んに照れていたのはかわいらしかった。

こんばんは　私のお客さん
あなたからは香水の匂いがします
おはよう　私たちのお客さん
あなたのまわりで、美しい鳥が歌います

　これはお客さまを迎えるときの歌だ。イスラム社会は旅人を大切にする。ガーダの兄嫁の実家に遊びに行くと、いつも見知らぬ年配の男性がいることに気づいた。どこの人だろうと聞くと、旅人だという。もともと大家族のパレスチナでは、一人増えたぐらいでは食費もあまり変わらない。寝るのもマットをしいて毛布をかければすむので、そんなに気にもならないのだろう。パレスチナの家には必ずといっていいほど、客間がある。日本にも客間はあるが、違うところはどんなに貧乏していても、家が小さくても客間があることだ。客間にはコーヒーや紅茶のカップ、グラスなどが入っている食器棚が置いてある。客が来たら、そこからきれいなカップを持ち出し、お茶を差し出す。イスラムの客を大切にする精神を垣間見た気がした。ウンム・バシームは知り合いの青年が叩く手拍子に合わせて踊りだした。

私たちの息子は皆、ハンサムよ
空を飛んで行くでしょう
男たちは皆、ハンサム、でもあなたは一番、ハンサムよ

ウンム・バシームの夫アブ・バシームは農民であり、詩人だ。彼は大学ノートにぎっしり詩を書いている。第一次インティファーダが始まって、何か事件が起こったとき、心に留まったこと、心配なこと、悲しいこと、嬉しいこと、怒りを感じること、それらすべてを書き続けている。彼の詩は土地を取られた農民の悲しみ、イスラエル軍に撃たれた若者の無念の気持ち、故郷をしのぶパレスチナ人の想い、そういった思いが一杯詰まっている。彼は歌を歌ったあと、ウンム・バシームと二人で、すっくと立って、そしてイスラエルとの境界に向かって指を指しながら、詩を詠い始めた。

たとえ彼らが私の故郷を分断しても
私たちは故郷を離れないだろう

たとえ彼らが故郷に何をしようとも
私たちは故郷と呼ぶだろう
故郷で生き、故郷で死ぬだろう
たとえその土地が
小さく切り刻まれたものであっても
たとえイバラだらけであっても
私は故郷で死ぬ
たとえ裏切者がなにをしようとも
私たちは故郷と呼ぶ
たとえ悲劇が起ころうとも
私たちは故郷と呼ぶ

ウンム・バシームたちの幸せな生活は続かなかった。二〇〇二年三月、イスラエル軍はパレスチナ武装派掃討作戦を展開し、ヨルダン川西岸ラマラに侵攻。パレスチナ自治政府議長府を包囲し、およそ一カ月間にわたり、アラファト議長を監禁状態においた。さらにイスラエル軍は、四月にはヨルダン川西岸北部のジェニンに侵攻し、六十人以上の死者、五百軒以上の家屋破壊を行った。ときを同じくしてガザ地区へもイスラエル軍が侵攻し、緊張が高まっていた。イスラエル軍はベイト・ハヌーンに侵攻し、ウンム・バシームの家と土地を奪った。

土地を追われたウンム・バシームはパレスチナの地図を刺繍した

私たちはベイト・ハヌーン市街の息子の家に避難した夫妻を訪ねた。二人は息子夫婦と子どもたちに囲まれていたが、今までとは違う家での生活に、なじめないようだった。家と家の通路にヤギは押し込められ、ウサギは部屋の中にいた。馬の一頭はイスラエル軍が侵攻したときに目と足を撃たれ、二度と働くことは出来ない体になっていた。毛布に丸まって、朝食の紅茶をすする夫妻の顔からは笑顔が消えていた。以前の楽しい日々はどこかへいってしまった。あれだけ元気だったウンム・バシームは医者通いをし、箱一杯に詰められた薬を飲んでいる。身体のどこが悪いのか自分でもわからないという。

ガーダが畑のことをたずねると、

「あの畑には近づくことすらできないんだよ」

アブ・バシームが寝室ベッドに腰掛けながら話し始めた。

「小麦は全部、刈っていない。ハンユニスからアブ・ハーリド家の労働者を連れてきた。彼は刈る機械を持ってきた。わしらは彼の後を追って小麦を集めた。早く終わりたかったからね。普通は刈ってから二、三日ほっておく。でも今の状況では怖いからみんないっしょにやってしまった。二時ごろ、イスラエル軍の戦車がやってきた。わしらは十二、三人いた。ジープもやってきて、兵士が『何をしている?』と聞いてきた。わしらは『小麦を刈っているんだ』と言った。彼らは何も言わず立ち去った。しかし突然、わしらに向かって撃ち始めてきた」

「今、何て言った?」

「戦車から雨のように撃ってきた。すごく怖かった。機械を使っている男たちは機械の音で聞こえないようだった。わしは頭にかぶっているクーフィエ(頭巾)を力一杯振った。『仕事を止めてくれ!』と一生懸命叫んだ。心臓がドキドキしていた。やっと皆が帰ってきてくれた。そのときも銃弾はわしらの頭上をかすめていた。わしはウンム・バシームの手を引っ張り逃げたよ」

「じゃあ今年は何も植えていないのですか?」ガーダは聞いた。

「何を植えるんだよ? ほとんどの作物は昨年からほうってあるよ。わしはこの土地に四十九年間、生きている。土地は自分の体の一部なんだ。誓うよ。たとえやつらがあふれるような金や香水や花のある宮殿にわしを住ませようと、わしの土地に比べれば、何の価値もないさ。羊の鳴き声は最高さ。土地のにおいは花や香水よりもましさ。子どもたちはみんなあそこで生まれ、孫たちのほとんどもあそこで生まれたんだ」

横でモロヘイヤの葉をとっていたウンム・バシームが口を挟む。

「オリーブの季節が来て、自分たちの木から実を摘みたかったのに。昨年は今までに比べて最高の年だったから」

「畑に行ってオリーブを採ってこようと思った。何て言えばいいのか? 畑についたけど、オリーブの木が見えないんだ。更地になっていた。わしは自分の目が見えなくなったのかと思った」

ウンム・バシームたちは畑をとられただけでなく、オリーブやオレンジの木も切り倒された。息子たちといっしょにいるが、農業ができない毎日で、日に日に生活は苦しくなっていった。私が訪れるたびに、家の中にいた家畜の数が減っていった。

私はこの土地に来た。それは悲しい土地だった
そこで私は緑にした。木を植えたとき、土地はしあわせだった
イスラエルはそこを去れといった
刈りをするときは、私の人生でもっとも幸せなときだった
どうして私に去れといえるのか？
多くの夜をときどき微笑みながら、ときどき涙ぐみながら、
そこに座ってときを過ごした
景色を見ているだけで満足し、どんなに長い時間、
起きていたのか夜の星に聞いてくれ
四十年間、それは私のモスクであり、祈ったものだ
四十年間、それは私の青春時代であり、働いて過ごしたものだ
四十年間、それは私の人生の魂であり、血であった

「農夫は自分の土地でのみ生きることができる。農夫は魂で土地を守っている。こんな状態なら
わしは死んだも同じだ」
と言いながらアブ・バシームは静かに涙を流した。モロヘイヤの葉を取っていたウンム・バシーム
はしばし手をやすめて、夫をなだめるように言った。
「私たちが生きていることはいいことよ」

2001-2004 III

ガーダの日々

ナセル，ガーダ，ターレック，海での一日．

ガーダの日記

ガーダは二〇〇一年の六月から二〇〇二年の一月までの半年間、ウェブサイトで日記を公開していた。これはガーダがイギリスの大学の修士課程を終えて帰国し、ガザ地区で、家族四人で住んでいたときのことを書いたものからの抜粋である。

外国人の私が状況を伝えることも大切だが、もっと大切なことは、実際、そこに生きている人たちの生の声が伝えられることだ。私はぜひ難民キャンプに住む彼女自身の声を紹介したいと思った。ガーダが日記を書いた時期はパレスチナではインティファーダが続き、パレスチナ人による自爆攻撃、イスラエル軍によるガザへの侵攻、爆撃、家屋破壊が続き、緊張が高まっていた。イスラエル軍による日々の道路封鎖や検問、そして友人や親戚の少年たちの死など、きびしい日常生活の中でガーダが何を考え、生きていたか書かれている。

私の名前はガーダ・アギール。私はガザ地区のパレスチナ難民キャンプに住んでいる。私は三十歳。娘と息子、二人の子どもの母親だ。私の家族も夫の家族もハンユニス難民キャンプに住んでいる。この難民キャンプは、一九四八年の戦争で立ち退きを余儀なくされたパレスチナ人のために、国連が作ったガザ地区にある八つのキャンプのひとつだ。

私の家族は一九四八年の戦争で壊されイスラエルに占領された美しい村、ベイト・ダラスという故郷から強制的に立ち退かされた。私の祖母は「楽園から砂の丘まで」というくらい、今の生活は変わったという。

そこで私は生まれ、育った。私は一九八八年のインティファーダのときは高校生だった。その年学校はほとんど閉校で、デモ、外出禁止令、ストライキばかりだった。一年中、暴力の嵐が吹き荒れた。その日のことを今でもはっきりと思い出す。イスラエル軍が、家中のものを叩き壊し、威嚇射撃をしたのを覚えている。十二歳の私の弟は学校から帰る途中で、逮捕された。私たちは死にもの狂いで兵士たちの後を軍の検問所まではだしで追いかけ、弟を連れ戻した。

私は高校生で、大学進学を目指していた。しかしすべての大学はイスラエル当局によって閉鎖され、家族は経済的な理由で、私を外国へ勉強のために送ることはできなかった。私は教師養成学校で学び、教師として三年間働いたが、大学へ進学する夢と希望は消えなかった。

ついに一九九四年、イスラム大学が再開され、私は教育学の学位を取ることができた。同時に私は娘を育てていた。同じ年に私はイギリスのエクセター大学で国際政治学修士課程の交換留学生として学ぶことを許された。

◆二〇〇一年六月五日(火)　検問所にて

私は難民キャンプに仕事で出かけなければならなかった。そして私は、ガザの大学へ行っている従姉妹に、幼稚園に寄り道して、私の子どもたちを家まで連れてきてくれるように頼んだ。

ハンユニスの検問所はガザ北部と南部を分断していて、いつものように車の行列ができていた。まったく理由もなく止められ、刑務所のように包囲されていることが、さらに人々に重圧を与えていた。検問所の周辺はたいへん暑く、混雑し、勤め人であろうが、学生であろうが、子どもであろうが、女性であろうが、年寄りであろうが、帰り道を急ぐ人々の顔には苦しみが刻み込まれていた。

私たちは他の人たちがするようにタクシーを降りて歩くことにした。私たちは歩いて、百五十台の車を通り過ぎ、長い列を作って待っている人たちに加わった。別のタクシーに乗って、落ち着いた。私たちの前にはまだ百二十台の車が待っていた。終わりのない屈辱的な列の中で座っているとき、私は周りを見回して、悲しみと怒りで胸が張り裂けそうになった。

私の座っていた左手にはガザを二つに分けているクファル・ダロム入植地がある。イスラエルはガザを分断し、私たちに主要道路を使わせない理由として「安全」を引き合いに出す。クファル・ダロムを通るのには二分しかかからない。しかし今は数時間かかる。もしイスラエル兵士の機嫌が悪ければ、それはさらに時間を要する。

私は待っている間、景色を見ていて、気が滅入っていた。私の右手にはサボテンやオリーブの木々が植わっていた最も美しい土地が、ひどい光景をさらしていた。イスラエル軍のブルドーザーがなぎ倒して、砂漠に変えてしまった。私の後ろには家を壊されたパレスチナ人の家族が住むたくさんのテントがあった。前のほうではイスラエルの兵士たちが私たちのほうへ銃を向けて、数千人の人々の動きをコントロールしていた。私の足もとにある道は、ブルドーザーが通って壊されていた。

私たちは三時間後にその検問所を通ることができた。歩くことによって数時間、節約できたことはせめてもの幸せだった。私がハンユニスに着いたのは、午後三時三十分だったが、私は二人の子どもたちが、まだ着いていないことに驚いた。彼らは朝の十時にガザを出発していた。私は心配になり、従姉妹の家に電話をした。そして夫の実家へ、そして夫の元へ。しかしどこにもいなかった。私は仕事を続けることができなかった。従姉妹の家に行った。彼女の家族もまた娘を心配し始めた。私は気が狂いそうだった。

午後六時に彼らは着いた。八時間も検問所で止められていたのだ。私の息子、ターレックはまだ十一カ月だ。そして従姉妹が持っていた卵の包みは熱をおびていた。私の娘、ガイダは五歳だが、従姉妹がどんなにたいへんだったかという話をしている間、泣き始めた。私がいっしょにいなかったことを叫び、責めた。その間、私は何も言うことができなかった。二人の無事を神に感謝した。検問所の安全のために、八時間も十一カ月の赤ん坊を待たせる兵士は、世界のどこにいるだろう。

◆二〇〇一年七月二日(月)　母の外出

母が私の住むガザ市を訪ねた。母がハンユニス難民キャンプからガザ市に出てきたのは、このインティファーダ(二〇〇〇年九月)が始まって以来のことだった。夫と私は彼女が出てきたことを喜び、ご馳走を作った。私たちは彼女に喜んでもらおうと、最善を尽くした。しかし実際のところ、母はひどくストレスを感じ、ガザ市に来るまでの道が変わり、破壊されていることに、ショックを受けていた。

そこにはたくさんの新しい検問所があり、多くの兵士たちがいて、木々は抜かれ、道の両脇の土地は耕され、片付けられていた。そしてたくさんの家もまた壊されていた。もちろん、母は来る前にそのことを話では聞いていた。でも彼女が言うには「聞くのと実際見るのとでは大違い」ということだった。話の終わりに母は「彼らがいかに土地を変えようとしても、私たちはずっとこの土地に残り続けるだろう」と言った。

私は母をガザ市に住む年老いた叔父のところに連れて行った。治安状況が悪いために、二人はまる一年、会っていなかった。母も叔父も互いに抱き合って泣いた。叔父は母にこんなに長い間、会うことができなくなるなんて、思ってもいなかった、母に会う前に自分が死んでしまうのではと恐れていた、と言った。この叔父は私の母方の家族で唯一、健在な叔父だ。彼は健康状態が優れず、母親をなかなか訪ねられなかった。母は叔父を訪ねることを恐れていた。イスラエルが道路を封鎖して、ガザ市から動けなくなることが怖かったからだ。ガザ市とハンユニスがどれくらい離れているかというと、ほぼ三十キロメートルだ。これは普通、いくらかかっても三十分ぐらいしかない距離だ。しかしこの新しい状況下では、一日かかってしまう。

私は母と叔父の様子を見て、そして二人の会話を聞きながら、複雑な気持ちだった。私は二人が会えたことで幸せだったが、占領の新しい状況が、更なる苦しみをもたらしていることに、ストレスと怒りを感じた。それは私たちの土地を支配するだけでなく、自由をも奪うものだ。

そしてそれはまた、私たちの生活を支配し、分断するものだ。

◆二〇〇一年九月十一日(火)　9・11と国境の封鎖

アメリカで起こったニュースを聞いた。私たちは一日中、ニュースを見て過ごした。本当に信じられないことだった。あたりは静かで、ほとんど音はしなかった。ここではその影響で、エジプト国境が封鎖された。それはガザが封鎖された中で唯一、外に出られる国境だった。

祖母は私に電話するように初めて義理の娘に頼んだ。祖母はイスラエル軍がまもなく国境を開くかどうか、いつ開くと私が思うか、たずねたかったのだ。私はもちろん答えを知らなかった。彼女は私が知らないことを、誰にもそれはわからないことを知っていた。もちろん私は彼女が心配しないよう、すべてはうまくいき、二、三日中には開くでしょうと答えた。

電話が終わる頃、私は心配になってきた。祖母は叔父を訪ねるために準備をしていたからだ。私は去年の七月、イギリスの大学の卒業式に参加するためのビザが取れなかったこと、そしてそれがどんなにか悲しかったか思い出した。今回は私ではなく、祖母だった。去年の九月、彼女は自分の生まれ故郷の村、ベイト・ダラスを訪ねようとした。彼女はイスラエル軍が破壊する以前にあった彼女の家や、畑を見たいと思ったのだ。しかし抵抗運動が始まって以来、ガザ地区は封鎖地域となり、イスラエルは許可を出さなくなった。

現在、彼女の一生の願いはベイト・ダラスを訪ねること、そしてイギリスにいる息子を訪ねることだといつも私たちに言っている。今の状況では、私は彼女が何もできないで終わってしまうのではと恐れている。それは彼女の人生の最後に、深い痛みを残すものだ。

◆二〇〇一年十一月二十三日(金) 銃撃

大きな葬式だった。ハンユニス難民キャンプのほとんどが参加したといっても過言ではなかった。悲劇はデモ参加者の顔に刻まれていた。ラマダン(断食月)の二回目の金曜日だった。ハンユニスは黒一色となった。葬式の後、犠牲者の友人たちの多くはデモに行き、ハンユニスにあるイスラエル軍監視塔のひとつに向けて石を投げた。日暮れ前、また一人犠牲者が出た。

午後五時二十分前、モスクからアザーンが聞こえた。私たちはその日、最初の食事をとった。食事を終えると、母親はガザ市にできる限り早く帰るように、私たちを急がせた。インティファーダが始まってから、夜に運転することは危険になっていた。彼女はまた、私たちが家に着いたらすぐに電話するように言った。

帰宅し、子どもたちをベッドに寝かせると、夫のナセルにお茶を入れた。紅茶を飲みながら、アフガニスタン戦争のリポートを見ていた。そこで臨時ニュースが入った。二人のパレスチナ人が西岸で暗殺された。少し後で、イスラエル軍のアパッチ戦闘ヘリによって、西岸でさらに三人のパレスチナ人が暗殺されたという。私は信じられず、ニュースを見続けた。十三人のパレスチナ人が一日もたたないうちに殺された。彼らの半分は子どもたちだった。

夜の十一時、電話が鳴った。妹のルブナは、去年の八月に結婚した私の従姉妹イクラムが、夫アワド、彼女の義理の母親ハディーヤ、そして運転手アハマドといっしょに撃たれたと伝えた。彼らはイクラムの姉妹を訪ねて帰る途中だった。

私の頭はこの知らせでいっぱいになった。ナセルは私から電話を取って、話の続きを聞いた。イスラエル軍兵士は彼らが乗ったタクシーに向かって撃ってきた。彼らは運転手のアハマドを殺し、ハディーヤは彼女の頭に三発の銃弾を撃たれ、重傷を負っていた。イクラムは足を撃たれ、アワドは奇跡的に助かった。

イクラムが助けを求めて叫んでいたとき、アワドはアハマドを彼の腕で抱いていて、彼自身も、血で染まっていた。アワドは兵士たちが来るのを見て、死んだふりをした。一時間後、兵士たちは犠牲者のために救急車を呼ぶことを許した。

私の家族は何が起こったのか、すでに知っていた。ハディーヤはイスラエル軍兵士がタクシーを標的にして撃ってきたとき、娘のタハニと携帯電話で話していた。タハニは銃声と母親の叫び声を聞いた。タハニは電話口で叫んだ。しかし家族の叫び声と銃弾の音を除いては何の返事もなかった。

タハニは狂乱状態になり、大声で叫び始めた。彼女の夫は電話を取り上げた。彼が聞くことができたのは銃声だけだった。タハニは家族がタクシーの中で殺されたことを話し、家族のいる場所を言った。それから彼女は気を失ってしまった。

タハニの夫はすぐに私の家族に電話し、この話をした。私の家族は国連とイスラム教国の赤十字にあたる赤新月社に電話し、事件のあったところに救急車を出してくれるように頼んだ。

私の家族は車で駆けつけ、イスラエル軍が救急車を出してくれるのを待った。しかしイスラエル軍は救急車と家族の車のほうに向かって撃ってきた。一時間後、救急車に負傷者を乗せる許しが出た。私はもっと情報を得るために、一晩中電話をかけ続けた。

◆二〇〇一年十一月二十四日(土)　病院で

その日、占領地ではストライキだった。学生たちはハンユニスの子どもたちが虐殺されたことに抗議して、デモをした。私は子どもたちを幼稚園に預け、ガザのシェファ病院にいるハディーヤの見舞いに行った。

彼女は集中治療室にいた。私は彼女を見たとき、気が狂いそうになった。医者は彼女が脳死状態だと言った。私は他の人たちに会うために、ハンユニスへ行きたかったが、私の(足が私を運んではくれないかのように)体は動かなかった。私はアワドの父親と姉妹といっしょにいた。私の母親が電話してきて、イクラムは足の手術を終え、いい状態だと言った。

アワドはまだ強いショック状態から抜けることが出来ないでいた。運転手のアハマドは次の日に葬られた。彼は妻と二人の子どもを残して死んだ。アハマドを失って、家族はこの先どのように生計を立てていけるのかと思った。

母親は私にハンユニスに来ないで、アワドの家族といっしょにいるように言った。病院にいる間、外でデモの声が聞こえた。彼らといっしょにデモに参加したかった。心の中にある怒りを吐き出したかったが、できなかった。私は自分の体が麻痺したように感じた。

ガザでは親戚を訪ねてはならない。命の危険があるから。子どもたちを学校へやったり、通りを歩かせたりしてはならない。彼らが命をなくすことになるから。占領に対する怒りを表してはならない。それは停戦を破ることになるから。ガザではよろこんで占領を認め、屈辱を受けなければならない。そしてイスラエルの弾丸とアメリカのアパッチ戦闘ヘリがあなたのもとに来たら、どこにいようとも、あなたはテロリストになるでしょう。

◆二〇〇一年十二月五日(水)　命の重さ

雨の日だった。その日、学校はなく、私はガイダの(占領や封鎖のことなどをよく理解できない彼女の)いくつかの難しい質問に答えようとした。午後、私はいまだシェファ病院の集中治療室にいるハディーヤを訪ねた。

私はハディーヤの従姉妹ファートマを訪ねるために、老人施設にも行った。彼女はハンユニス難民キャンプで、三カ月前、イスラエル軍の爆撃から逃げているとき、転倒した。ファートマは未亡人で、子どもたちはいなかった。そのため彼女は再び歩くことが出来るまで、一、二カ月、年寄りたちの家に移っていた。ファートマはハディーヤの一番親しい人だ。彼女はハディーヤや子どもたちに、何か悪いことが起こるような予感がしていたと話した。

私たちは家に帰り、その日の断食終了の呼びかけが聞こえた後、食事をした。ニュースを見て、イスラエル軍の戦闘機や武装ヘリコプターによって、たくさんの人たちが殺されたことについて、国際社会からは何の動きもなかったことがわかった。逆にイスラエル軍の報復に対し、アメリカ政府からは理解を示す言葉があった。市民を爆撃するのに理解があった。国家テロについて理解があった。しかし占領下の人々の抵抗については理解がなかった。

彼らは、五十三年間の占領下に生きている人々が、銃弾を受け、暗殺され、破壊され、刑務所に入れられることをよろこんで受け入れるべきと思っている。私は子どもたちを殺すことに、F16が市民を攻撃することに何の非難も上がらなかったことに驚いた。私はもし殺されたのがイスラエル人の子どもで、負傷した四十九人がイスラエル人だったなら、どんな反応があったのだろうかと思った。

私は以前日記に、ガザではトマトのほうがパレスチナ人の命より大事だと書いた。私はパレスチナ人の命は、イスラエル人の命に比べれば、国際的な尺度では無に等しいことがわかった。

◆二〇〇一年十二月十五日(土)　封鎖された町へ

ラマダン(断食月)の最後の日だった。テレビによると、明日はお祭りだと言っていた。ガイダはすごく早く起き、ひどく興奮していた。私はバルコニーに見に行った。そこには車もタクシーもなかった。それは道路がまだ封鎖されているサインだった。ガイダはそれを知ると、泣き出した。彼女の涙は私の気持ちを強く動かした。イスラエルの封鎖に挑戦することにし、娘の服を買いに行くことにした。私はナセルに言った。「お祭りは一年に一回よ。私の子どもの心を壊す、イスラエルの占領を許すことはできない」と。

私たちは砂の丘に近い主要道路の方へ歩いていった。歩いている間に私たちと同じように封鎖に挑戦しようと歩いているたくさんの人々に気がついた。私たちは力づけられ、封鎖されている主要道路を避け、海岸に沿ってガザ市へ向かって歩いていった。海辺に下りて行って、ロバの荷車に乗った。荷車は私と二人の子どもたちと夫を乗せ、道の反対側に連れて行った。こうすることは危険だと知っていた。私は兵士たちが私たちを撃つのではないかと怖かった。私は独り言でつぶやいた。私たちの生活はすべて危険になってきている。私は娘のドレスを買ってやらなきゃと思った。

私たちは道路の最も危険なところ(〇・五キロ)を通り抜けたとき、胸をなでおろした。ガザ市で私たちはガイダのドレスとターレックのスーツを買った。ガイダは喜んでいた。そして屈辱にもかかわらず、私はお祭りの前日、荷車の上で誇りに満ちあふれていた。なぜなら占領に挑戦したからだった。

午後、私たちはハンユニス難民キャンプに行き、そこで夜を過ごした。翌日に検問所が封鎖されるのが怖かった。お祭りの間、私たちの家族といっしょにいることができなくなるからだ。たくさんの問題があるけれど、その日、私たちは家族とともに、ハンユニスで素敵な夜を過ごした。

◆二〇〇二年一月四日(金)　断たれたオマルの旅立ち

ターレックと別れ、ナセルが国境まで送ってくれた。私はターレックを残していくことがすごく悲しかった。でも二カ月後には彼といっしょにいられると独り言をつぶやいた。国境を越えることはアラブの文化では別れるということ。パレスチナの文化では死を意味する。こんなに心配になるのは初めてのことだった。私は国境を越えることが出来なかったらという、押しつぶされるような気分に初めてなった。

先週、夫の甥、十九歳のオマルはバングラデシュに勉強に行く途中、同じ国境で逮捕された。ガザにあるパレスチナ人権センターから、彼がアシュケロン刑務所に連れて行かれたと知らされた。オマルは去年の夏に高校を終えた以外は何もしていない。彼はバングラデシュの大学の奨学金に応募した後、大学からの返事を待っていた。彼はとても賢くて、静かな少年だった。彼は家族の中で一番下の息子だった。彼の逮捕は、家族全体に大きなショックを与えた。

私は先週の金曜日、その知らせを聞いたときのことを今でも覚えている。私たちはハンユニス難民キャンプにいた。オマルの家族が彼の旅立ちを祝うために、私たちを昼食に招待してくれた。私は幸せだった。同じ日に、領事館から私のビザが発給がされたからだ。

オマルが旅行するのは初めてなので、オマルの父親はとても心配していた。オマルから電話があり、その後、ナセルは彼の兄弟の一人と出かけていった。昼食の間、ナセルはあまり食べなかった。私は静かにしていた。悪いことが起きるような予感がしていた。

オマルの父親は他の部屋にいた。それからオマルの父親が泣くのが聞こえた。私は何が起こったのか聞かなかった。私にはわかっていた。五分後、子どもたちも、家にいるみんなも、泣き始めた。想像できなかったことだった。オマルは平和的なデモでさえ参加しない子だった。ガザの外で勉強したいという考えで一杯だった。彼はいつも友達とバングラデシュについて冗談を言っていた。

ビザを得た私の幸せな気分、旅立つオマルの家族の幸せな気分は消えてしまった。オマルの逮捕は家族の悲劇を意味した。それは奨学金を失い、エンジニアになるための勉強する夢を失うことだった。それは彼の人生がすっかり変わってしまうことを意味した。彼は拷問され、尋問された後、どんな人間になるのか？　彼は再び旅立てるのか？

イスラエルの刑務所に入る一体誰が、ガザと呼ばれる大きな刑務所から出られるというのだろうか？　もし再び旅立つことができなければ、家族はガザで勉強するお金を払うことはできるのだろうか？　もちろんできない。国連の助けによって生活が維持されているから。オマルの逮捕は彼の人生にとって悲劇だし、同様に家族にとっても悲劇だ。

◆二〇〇二年一月五日(土)　ガザをあとに

飛行機が飛び立つとき、スチュワーデスは私にシートベルトを着用するようにといった。私はイギリスへ旅立つところだった。私は夢ではないということを確かめるように何度もシートベルトに触ってみた。私の体は飛行機の中にあったけど、心はまだガザにあった。先週は私の人生で最もひどい週の一つだった。

私とガイダはイスラエルのゲートに連れて行くタクシーに乗り込んだ。二時間後、私たちは入ることを許された。イスラエル軍兵士が私たちのパスポートを取り、私たちはホールで待っていた。待っている間、私はオマルが幸せそうにパスポートを差し出し、それから他の乗客といっしょに待つように言われているのを想像した。それからイスラエル軍兵士がやって来て、彼の夢を壊してしまう。短い尋問の後、彼は腕を縛られ、目隠しされる。そしてジープに乗せられ、ほとんどのパレスチナ人が経験するように、イスラエルの刑務所と呼ばれる暗闇に消えていく。

私は泣くのをこらえようとした。私は幼い息子を後に残していくのに泣く余裕はなかった。オマルのことだけを考えていた。彼はいつもバングラデシュへ持っていこうとしているものを見せてくれた。彼はリストを持っていて、「ガーダ、これは持って行こうか?」「これを買う必要がある?」「これはどう思う?」と話した。私は鞄にガザのすべてを詰めようとしているかのような彼のことを笑った。

ほとんどの乗客はホールからいなくなっていた。ガイダと私を含むわずかの人たちが残った。それから係官は私たちの名前を呼んだ。女性の兵士は小さな窓口から私たちを見て、引き出しにパスポートを置いた。それからそこにいた、私にパスポートを渡すパレスチナ人労働者に、それらが渡った。普段、兵士たちがパスポートを渡すとき、私たちはホッとし、微笑むだけだが、今回は違っていた。

ガーダの日記には世界からのメッセージが届いた。特にアメリカからのメッセージが多かった。ガーダの日記を読んで、知らなかった事実を知り、もっと書いて欲しいというアメリカ人のシングルマザーや、自国アメリカの政策を恥じる若者などから、ガーダを励ますメッセージもたくさん届いた。日記に対して批判的な意見も寄せられた。それに対して、ガーダも丁寧に反論している。

◆ガーダの日記に寄せられた質問

道路封鎖による長時間、待たなければならない苦痛、特に病気の赤ん坊を連れて待っているときの苦痛は理解できます。親として確かに理解できるし、あなたの無力感は共有できます。

私はまた安全のために、なぜそんなに検問所を必要とするのかということも理解できます。パレスチナ自治政府は、イスラエル人に対するテロリストの行動を防ぐことができないからです。あなたは長い間、ハンユニスに住んできて、たくさんのテロリストがイスラエルに侵入し、市民を攻撃したことを知っているでしょう。私はイスラエルに二年間、住んだことがあります。私はこれほど、やさしく、思いやりを持っている人たちを見たことがありません。私には医者や医学生や看護婦の友人がいます。私は彼らがユダヤ人の患者に接するように、アラブ人の患者にも接しているのを見ています。しかし怖いのは、命がけでくる人間です。イスラエル人は警告なしにパレスチナ人に攻撃されます。あなたはイスラエルがどう反応すると思いますか？　誰かがあなたを殺そうとするとき、誰かがあなたを海に落とそうとするとき、どう反応しますか？

どうしてあなたは不満を持っていることを、あなたの自治政府に言わないのですか？　暴力を止めるために、平和のために、説得しないのですか？

あなたはラマラであった事件を覚えていますか？　二人のイスラエル人の予備役兵士が不運

にも道に迷って、パレスチナ自治政府警察まで来たことを。二人の不運な血に染まった殺人を覚えていますか？　彼らを殺したパレスチナの暴徒たちが歌い、笑っていた顔を覚えていますか？　私はラマラで起こった場面を決して忘れることができません。
次回にあなたが検問所でフラストレーションを持ったら、なぜイスラエル兵士たちがそこにいるのか、考えてみてください。私は彼らもまた、そこにいたくないだろうと思いますよ。

（イギリス在住の女性）

◆ガーダの答え

最初にどうもメールありがとう。人々の中にはいい人も悪い人もいるということは、誰も無視することはできません。たくさんのイスラエル人の中には、同情的であったり、優しかったりする人たちがいます。特に彼らが医者や医学生や看護婦であれば。もしイスラエルの医師がユダヤ人の患者を治療するのと同じようにパレスチナ人の患者を扱わないのなら、彼らは医者ではありません。これらの人々は人道的に大きな見地を持ち、高い使命感があります。先月、イスラエル人の患者に、自分の息子の一部を移植したパレスチナ人の話を聞いたことと思います。人間の問題は議論を超えたところにあるということです。あなたはイスラエルにほぼ二年間、住みましたね。私はあなたが占領地に来てパレスチナ人に会ったかどうか知りませんが、もしそうであれば、私の言葉を理解してくださると思います。私はヘブライ語を学ぶために、イスラエルに一年間、住んだことがあります。私が住んできた難民キャンプを後にしてイスラエルに来たとき、パレスチナ人として、すぐに私は世界における不正義という言葉の意味を理解しました。イスラエルの占領に対して、強力に命がけでくる者への怖さがあるといいます。しかしあなたはどうしてイスラエル人がパレスチナ人を怖がるかということに触れていません。なぜイスラエルはパレスチナ人の土地を占領しているのですか？　なぜ私は難民なのですか？　なぜ私の家や土地が、世界のあらゆるところにいるユダヤ人にあたえられなければならないのですか？　なぜ私はこの問題を私の父親から引き継がなければならないのですか？　そして私の子どもたちに引き継がなければならないのですか？　なぜイスラエル政府は世界中すべてのユダヤ人をパレスチナに連れてくることが出来て、死にそうな私の祖母が占領された自分の家に戻ることは許さないのですか？　なぜあちらこちらに追い出されている私の叔父や叔母が、自分の家に帰ることは許されないのですか？　なぜイスラエル政府はオスロ合意を実行しないのですか？　私たちの権利を取り戻す解決なしに、平和はありません。

（中略）

私はこれを書きながら泣いています。どうしてかわかりますか？　誰でも自分が見たい事実だけを見て、理解しています。だからあなたは、自治政府警察に迷い込んだ無実のイスラエル軍兵士が殺された話をしました。しかしながらパレスチナ人が自分の土地で何十人も殺されたとしても、誰も何も言いません。彼らがユダヤ人入植地や軍の監視塔に近づいたからと言うだけです。私はそのような話はたくさん知っています。あなたのようにテレビで見たわけではなく、自分の目で見てきました。住んでいるということは、見たり、聞いたりすることと違います。イスラエル軍兵士が撃って誰かを殺すことを、防衛のためと言わないでください。撃たれて負傷した友人を運ぼうとして殺された私の従兄弟を、テロリストと呼ばないでください。私は本当に、あなたをここに招待して、何が起こっているか見てもらいたいのです。私があなたを案内したら、あなたは自分の目で見るでしょう。私は本当に、「パレスチナ人はテロリストではない」と言うことに疲れています。私たちは犯罪者として生まれてきたわけではありません。私たちは自由のために闘い、勝ち取る権利を持っています。国際法は実行されねばなりません。過去十カ月間、何人の犠牲者が出たでしょう。そしてこれらの犠牲者の話を知るようにしてください。あなたとあなたの子どもたちに心を込めて。

ガーダ

ガーダは日記を通して、世界の人たちと議論することができたこと、自分の意見を言えるチャンスがあったことはよかったと言う。自分の発言は常に住んでいるところからのもので、事実にもとづいているものだから、それは自分に強さと力を与えてくれる。これからも自分たちの方法で、自分の声をあげていきたい、と言う。

イラク戦争

二〇〇三年四月九日、アメリカによって仕掛けられたイラクへの戦争は、急激な展開で終わりを告げた。私はその日、中東のもう一つの終わりのない戦争を続けているパレスチナにいた。アメリカはこの戦争で、サダム政権を倒し、イラク国民を解放したと言った。しかしパレスチナの人々は異なった思いで戦争を見つめていた。

三月二十日早朝、私はパレスチナのガザ地区ハンユニス難民キャンプで、アメリカがイラク攻撃を始めたニュースを聞いた。ラジオを聞いていたガーダの母親は「たいへんだ。戦争が始まってしまった。イラクよ。大丈夫か」と興奮して叫んでいた。ガザ地区の人たちは今回、アメリカがイラクへの戦争を始めたら、世界の目がイラクにいっている間に、イスラエルによって再び完全な占領が始まるのではないか、自分たちが一九四八年に家を追われたように、どこか他の国に再び追放されるのではないかと真剣に思っていた。戦争が始まる数日前まで、イスラエル軍はパレスチナの武装派を壊滅させるという名目で、パレスチナ自治区であるガザに二月以降、少なくとも五回以上侵攻を重ね、五十人以上のパレスチナ人を死亡させ、数十軒の家屋を破壊していた。

イラク戦争が始まった日、国連の学校は通常通りで、公立学校は休校になった。イスラム教徒のその日三度目のお祈りが終わったころ、ハンユニス中心部の広場に人だかりができ、アメリカのイラク攻撃に抗議する集会が始まった。子どもたちが手に手にインティファーダのあいだに殺された子どもや若者の写真を持っている。広場にはパレスチナとイラクの大きな旗が垂れ下がっていた。

写真を手にしている子どもたちを撮ろうとしたときだった。一人の男性が私のところに来て、「自分はこの集会の責任者だが、日本政府はアメリカのイラク攻撃を支持した。あなたはどう思うか？」と聞いてきた。突然のことでびっくりしていると、「日本は広島、長崎がアメリカにあれだけやられたのにどうしてアメリカを支持するのか」とさらに疑問をぶつけてくる。「日本に対する考え方を変えなければならない」と他の人たちも集まってきて、私に迫り始めた。「日本政府と国民の考えは違う。国民は戦争に反対している。少なくとも私は戦争に反対している」と必死で答えると、その男性は写真を撮ることを許してくれた。この地には何度も足を運んでいるが、日本人であることで、非難めいた言葉を浴びせられたのは初めてのことだった。

ここ数日の地元のテレビでは、アメリカ軍がイラク人の家を破壊し、若者たちの手を後ろ手にしばり、引き立て逮捕して行く光景を流していた。イスラエル軍がパレスチナ人を逮捕して行く様子とそっくりだと思った。パレスチナ人は今回の戦争をどうみているか、私は気になった。話してみると湾岸戦争時以上にイラク人にシンパシィを感じている。湾岸戦争時はイラクがクウェートを侵攻したが、今回はアメリカがイラクを侵攻していると感じている。イラク人が必死で国を守ろうとする姿がパレスチナ人の占領に対する闘いと似ていると思っているのだ。最新鋭の兵器をもちいて戦争を仕掛けるアメリカの姿にイスラエルを、古い鉄砲でアメリカのアパッチ戦闘ヘリのプロペラを落としたイラクの老兵士の姿に自分たちを重ね合わせていた。

そして四月九日、戦争はあっけない形で終わった。サダム大統領の像が倒され、アメリカの国旗でサダム像が覆われるのを見ると、テレビのスイッチを切るパレスチナ人もいた。車につけて走っていたイラクの旗も姿を消した。パレスチナに怒りと失望が広がった。パレスチナ人もサダム政権がやってきたことは良くないと思っている。しかしだからといって、他国のアメリカがやってきて政権まで変えてしまうことには納得できないのだ。

サダム政権が倒れた日、私はガーダと彼女の実家を訪れた。ガーダの母親はいつもの日と変わらず、庭の中央に腰を下ろし、昼食の下ごしらえに余念がなかった。ガーダの兄嫁のイマンはガーダの姿を見つけるなり、イラクで起こっていることを話し始めた。

「どうなっているの？　何かおかしいわ。アメリカと二十日間戦って、イラクは一日で消えてしまった。戦いたくなかったのなら、イラクはなぜ戦争を始めたの？」

「イラクがアメリカと戦うということは自殺行為を意味するわ。軍用機や戦車に対して戦うには、サダムが持っている武器はあまりにも貧弱だった」

「でも彼らは二十日間、戦った。ハンユニス難民キャンプを見てよ。私たちは武器を持っていないけど、七台の戦車を壊したわ。でもバグダッドが一日で落ちたことは、信じられないわ」

ガーダは興奮して喋るイマンを落ち着かせるように、話し始めた。

「イラクが戦争に勝つとは思わなかった。でも私も最後まで、名誉のために戦うと思っていた」

「でもサダムが一日で降伏した今日は何かおかしかったわ」とガーダの母親が横から口を挟む。

「アメリカはイラクを植民地にしたいのよ」とガーダ。

ガーダと母アーリア(右).

「アメリカがバグダッドに入ってきたとき、どうして人々は幸せそうだったの?」とイマン。

「バグダッドに一体、何人、人がいると思う? 五百万人よ。昨日、テレビで何人見た?」

「そんなにたくさんじゃなかったわ。数百人。彼らはクルド人でしょう」

「人々はアメリカによって連れられて来られていたわ。アメリカ軍兵士はチューインガムをかみながら、リラックスした様子だった。計画されたように感じた。アメリカ軍はなぜパレスチナホテルの前に行ったと思う?」

「どうして?」と聞き返すイマン。

「ジャーナリストすべてに世界へ中継して欲しかったから。バグダッドが落ちてしまったことを。私はサダムが殴られ、侮辱されているとは思わなかった。アラブ諸国とアラブの尊厳を侮辱されていると思った。サダムは独裁者だということは知っているし、疑う余地もないけど。彼の顔にアメリカの旗をかぶせたのを見た? これはアメリカの主導の下に行われたことだわ」

とガーダは冷静だ。

「人々はバグダッドで何が起こっているのか知っているかは疑わしいわ。きっと外出禁止令のような状態なんじゃない？」

ガーダの母親は豆スープを手際よく作りながら、ときどき相槌をうつ。

「アラブ諸国のリーダーはアメリカの協力者だ。ターレックはどこに行った？」

「ターレックはイラクに戦いに行ったわ。イマンにご挨拶なさい」と言うガーダには母親の貫禄がついてきた。「だんだんかわいくなるわね」とイマンはターレックの頭をなでながら言った。

「ガザはどこでもお葬式のようよ。アメリカ軍兵士はあたかも彼らがイラクを解放したかのように笑っているわ。そして世界はイラクの人々が幸せで、お祝いしていると思っているわ」と悔しそうなイマン。

「これはアメリカが世界に送りたかったメッセージよ」

ガーダの母親は今日のことをどうしても納得できないのか、繰り返しガーダに質問する。

「どうして最初から降伏するか、逃げるか、地位を去るか、アラブ諸国に助けをもとめるかしなかったの？　どうしてアラブ諸国といっしょに問題を解決しなかったの？」

「彼はアラブ諸国に助けを求めていた。彼を助けるものはどこにもいなかった。今はアメリカの時代よ。アメリカ帝国主義の時代よ」ガーダの語尾も強くなっていった。

「バグダッドを見てよ。四百万の人々が降参したわ。でもジェニン難民キャンプは二週間、夜も昼も抵抗して、イスラエル軍兵士と闘ったわ。でもバグダッドは二十日間で降伏した。どうして最後まで戦わなかったの？」

「誰かが言っていたわ。イラクは徹底抗戦しないことで、自分たちと国を守ろうとした。そうすることで何百人も何千人もの国民の命を救った。でもアメリカは戦争をし、勝とうとした」と言うガーダに、母親は久々に強い言葉を発した。

「私は抵抗することを選ぶよ。パレスチナ問題は一九四八年から五十五年間、続いている。私たちはイラクのように二十日間で降伏したりしない」

砕かれた若者の人生

若さと知性があり、生きる活力と体力のある人間がある日、まったく身体が動かなくなってしまう。それも意識がなくなるとか植物人間になるということではなく、意識ははっきりあって、生き続けなければならないとしたら、人間として、これ以上、つらい生き方はないだろう。

ガーダのいとこ、ムハンマド、二十三歳。大学を出て、ガザ市で会計士として働いていた。二〇〇三年十月、イスラエル軍の戦闘機から一台のタクシーに向けてミサイルが発射され、市民一人とハマス活動家二人が殺され、十人が負傷した。ムハンマドはその日仕事を終え、亡くなった親戚のおくやみを言いに行くためにタクシーに乗った。そしてミサイルの破片がムハンマドの首に当たった。

彼の父親アキールはガーダの父親の弟だ。UNRWA(国連パレスチナ難民救済事業機関)で二十五年間、働き、当時は副責任者として勤めていた。家族の家はハンユニス難民キャンプにあるが、彼は度重なるイスラエル軍による封鎖のため仕事が出来ず、ガザ市にアパートを借り、ムハンマドと他の息子たちとともに住んでいた。

事件を知ったアキールはガザ市にある病院の集中治療室に駆けつけた。ムハンマドの目は閉じていた。彼はすぐに状況の深刻さに気がついた。息子は動けなかった。彼は息子たちを病院へ呼び、家にいる妻にムハンマドが負傷したこと、自分がそばにいるから心配はないことを告げた。ガザの病院ではどうにもできず、ムハンマドはイスラエルの病院へ移された。ハアレツ紙のギデオン・レビィ記者は父親のインタビューを記事にした。

「私たちの心臓にナイフが刺さったようだ。彼はすべてを理解できるからだ」と父親は言う。「もし息子に意識がないか、理解できないのならもっと楽だろう。私は彼がたずねる質問に答える力も余裕もない。『一体、何が起こったの？　僕の将来は？』私は真実を彼に伝えるが、すべてを伝えることはできない。彼の体は麻痺していると伝えた。しかし来週、ドイツから専門医がハンユニスの病院に来るから、診てもらうことができる。それは彼に少しの希望を与える。私たちは奇跡は起こらないと思っているが、それはまた小さな希望だ。私たちは何かを信じなければならない」

「今から家族皆が彼だけの世話をし、面倒をみなければならないだろう。私たちもまた混乱している状態だった。この状況は永遠に続いていくだろう。私たちは危険の中で生きている。私が恐れるのは、ハンユニスにいるほかの子どもたちに起きることだ。どこにも安全なところはない。私たちはこの戦争に関わっていない。それでも私たちの命は危険にさらされている。私たちは二つのインティファーダを生きてきた。心配していなかったが、今、私は恐れている。私は無実の人間の命も危険にさらされるとは考えてもいなかった」

「私はムハンマドが毎日、新たに殺されるのを目のあたりにする。私は彼の目を見ることが出来ない。私は妻の目を見ることが出来ない。彼らに何が言えるだろう？　私は彼らに事実のすべてを話すことはできない。たとえ私が事実から逃げたとしても、今日だけのこと。明日ではない。私は明日のことを考えたくはない。一週間先のことなど考えられない。私は今日一日の終わりまで待つだけだ」(ハアレツ紙より)

私がムハンマドに会ったのは、二〇〇三年の暮れだった。彼はイスラエルの病院へ移されたが、手術できる可能性がなく、ハンユニスの病院へ戻ってきていた。その頃のムハンマドは誰に会うのも受け入れなかった。ときには家族ですら、部屋に入ることはできなかった。彼と親しかったガーダの弟ファヘドはときどき入ることができ、彼のそばでコーランを読んだ。ガーダはムハンマドの話が出るたびに涙ぐんだ。ガーダたちはアメリカやイギリスにいる友人たちに、何とか手術を受けるところがないかとたずねまわった。ムハンマドのX線を送り、可能性を探ったが、受け入れ先は見つからなかった。

病室に入ると、ムハンマドは口にチューブをつけ、横たわっていた。彼は以前、見た写真よりは少しやせていた。人が話しかける言葉に目で答えているだけだった。周りの人間は世間話をし、できるだけ自然に振舞おうとしているのがわかった。彼の表情はその日、穏やかだった。

その後、父親はUNRWAをやめ、現在も片時もそばから離れないで、彼の看病を続けている。

イスラエル軍は第二次インティファーダが始まって以来、パレスチナの武装派掃討作戦を繰り広げ、そのひとつとして、活動家の暗殺を繰り返してきた。アパッチによるピンポイント攻撃だ。その命中率は優れていて、何人もの活動家が殺された。しかし同時にいつもそのまわりにいる通行人や子どもたちも殺された。ハマスの精神的指導者ヤシン師も二〇〇四年の春に、イスラエル軍のミサイルによって、礼拝後、自宅に帰る途中、殺された。そのときも子どもたちを含む数名の市民が殺された。ただ歩いていただけなのに、ただ同じ車に乗り合わせたというだけなのに。あの日、ムハンマドの乗った車は近くを走っていただけだった。

ビラールの闘い

二〇〇四年五月、一人の若者が死んだ。パレスチナの家屋が破壊され、人々が逃げ惑うのを助けようとして、彼は撃たれて亡くなった。ビラール、二十五歳。彼はガーダの夫ナセルの甥だった。私は彼の死がすごく悲しかった。彼のように死んでいったパレスチナの若者は数知れない。しかし悲しいのは、彼が身近なナセルの甥であったからだけではない。彼がなぜ闘ったのか、誰にも知られることなく、死んだからだ。パレスチナの若者がなぜ銃を握るのか、なぜ自爆攻撃するのか、その死の意味や、なぜそこまで彼が思いつめられたかなどをくわしく伝えられるものはほとんどない。銃撃や自爆攻撃があって、何人のイスラエル人あるいは兵士が殺されたという事実だけがあり、彼がその行為に及んだ動機、背景にあるものは知らされてこなかった。そしてビラールも、死の意味を問われることなく死んでいった何千人の若者の一人だ。

私がビラールを知ったのは、ガーダが結婚してナセルの実家で暮らすようになった一九九四年からだ。ビラールはガーダたちと同じ家に住んでいた。第一次インティファーダの中で育ち、どこにでもいる十五、六歳の愛くるしい少年だった。私が家に行くたびに、国連の教師をしている父親はビラールを捕まえて、「こいつは石で闘っているんだよ」とからかっていた。

ビラールたちの家はユダヤ人入植地に隣接し、イスラエル軍の監視塔が目と鼻の先にあった。家のドアのあちらこちらには、イスラエル軍の撃ってきた弾痕が残っていた。さらに驚いたのには、家の中には銃弾を防ぐために、私の丈よりも高い土嚢が所狭しと積まれていた。ビラールは以前、彼が幼かった頃の話をしてくれた。

「最初のインティファーダのとき僕は子どもだったけれど、イスラエル軍兵士は何度も僕を殴った。断食月のある日、兄ワリッドを食事のために呼びに外へ出た。道の途中に兵士がいて、僕を捕まえ、殴り始めた。僕は十歳だったのに。僕は『何もしていないよ』と言った。でも彼らは聞く耳をもたず、ひどく殴り続けた。僕は泣き叫び、騒ぎを聞きつけた祖母が来て、父親や叔父、そしてたくさんの人たちを呼んできた。そして兵士たちは僕を放した。しかしその日以来、僕は兵士を憎むようになり、理由もなくいかに僕を殴ったか、思い出すたびに怒りがわいてくる」

「僕はいつも自分を年齢より年をとっているように感じる。僕は子どもらしい時代を送ったことがない。難民キャンプでは、いつも兵士たちがいて、石投げがあり、そして死があった。九歳のとき、イスラエル軍兵士は僕を捕まえ、僕の口いっぱいに砂を詰めた。僕は『息が出来ないよう。やめてよ』と叫んだ。彼らは僕の胃の中が砂で一杯になり、苦しくなって吐き出すまで、口に詰め続けた」

ビラールの夢は勉強して、先生か医者になることだった。しかし第一次インティファーダが始まり、学校は閉校状態で、ほとんど学校へ行けなかった。ある日、彼の将来へ大きな影を落とす出来事が起こった。ビラールは父親のためにタバコを買いに行った。彼は鳥を見つけ、追いかけていた。その道すがら、子どもたちが石を投げていた。そしてイスラエル軍兵士はビラール見つけ、追いかけた。彼は捕まらないように必死で逃げた。小さな庭に隠れようとして、鉄線が目に刺さった。その日以来、彼は右の視力を失った。

一九九六年、ガーダたちは独立してガザ市に家を借りていた。パレスチナ人の家族は結婚した後も週に二、三回は実家や嫁ぎ先を訪れる。私もガーダといっしょに何度かビラールの家を訪れた。ビラールの家の前にはオスロ合意後、自治政府のプロジェクトのアパートが立ち並び、イスラエル軍の監視塔が見えなくなったが、それでも近いのには変わりがなかった。ビラールはすでに学校を終えていた。兄や従兄弟たちは警察官になり、仕事についたのが羨ましそうだった。オスロ合意後でパレスチナ警察官という職種ができ、仕事のなかった若者たちの多くはその職についた。しかしビラールはそれにすら就けなかった。

「僕は警察官の仕事につきたかった。仕事を得るため、警官の訓練コースを受けた。他はすべて問題なかったのに、視力の試験に通ることができなかった。小さい頃、イスラエル軍兵士に追いかけられたあの日の事件が、僕の人生と未来をメチャメチャにしたんだ」

警察官の試験に失敗したビラールは、仕方なく叔父たちといっしょにイスラエルへ毎日、日雇いの仕事に出かけていった。毎朝三時ごろに出かけ、エレツの検問所で取り調べを受け、バスに揺られて、イスラエルの仕事現場へ向かうのだ。仕事はたいていが建設労働の仕事で、くたくたになるまで働いた。仕事が終わってもイスラエルへ泊まることは許されない。疲れた体を引きずって、またバスに揺られて帰ってこなければならなかった。

そんな日々をビラールがおくっていた二〇〇〇年九月、第二次インティファーダが始まった。ビラールはそのときのことを話す。

「パレスチナ人の父子が銃撃戦に巻き込まれ、息子のムハンマド・ドラが撃たれて亡くなったのを知ったとき、僕は検問所に行って怒りをぶつけた。イスラエル軍は僕の目の前で、彼のような子どもを殺した。僕はたくさんの負傷した子どもや若者を運んだ。イスラエル軍の監視塔に近いところまで行って、僕は人々を助け、救急車へ運んだ。そのとき僕も三回、ゴム弾で撃たれた」

第二次インティファーダはビラールの人生に大きな影響を与える。イスラエルはエレッ検問所を閉じ、それまでのようにイスラエルへ働きに行くことは難しくなった。ビラールは仕事を失った。

「僕は仕事がない。仕事を見つけようとしたけれど、見つけることができなかった。イスラエルはガザ地区の完全封鎖を続けている。だから何もすることができない。毎朝八時から午後の六時まで、検問所へ行っては、他の若者たちといっしょに石を投げることを除いては」

ビラールは若者たちに混じって石を投げる日が続いていた。仲間が撃たれれば救急車まで運んでいった。若者が何人も倒れていくのを見た。

「世界の同じ年頃の若者が、僕たちと違って幸せに生きていることを知っている。でも僕たちに選択の余地はなく、戦争が降りかかっている。状況は普通ではない。普通の状況で生きるために、占領をなくすために、僕たちは闘わなければならない」

ビラールは闘いを選択した。それは彼だけではなく、多数のパレスチナの若者も同じだった。

「石を投げたり、たとえ銃撃をしたりしても、イスラエル軍を負かすことは出来ないとよく知っている。でもこれは自分の心にあるものを表現するため、世界に自分たちの問題を知らせるためなんだ。兵士たちの防備は完全だ。僕たちが石を投げても兵士たちにとっては痛くもかゆくもない。でも最低自分たちの感情をぶつけるんだ。それには自分の命を失うという大きな代償を払わなきゃいけないときもある」

二〇〇二年、イスラエルはヨルダン川西岸に大規模侵攻した。過激派掃討作戦と称して、空からF16やアパッチ戦闘ヘリで、陸路からは戦車で、住民をキャンプに閉じ込め、攻撃を続けた。侵攻はガザ地区でも行われ、自治区とは名前だけのものとなった。

ある日、私はガーダとビラールの家を訪ねた。家族は相変わらず、明るく、快く迎えてくれた。ビラールの姿が見えないと思ったら、部屋の隅で眠っていた。今では昼と夜がさかさまの生活をしているという。後でビラールは起きてきて挨拶をしたが、二年前の風貌とは変わり、ひげを伸ばし、目つきは鋭くなっていた。後で知ったが、その頃、すでにビラールは石ではなく、銃を手にしていた。その後、ガーダも仕事が忙しく、私たちは足が遠のいていた。

二〇〇四年五月、ビラールの兄ワリッドは、まだ二十八歳の若さなのに額に皺をよせ、苦渋の色を滲ませて語った。

「ある夜、イスラエル軍が僕たちのキャンプを攻撃しているという知らせを電話で受け取った。僕は家を飛び出し、ビラールに会った。彼は『イスラエル軍が家を壊し始め、人々は逃げ出している。銃撃と爆撃が始まっている』と言った。僕はビラールを止めたが、彼は行ってしまった。それから軍用機から爆撃する音が大きく、近づいてきた。僕は心配になってきた。そのときロケットが発射され、大きな音がした。僕は走り始めた。いつの間にか赤新月社の病院にいた。病院にはたくさんの人たちが集まっていた。なぜか中にいる人たちは僕を入れてはくれなかった。別のところから中に入り、負傷者が運ばれているのを見た。病室から出てきたのはビラールだった。彼の赤い上着を僕は覚えていた。ビラールは口にチューブをくわえていた。赤いシャツは心臓のほうからのたくさんの血で染まっていた。僕は気を失いかけた。

手術室から出てきた医者は僕に『彼を冷蔵庫に入れてください』といった。僕はそのとき弟が死んだと知った」

ガーダはイスラエル軍による道路封鎖で、ビラールの葬儀には行けなかった。弟のようなビラールを失い、彼女はショックを受けていた。彼を救うことはできなかったにせよ、彼の抱えていた問題をなぜ話したりすることができなかったのか、罪悪感に悩まされた。

「私たちは同じ家に住んでいた。結婚した最初の年ハンユニスにいたから、ほとんど三食をともにし、彼と笑ったり、遊んだりした。だから単に夫の甥というより、弟のようだった。私にとってビラールの死は、彼だけの問題ではない。すべての世代、すべてのハンユニス、ジェニン、ラファの人たちの状況なの。未来はないし、希望はない。仕事もない。絶望と破壊、侵略と殺戮以外には何もない。

何が期待できるの？　今、ハンユニスでは何百という家が壊されている。ビラールの家の前にはイスラエル軍の監視塔が三カ所あって、毎晩、銃撃がある。毎日誰かが殺されたり、ケガをしたり。家屋の破壊も占領政策のなかで、計画的に行われている。こういう社会に生きている人間に、何ができるの？　だからビラールの物語は、彼らの世代全体の物語、絶望の物語よ。そしてビラールは何かしなければならないと思った。そのことによってすべてを失うとしても。

ビラールは家を壊された近所の人たちを助けにいった。人々は、朝、叫んでいた。『どうか家族を助けてください。どうか隣人を助けてください』ビラールは他の人たちと一緒に助けに行った。彼はいつもそんなふうにして人助けをしていた。荷物を運んであげたり、子どもを運んであげたりした。でも今回はそんなことをしても、助けにはならなかった。アパッチが、ブルドーザーが向かって来ていた。想像してみて。人間が、ブルドーザーが家を壊しているのをやめさせようとしている。アパッチは彼らがブルドーザーの前進をとめようとしているのを見る。その人間にむかってアパッチから攻撃が降り注ぐ。そして、ビラールは死んでしまった」

ガーダと子どもたち

ガイダは一九九六年に生まれた。私がガーダの出産を撮ったとき、生まれた子どもだ。ガイダはガーダにとって初めての子どもだった。他のパレスチナの子どもたちと違って、弟ターレックが生まれるまで、ガイダは一人っ子として自由に育った。日本やヨーロッパの子どもの環境に近かった。それでもガイダを取り巻く環境は難民キャンプであり、そこに住む祖母たちの家である。社交的なガイダは小さいときから親戚や近所の子どもの中心にいた。ガーダに似て、気が強く、小さなガキ大将だった。

ガイダが三歳のとき、ガーダはイギリスの大学へ交換留学生として渡英した。その一年間、ガイダと離れて暮らした。母親と離れたことにより、ガイダは甘えっ子で手がつけられなくなっていた。

二〇〇〇年七月、ガーダはターレックを産んだ。下の子どもが出来ると上の子どもはやきもちを焼く。ガイダの甘えん坊はさらにひどくなった。ガイダはターレックを泣かせることで鬱憤をはらしていた。ちょっと気に入らないことがあると泣き出して、もうとまらなかった。機嫌をとっていたガーダもそのうちに我慢の限界がきて、怒り出した。そういう日常の繰り返しがしばらく続いた。ガイダがおとなしくなったのは五歳ぐらいのころからであろうか、いつの間にかガイダは弟のターレックの面倒をみるようになっていた。

ガーダたちは一九九九年まではガザ市の借家にいたが、その後、ガザ市の郊外にあるユダヤ人入植地ネツァリームに隣接する団地に引っ越した。

二〇〇〇年、第二次インティファーダが始まって、ガーダたちの家の周囲は衝突の現場になった。夕方から朝方にかけて、毎日のように銃声が鳴り響く。利発なガイダはまわりで何が起きているか、ガーダにいろいろ質問して困らすようになっていた。

その日も夕方から銃声が聞こえ始めた。ガーダはガイダに話しかけた。

「銃撃を怖がらないで。イスラエルはいつも撃ってくるから」

「今は怖がらないよ。以前は怖かった。狼や狐も怖かった」

「今は狼のような動物は怖くないのね。かわりに銃撃のほうが怖いのね」

ガーダたちの団地には駄菓子屋が二、三軒ある。ある夜、ガイダはターレックを連れて店にお菓子を買いに行った。家に帰ろうとしたとき、銃撃音が聞こえ、空を赤いものが飛ぶのが見えた。ガイダはターレックに「銃撃が終わるまで待ってね」と言った。銃撃音がやむと、ガイダは急いで、ターレックを連れて帰ってきた。ガイダはその夜、すごく怖かったとひとしきり話すと、階下に下りて行った。ガーダはガイダのことを私に話し続けた。

「ガイダは家の近くで少年が撃たれたことを一年たった今も覚えているのよ。銃撃に巻き込まれて死んだムハンマド・ドラのことも覚えている。そして私を質問攻めにする。『どうして彼は殺されたの?』『イスラエル軍は私たちの土地を奪っている。毎日、ブルドーザーがきて、家を壊す。いつ彼らはやめるの?』私はこういう話は避けてきた。答えたくても、答えることが出来ないものばかりだったから。今はパレスチナの土地と呼べるところはない。すべてはイスラエルの手に握られている。イスラエル軍のブルドーザーがきて十分後には家がなくなり、畑がなくなり、木がなくなっている。一時間後には更地ができる。問題は家が壊されることだけではない。そのあとに何が残されていくのか不安だ」

二〇〇四年五月、ガイダは身近な人の死に直面した。ナセルの甥ビラールだ。ガイダとはいとこになる。ガイダはよくナセルの実家に遊びに行った。家族の中でも特にビラールはガイダのことをとてもかわいがってくれた。

ビラールが撃たれた日、ガイダはガザ市の叔母の家にいた。一足先にニュースを知ったガーダは娘になんて説明しようか悩んだ。

「子どもにとって誰かが亡くなるということはたいへんなこと。それも殺された。アパッチ戦闘ヘリの攻撃で、体の半分が粉々になって死んだ。こんなことを娘になんて言えばいいのだろうか?」

「私はガイダに『ビラールは撃たれて、具合が悪くなった……』と話し始めた。すると、彼女は、『それでどうなったの?』と言った。私は『それでお医者さんも彼の命を救えなかったのよ』と言うと、『どうして手術をしなかったの?』と娘は言った。私はとまどって答えた。『砲弾でひどく撃たれていたからよ。砲弾のかけらが胸に入って』と。すると、娘は『なぜそんなところに行ったの?』『なぜイスラエル軍は攻撃してきたの?』『私もイスラエル軍を攻撃しにいく』と言ったの。葬儀が終わって三日目に、ガイダをビラールの家に連れて行った。ガイダはずっと泣いていた。

ビラールの父親は、『彼は天国にいる、殉教者だよ』と私たちの文化に特有のことを言った。でもガイダにとっては、殉教、天国などということは何の意味もなかった。たんに、大好きな人が死んでしまった、ということなの。涙は一日か二日で渇いたけど、子どもの心には何かが残ってしまったはずよ」

ビラールが死んで一カ月後、私とガーダが祖母の家で話しこんでいると、ガイダが入ってきて、昨日の出来事を話し始めた。

「ママ、銃撃音を聞いた?」

「いいえ、ガザ市にいたから知らないわ」

「戦車から撃っているような音だったわ。二時間続いていた」

「それは長い時間ね。どうして撃っていたのかしら」

「たぶんこちらから撃ったお返しだと思う。イスラエル軍は撃ち始め、戦闘機からも撃っていた」

「ガイダはどこにいたの?」

「屋上で掃除をしていたの」

「どうして! 屋上にいたなんて危ないじゃない! 撃たれて負傷するかもしれないのに」

「私、負傷してビラールのところに行きたいの。死んでビラールに会いたい」

「もしあなたが死んでしまったら、どうしてあなたに会えるの? あなたを愛しているお父さんやターレックやおばあちゃんに会えないのよ」

ガーダは娘の話を聞いて動揺しているようだった。後日、ガーダはそのときの心境を書いている。

「子どもが幼いときから、死ぬ可能性についておおっぴらに話をするのは、恐ろしいことです。こんなトラウマと不確実さの真っ只中で生きて、この子はどんなふうになっていくのでしょう？」

二児の母親になったガーダは、他のパレスチナの母親と同じように、自分の子どもたちを守ろうとするたくましい女性に成長していた。しかし状況は一向によくならず、ガーダは母親として子どもたちを守りきれない苛立ちを募らせていた。

「私自身三十五年間生きてきて、何が子どもたちの権利かということは、わかっているつもりよ。ものすごく辛いのは、彼らをとりまく状況を変えることができないこと。母親として、大人として、人間として、子どもたちに与えてやらなければならない安全を、私は彼らに与えてやることができない。息子のターレックは外で遊ぶこともできず、私は『銃撃があるから、家のなかにいなさい』としか言えない。銃弾からターレックや、ガイダを守ることもできないの」

破壊されていく難民キャンプで——ガーダの闘い

　ガーダの実家のある難民キャンプはユダヤ人入植地に囲まれている。難民キャンプと入植地が隣接するこの地区はトファ地区と呼ばれる。第一次インティファーダの頃は、キャンプと入植地の境にはわずかなワイヤーが張り巡らされているだけだった。キャンプにも軒の低い家々が並んでいたが、和平が始まった一九九三年以降は、出稼ぎ労働などでイスラエルや入植地で働いた人たちがお金を貯めて、三階建てや四階建ての大きな家を建てていた。ガーダが婚約していた頃、私たちは自由にハンユニスの海に行った。ナセルとガーダと日が暮れるまで過ごしたものだ。早朝に海に行くと、真っ黒に日焼けした漁師たちが、獲ってきた魚やエビなどを運んでいた。道端で顔見知りなのか、数人のユダヤ人入植者たちが車を止めて、漁師から魚を買っていたのを不思議な思いで私は見ていた。今から思えば信じられない光景だが、ユダヤ人入植地への道をパレスチナ人たちも通っていたのを思い出す。ただ入植地に近い海にはパレスチナ人たちは入れなかった。

　二〇〇〇年のインティファーダを境に緊張が一気に高まった。入植地周辺はいつもイスラエル軍とパレスチナの若者たちの衝突現場となった。パレスチナ難民キャンプと入植地の境にはワイヤーでなく壁が作られた。海も立ち入り禁止となり、入植地の近くの地区は封鎖され、そこに住む人々は検問所を通らねば出入りができなくなった。難民キャンプからは誰も出入りすることができなく

イスラエル軍に壊された友人サハの家で．後方にはユダヤ人入植地の壁が見える．

なった。

イスラエル軍との衝突が激しいところとなったトファ地区は、毎日のように死傷者が出て、入植地に隣接するパレスチナ人の家々は破壊された。私は半年ごとに訪れるたび、銃撃戦と家屋破壊で瓦礫と更地に変わっていくのを見てきた。入植地に近い大きな建物のほとんどは壊された。キャンプの中で一番高い建物だった食料品店もダイナマイトで爆破された。

人々は銃撃戦が始まる夕暮れから避難をはじめ、親戚の家や避難所に集まる。朝になると自分の家に帰っていき、普通の生活をする。知り合いの家族は避難のための家を借りていたが、家賃が払えなくなり、追い出された。行き場を失った多くの家族は、パレスチナ自治政府が建築中の未完成の建物に住み着いていた。

ガーダの幼い頃に過した友人サハの家は十日前に壊された。サハは結婚してラファに住んでいるが、家族が避難した後もサハの祖母は最後までひとりで家に残っていた。ガーダは友人の家が壊されたことを、怒りをもって話した。

「私がよき子ども時代を過した家。その家の瓦礫の中にたたずむと、いたたまれない気持ちになる。私は彼女の家で、愛や優しさ、そして本当の友情の意味を知った。今、その場所はすべて奪われてしまった。私たちに残されているのは、今や思い出だけになってしまった」

後に私はガーダと語り合った。静かだけれど、彼女の言葉には力がみなぎっていた。

「こんな銃撃、殺戮、破壊が、それがほとんど四年も続いている。ラファにしても、ハンユニスも、ベイト・ハヌーンも。そんななかでも、私たちは生きることができている。私たちは抵抗することができている。くじけていない。これが唯一、希望のもてることよ。……なんと表現したらいいのだろう。今の状況をみると、失望することばかり。でも私は人々と一緒にいることに気づく。世界の他の場所にはない人々の思いやりを見出す。誰かの家が壊れると、行って助ける。誰かが何かを必要としていれば行って助ける。

自分の家にいて、この木の下にいることができればいい。そして、この地面、この地面の上に立つと、自分がこの土地にとても深く根ざしていると感じる。私は土地だけでなく、私の家とつながっている。そして私の権利とつながっている。これが私の権利よ。誰も奪えない。彼らは千人、一万人の人間を殺すことはできても、私たちの考えまでを殺してしまうことはできない。

今、撃ってるわね。撃っているけど、私たちはしゃべっている。銃撃で誰かが殺されたり家が壊されたりすることがあっても、私たちはくじけずに生き続けていくでしょう。

前線にある親戚の家に行ったとき、私は従姉妹に『外に出て戦う必要なんてないのよ。家に座っていれば、それこそが抵抗するということなんだから。家にいなさい。世界中の誰もあなたを家から引きずりだすことはできない』と言った。イスラエル軍は家から引きずり出すかもしれないし、それどころか頭の上で家が壊されてしまうことだってあるかもしれない。それでも、夜は逃げていた人たちが、朝が来ると戻ってきて、壊された壁を直し、窓をつけなおし、ガラスをはめる。日常の生活に戻ってまたはお茶を飲んで、微笑む。希望はあるのよ！

ここに座っていると、誰に強制されたわけでもなく、こうしていたいと思う。生活とは貴いもの。ときには、『危ないからハンユニスに子どもたちを連れて行かないように』と言う人たちもいる。でも、私はハンユニスに来るし、子どもも連れてくる。母や親戚に会って、ここに腰掛けるために。もし生きることを放棄してしまったら、だれが私の権利を守ってくれるの。私たちは和平を望んでいるけれども、彼らが和平を与えてくれないなら、自分が闘うしかない。唯一の選択肢よ。

母は母でこの家を救おうと闘っている。祖母は歌を歌うことで闘っている。私たちにベイト・ダラスの村にいた頃の歌を歌うことで、生活の尊さを教えてくれている。かつての村にあった暮らしがどんなものだったか。尊厳、土地、自由、樹、心の平和がどんなものだったか。歌うことによって、彼女は希望をつなごうとしている。これが歴史よ、これが私たちの財産よ。これはとても重要なもの。私たちが手から手へと手渡していくもの。

そして私の闘いは、書き続けること。難民キャンプ出身者として発信し続けること。私のメッセージを出来るだけ多くの人々に発して、そしてそのメッセージが聞き届けられ、この苦しみを終わらせること。これが私の望みであり、闘いなの」

おわりに

二〇〇五年七月、私はガーダが学ぶイギリスへ向かった。彼女を主人公にしたドキュメンタリー映画のナレーション撮りをするためだ。二〇〇五年の一月から彼女は博士号を取得するために、エクセター大学で学んでいた。なんと八歳のガイダと五歳のタ一レックを引き連れた子連れ留学だ。ガーダらしい。二人の育ち盛りの子どもといっしょにいて、どうして勉強できるのか、私はガーダの生活を想像しながら、ロンドンからエクセター行きの列車に三時間ゆられながら乗っていた。

駅に着くと、ガーダ親子三人が揃って迎えに来てくれていた。家までタクシーをとばして着いたところは静かな、こじんまりとした町だった。人口過密の百三十万人が住むガザ地区とは違い、人通りもまばらで寂しいぐらいだ。よくガーダたちは住んでいるなと思った。

家は公園が目の前にある環境のいいところだった。ガーダの住むアパートは二階で一階にはインド人の家族が住んでいた。建物は新しいとはいえないが、イギリス風の感じのいいところだった。大学の関係者が使うアパートは家賃が高くほとんど満員だったので、安い民間のアパートを探したという。2DKだが広さはかなりゆったりとしていて、親子三人で住むには手頃なところだ。

イギリスの初夏は日本の春のようだ。七月でも厚手の上着が離せない。ガーダたちと私は近くにある公園に行った。すでに今日は学校を終えて帰ってきた子どもたちと遊ぶためだ。ガイダは八歳

留学しているエクセター大学で.

にはとてもみえないほど、背が高くのび、十三、四歳に見える。たくましい姉に比べて、相変わらず食の細いターレックはやせっぽちで、目だけがギョロギョロしている。しばらくするとイギリス人の親子がやってきて、ガーダたちと話をしている。ガイダの英語の発音はガーダを上回るようになった。社交的で、物おじせず人と話すところは、母親とそっくりだ。私はガーダ親子と一年ぶりに二泊三日を過ごした。

二〇〇五年九月、一九六七年の占領が始まって以来、初めてイスラエルがガザ地区から撤退した。ガザにあるすべてのユダヤ人入植地と、それを警護してきたイスラエル軍すべてがいなくなった。三十八年間のあいだ、ガザ地区の人々は外出禁止令、封鎖、爆撃、家屋破壊などに苦しめられてきた。イスラエルがいなくなって、嬉しさのあまり、学校を休んで海に行く子どもがいたり、封鎖に苦しめられた人たちは制限のない道路が嬉しくて、エジプトとの境界まで歩き続けたりした。妹の結婚式のため、この時期ガザに一時帰国したガーダは、そのときの心情をイギリスの地方紙に記事を載せた。

「私は生まれてからずっと、ユダヤ人入植地と隣りあわせで生きてきて、そして今、二人の子どもたちの母親として、この撤退は私の人生の中で、新しい時代の始まりだと思っています。五年間のあいだ、イスラエル軍の侵攻や爆撃があるときには、私は子どもたちの目を見るのが怖かったのです。私の愛情でどうにかしてあげる、と言うことはできなかったのです。今、私は子どもたちが精神的にも肉体的にも安全でいられるだろうという希望をもっています。ハンユニス難民キャンプにいる私の家族は、ネベデ・カリーム入植地の近くで生きてきました。今は以前のように、真夜中に逃げ出さなければならないという怖れはなくなりました。私たちの小さな家も壊されずにすみました。家が攻撃されるたびに、母親は鞄に大事なものを詰めていましたが、これで鞄を空にすることができます」

一九九四年、ガザ地区が暫定自治区になったとき、ガーダは「私たちは鳥かごの中の鳥のようなもの、目の前から入植地がなくならないかぎり、私は和平を信じることができない」と語った。目の前から入植地が消え去った今、ガーダは和平を信じることが出来たのだろうか？　確かにガザ地区の中では封鎖もなくなり、自由が手に入った。毎日、鳴り響く銃撃音で恐れおののくことはなくなった。しかしイスラエル軍がいなくなっても、パレスチナ国家ができたわけではない。エジプト国境を除くガザ地区を取り囲む境界線や制空権、制海権は依然、イスラエルの手に握られている。

「ガザ撤退は私たちに希望をもたらした一方で、多くの疑問をもたらしています。世界はパレスチナ人の希望や夢を実現してくれるつもりはありますか？　ガザ撤退はパレスチナ国家建設に向けた最初のステップですか？　そして西岸やエルサレムは次の段階ですか？　これをきっかけに平和に向かって進みますか？　それとも再び絶望と暴力の中に私たちを置き去りにしますか？」

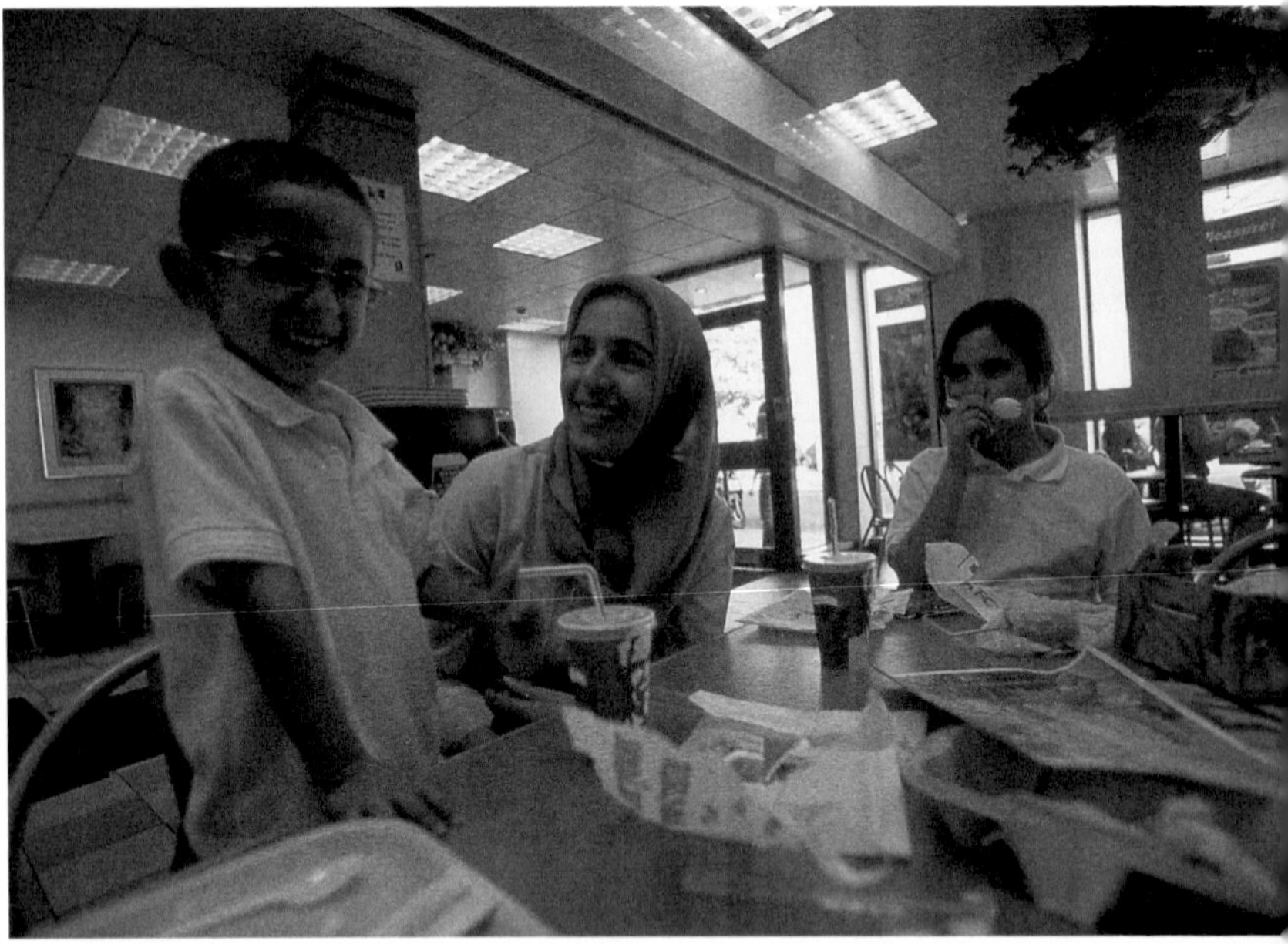

授業が終って子どもたちとくつろぐひととき．ガーダの左にターレック，右がガイダ．

イスラエル軍が目の前からいなくなった今もガーダの問いかけは続いている。ガザには限定された自由が手に入ったかもしれない。しかし本当の自由の日がやってくるまで、ガーダのメッセージは発信され続けていくだろう。

あとがき

ガーダの本を書こうと思っていて、はや何年か流れた。ガーダの出産まではなんとか書いたが、そのあと筆は一向に進まなかった。映像でもテレビ番組化されたが、なかなかドキュメンタリーとしてまとめることはできないでいた。二〇〇〇年になってパレスチナで抵抗運動が再び始まり、私は現地に足を運ぶようになった。二〇〇〇年に再び出会ったガーダの変身に私は頓挫していたガーダの取材を押し進めることができた。ガーダ自身を追っていた以前とは違い、ガーダとともに女性たちを追い始めた。

しかしパレスチナを取り巻く世界の情勢は刻々、変化していた。二〇〇一年の9・11、アフガニスタン戦争、そしてイラク戦争、世界は二、三年の間にアメリカの掲げる対テロ戦争の時代に突入していった。そしてその影響を受けたのがパレスチナだった。パレスチナの抵抗運動がテロという範疇にいれられ、日本や世界に伝わってくるパレスチナのイメージはイスラム原理主義、テロリスト、自爆攻撃、爆撃などになっていった。

私はパレスチナの人たちの素顔を伝えたいと強く思うようになった。日本のマスコミから流れてくるパレスチナ像と、現実の情の深い温かなパレスチナの人たちの姿が重なり合わないのだ。なぜかと考えると、たしかにニュースから流れてくる映像は、イスラエル軍との衝突場面、自爆攻撃の現場、銃を持つハマスのデモなどばかりだ。それではパレスチナ人は暴力が好きで、みんな自爆攻撃をする人たちかと思ってしまうのも無理はない。しかし現実のパレスチナ人は、素朴な人情味のある平和を望む人たちだ。占領による人間としての苦しみがなければ、闘おうという人たちではない。

私はなんとかそのギャップを埋めたいと思った。ガーダという若い女性を通して、難民キャンプでの生活、祖母たち年代の女性たちの話を通して、どういう形でパレスチナ人たちは今のように追われてきたのか、一人ひとりのパレスチナ人の生活と暮らしを見てもらうことによって、パレスチナの人々の姿が描ければいいと思った。そのために私は映画を作り、本を出そうと思った。

そして十二年間、撮りためてきた映像が、長年、私の仕事を支えてくれたアジアプレス代表野中章弘氏と仲間たち、編集、プロデュースの安岡卓治氏、配給・宣伝のバイオタイド、そして「古居みずえドキュメンタリー映画を支援する会」などまわりの人たちのおかげで、ドキュメンタリー映画「ガーダ―パレスチナの詩」として完成した。映画は二〇〇六年五月から東京渋谷のアップリンクXでのロードショーを皮切りに、全国で公開されていく予定だ。パレスチナを知らないという人たちにもぜひ観てもらいたいと思う。戦場だけではないパレスチナを、ひとつ通りをへだてれば人々の暮らしている日常があることを知って欲しい。

現実をありのままに伝えていくことはなかなか難しい。しかし一歩でも二歩でも現実の姿に近づけ、パレスチナの人たちは決して、日本人の私たちとそんなに違う人たちではないということを感じてもらえれば私の初期目的は達したことになるだろう。

この本を書くにあたって、たくさんの方々の力をいただきました。前半を読んでくださった山岡幹郎さん、限られた時間で、全体に目を通していただいた共同通信社の島崎淳記者やアラビア語翻訳の山本薫さん、英語翻訳の森本麻衣子さん、櫻井英里子さんそして何よりも現地できびしい状況のなか、時にはモデルとなり、時には案内役として女性たちの世界を広げてくれたガーダ、そしてガーダの家族、キャンプの人々など、書ききれないほどの人たちにお世話になりました。

この本の出版への道を開いていただいた岩波書店の皆様、そして今回の編集の担当であり、私の未熟な文章を投げ出さず、根気よく共に練ってくださった田中朋子さんに心から感謝いたします。

最後に、私の仕事を応援し、続けさせてくれている私の家族へ感謝します。

古居みずえ

古居みずえ
1948年島根県生まれ．フォトジャーナリスト．アジアプレス・インターナショナル所属．JVJA（ビジュアル・ジャーナリスト協会）会員．1988年にパレスチナのイスラエル占領地に入る．以降同地と並行して，写真とビデオ映像を駆使し，ボスニア・ヘルツェゴビナ，ウガンダ，インドネシアのアチェ自治州，アフガニスタンなどの各地の現状，なかでも女性や子どもたちの日常を細やかかつ精力的に取材．新聞，雑誌，テレビで発表する．著書に『インティファーダの女たち』（彩流社），『パレスチナ　瓦礫のなかの女たち』（岩波書店，岩波フォト・ドキュメンタリーシリーズ），共著に『匿されしアジア――ビデオジャーナリストの現場から』（風媒社）など．本書刊行とほぼ同時に公開された初監督作『ガーダ―パレスチナの詩』（2006年釜山映画祭招待作品）は，17年越しのパレスチナ取材の結晶である．

ガーダ　女たちのパレスチナ

2006年4月26日　第1刷発行
2024年2月5日　第4刷発行

著　者　古居《ふるい》みずえ

発行者　坂本政謙

発行所　株式会社　岩波書店
〒101-8002 東京都千代田区一ツ橋2-5-5
電話案内 03-5210-4000
https://www.iwanami.co.jp/

印刷・三陽社　カバー・半七印刷　製本・中永製本

ISBN 978-4-00-022459-8　Printed in Japan

異色作家短篇集
18

狼の一族

His Own Kind and Other Stories／Edited by Tadashi Wakashima

アンソロジー／アメリカ篇

若島　正／編

早川書房

狼の一族　アンソロジー／アメリカ篇

HIS OWN KIND AND OTHER STORIES

Edited by

Tadashi Wakashima

目　次

装幀／石川絢士（the GARDEN）

ジェフを探して

I'm Looking for Jeff

フリッツ・ライバー

深町眞理子訳

アンソロジーを編む楽しみには、いろいろある。もちろん、どんな作家を入れようか、どの作品を選ぼうかと考えるのが第一の楽しみだが、作家と作品を決めると、それではその手持ちのカードをどういう順に並べようかと考える楽しみが待っている。

最初に切り出すカードは、職人芸の持ち主であるＳＦ作家フリッツ・ライバーお得意の、都会を舞台にしたホラーから。

7　ジェフを探して

その日の夕刻六時半、マーティン・ベローズは酒場〈トムトムズ〉のカウンター席に陣どっていた。前にはビールのトールグラスがひとつ、そしてカウンターの向こうには、白いエプロンを締めた男がふたり。ふたりのうちのひとりは、年齢のことなど気にする段階はもう通り越したといったふぜいの、相当の年寄りだったが、それがいま、しきりにある話題を論じたてていて、マーティンのほうはろくに聞いてもいないのに、どうやらそのやりとりの大半は、彼に聞かせて楽しませるためのもののようだった。

「あの女がまたやってきやがっても、わしは給仕なんかしてやらないからな。それであいつが騒ぎだすようなら、がつんと一発、思いきり濃いアイシャドーを目に塗ってやらあ！」

「またずいぶんと威勢がいいじゃないか、ええ、じい《パプ》さん《ス》？」

「だってよう、あの女が顔を出すようになってから、まる一週間ってもの、うちの店じゃトラブルつづきじゃねえか」

「お客さん、まあこいつの言うことを聞いてみるといいですよ。あのな、パプス、酒場にはトラブルなんてものはつきものなんだ。だれかがだれかの女にちょっかいを出したとかなんとか。でなきゃ、あいにくその男たちふたりが長年の親友同士で——」

「わしの言ってるのは、たちの悪いトラブルのことなんだ。月曜の夜に、あのふたりの女のやったこと、あれをどう思う？　例の大男がジャックのやつにやらかしたこと、あれをどう思う？　ジェークとジャニスが店のしるしのトムトムをおもちゃにして、結局ばらばらにしちまったこと、あれをどう思う？　こういった騒ぎのたんびに、あの女がかげにいやがる。アイスバケツに割れたグラスがまぎれこんでたこと、あのことはどう思う？」

「うるさい！　ねえお客さん、このパプスはね、ちょっと頭がいかれてるんで。ろくでもない考えに取り憑かれちまってるんでさ」

　ここでマーティン・ベローズはビールのグラスから目をあげ、この〈トムトムズ〉のオーナーであり、同時にバーテンでもある若いソルをちらりと見てから、カウンターの向こうのもうひとりの男を見やった。それから伏し目になって、左右にどこまでも、客ひとりいない磨きあげたマホガニーのカウンターが伸びているのをながめ、ついで肩ごしに、ほの暗くひっそりとしたブースの列を見やった。それらのブースには、カウンターの奥からさす光はほとんど届かず、銀や金めっきの品が光を浴びて浮かびあがることもなかった。マーティンはかすかに顔をしかめた。

「なんだっていいだろう、ささやかな人生のためには」

「人生だって？」パプスが鼻を鳴らした。「あの女がくれるのはそんなものじゃねえって、お客さん」

　およそこの世に、夜もまだ早い時刻のこういう酒場ほど、うらぶれて寂しい場所もほかにあるまい。そこは孤独な男たちのことを思い起こさせる――そわそわとものほしげな目を周囲に配っている、恋人も女友達もいない男たち。音ひとつしないそこの薄暗がりは、人知れぬ涙や、心の痛みの共鳴板だ。大口たたきの陽気な酔っぱらいどもに、邪慳《じゃけん》に扱われることに慣れた店内の空気も、いまは澱みきっている。普段なら、笑い声と人間の欲望とで充満しているはずの暗いコーナーは、いまにも幽霊でも出てきそうだ。がらんとしたステージには、バンドの出番のときの位置そのままに、からの椅子がぽつんぽつんと置かれている。

　その重苦しさが感じとれたので、ここでマーティンは自分のスツールをこころもちその老人のほうへ、さらには不安げな、油断のない目つきをしているソルのほうへと近づけた。

「その話、詳しく聞かせてくれないか、パプス」と、老人に声をかけ、それから、「いや、この男に話させてくれ、ソル」

「わかりました。ただ言っときますけどね、こいつの話って、まるっきり夢みたいなばか話なんですよ」

パプスはボスの発言を無視して、磨いていたグラスをことさらゆっくりしたリズムでまわした。その顔はビールでむくみ、おまけに、長年のはかない、だが本人には光彩に満ちていただろう体験の数々が、その顔面に古びた山並みや峡谷を刻みつけていたが、それがいま、ふと思案げな表情に変わった。店の外では、往来する車の騒音がうなりを立て、どこか遠くで、汽車がぽーと汽笛を鳴らした。パプスはあらためてくちびるをぎゅっと結んだが、そのせいで、また新たな小山の連なりが両の頰にあらわれた。

「名はボビーってんで」唐突にパプスは話しはじめた。「ブロンド。年ははたち前後。注文するのはきまってブランデー。すべすべした子供っぽい顔なんだけど、ただその顔を端から端までまっすぐ横ぎって、かすかな傷跡が走ってる。いつも黒いドレスで、それがへそのあたりまで大きくあいてるってやつ」

車が一台、店の外で荒っぽい音をたてて停まった。三人の男は、期せずしてはっと顔をあげた。だがいくらもたたぬうちに、ふたたび車が走り去るのが聞こえた。

「こないだの日曜の夜まで、一度も見かけたことのない女だった」パプスがつづけた。「ミシガンシティーからきたとかいう話で、いつも必ずジェフという男のことをたずねる。いつも必ず、彼女なりの特別誂えの騒ぎを起こそうと待ち構えてる」

「だれなんだ、ジェフって？」マーティンがたずねた。

パプスは肩をすくめた。

「じゃあその〝彼女なりの特別誂えの騒ぎ〟とかいうのは？」

パプスはまた肩をすくめたが、今度はソルのほうへ向けて、だった。「なんせこのおひとは、彼女の存在を信じてないんでね」と、うなるように言う。

「その女性に会ってみたいな、パプス」マーティンはにやにやしながら言った。「なんだかわくわくするじゃないか。今夜はすばらしい夜になりそうな気がしてきた。それにそのボビーって女、おれの好みのタイプらしいしさ」

「お断わりだよ。たとえ親友の頼みだって、あんな女を紹介できるものか！」

ソルが快活に、だが議論に決着をつけるかのように笑った。そして打ち明け話でもするようにカウンターごしに身をのりだすと、秘密めかした笑顔でちらりと老人のほうを見やり、マーティンの袖に軽く手をかけた。「パプスの法螺話はもうたっぷり聞いたでしょう。そこで今度はおれの話もお聞きなさい――その問題の女なんですが、おれは一度だって見かけたことがない。毎晩、閉店まではずっとここにがんばってるっていうのにね。おれの知るかぎり、いままでそんな女を見かけたものはだれもいない――見たと言ってるのはこのパプスだけ。まあおれに言わせれば、たんにパプスの夢想の女というにすぎないんじゃないかな。わかるでしょう、こいつ、少々頭がヨワいですから」さらにもうすこし前ににじりでると、ソルは芝居の脇台詞よろしく、聞こえよがしのささやき声でつづけた。「なんせ、ガキのころからずっと、マリファナのご厄介になりっぱなしだったそうですから」

パプスの顔面がわずかに赤くなり、新たな小山の列が一段とくっきり浮きあがった。「いいだろうよ、お利口な旦那。だったら証拠をお目にかけようじゃねえか」

磨いていたグラスを光ったお仲間のなかに置き、布巾を布巾かけにかけると、パプスはカウンターの下から葉巻の箱をひとつとりだした。

「ゆうべ、彼女がライターを忘れてった」と、説明する。「全体が鈍く底光りする黒の材料でできてる。ちょうど彼女のドレスとおなじだ。見ろ！」

ほかのふたりはぐっと身をのりだした。だが、パプスが箱の蓋をとったとき、なかに見えたのは、白い紙の内張りだけだった。

ソルはにんまり笑いながら、ゆっくりと首をまわしてマーティンを見やった。「ね？」

パプスは悪態をつき、内張りの紙を引き裂いた。

「きっとバンドのだれかがくすねやがったんだ！」

ソルは老人の腕にやんわりと手を置いた。「うちで雇ってるミュージシャンは、みんな正直な、いいやつばかりだよ、パプス」

「でも、まちげえねえ。まちがいなくゆうべ、最後の最後に、この箱に入れたんだから」

「そうじゃない、パプス。入れたと思っただけなんだよ」ソルはマーティンのほうに向きなおった。「といっても、こういう酒場で、ときとしておかしな出来事が起きないってわけじゃないですがね。じっさい、ついい四、五日前から——」

どこかでドアがばたんとしまった。三人の男はそろって入り口を見たが、どうやら外の車がたてた音だったらしく、だれもそこからはいってくるものはなかった。

「つい四、五日前から」と、ソルがくりかえした。「おれ自身、なにやらいやな出来事に気づかされてるんです」

「というと、どんな？」マーティンがたずねた。

ソルはお得意の笑いを含んだ秘密めかした視線を、またちらりとパプスのほうへ投げた。「聞かせてあげたいところなんですがね」と、マーティンにむかって、「あいにく、このパプスの前では話せないんで。とかくろくでもないことを思いつくやつですから」

マーティンもにやにや笑いながら、スツールから腰をあげた。「おれ、そろそろ行かないと。じゃあな、またそのうちに」

それから五分とたたないうちに、パプスは香水のにおいを嗅いだ。なんとも不快な、胸の悪くなるような甘ったるいにおいだ。そして彼の耳は、カウンター前のスツールのいちばん中央のが、わずかにきいと鼠の鳴くようにきしむのを聞き、さらに、かすかな、亡霊のそれのような吐息をも聞きとった。そしてそれらのもたらすぞっとするような感覚、それは彼の身内に深くしみこんでゆき、チョークよろしく、骨にこすれてきしんだ。パプスはわなわなふるえはじめた。

そのうち、ふたたびスツールのきしみと吐息とが、前よりもわずかにじれったげに〈トムトムズ〉の薄暗がりを通して聞こえてき、パプスは、この世にそれほど望まぬことはなかったというのに、ここでどうしてもふりむかずにはいられず、また、がらんとして客の姿のないカウンターをも見わたさずにはいられなかった。そして、ああ、そこに、そこのいちばん中央のスツールに、彼はそれを見た。

それはおそろしく不明瞭だった。たんにぼんやりした影のようなものが、銀や金めっきの調度、さらに奥の壁のミッドナイトブルーの色、それらの上にうっすら重ね焼きされているにすぎない。けれどもパプスはその幻影のことなら隅から隅まで知っていた。超薄手の黒い絹ストッキングさながら、かすかな光を放つドレスの黒。琥珀色のスポットライトのなかに浮かぶ微塵にも似た、淡い金色の髪。コンパクトからこぼれて舞いあがるお白粉のような、顔と手の青白さ。そして目――二匹の小さな黒い蛾のように、ちらちら飛びまわっている。

「おいパプス、どうした？」ソルが鋭い声で質問してきた。

だがパプスはその問いを聞いていなかった。本心では、もしもそうしなくてもすむものなら、なんだってするという気持ちだったが、あいにく体のほうは、支えをもとめて両手でカウンターのふちをしっかりつかんでいながら、じりじりとカウンターぞいに動いて、ついには中央のスツールの真ん前まで移動した。

それから、声が聞こえた。かすかな、だがはっきりした声――ちょうど人間の声が電波にのって流れるように、蚊の翅音にのってかすかに流れてくるような声。そしてそれはナイフさながら、パプスの頭のなかに深く、深く突き刺さってきた。

「あたしのうわさ話、してたでしょ、パプス？」

パプスはただおののくだけだった。

「今夜はジェフのこと、見かけた、パプス？」

彼は無言で首をふる。

「いったいどうしたのよ、パプス？　たとえあたしが死人で、腐りかけてたとしても、だからなんだっていうのよ？　そんなにふるえるの、およしなさいよ、パプス。もともとシミー（腰や肩を揺すって踊る一九二〇年代に流行したダンス）を踊るのに向いた体つきじゃないんだから。それよりも、あたしがこうして姿を見せてあげてることについて、あんたは自慢に思ったっていいはずなのよ。いいこと、パプス、女はみんな心の底ではストリッパーなの。でも、たいがいの女は、好意を持ってる男か、でなきゃ必要としてる男の前でしか、自分をさらけださない。あたしだってそうよ。あたしはそこらのろくでなしどもになんか、ぜったい自分を見せたりはしない。だからね、いいでしょ、あたしに一杯おごって」

パプスのふるえがいっそう激しくなった。

例の二匹の蛾が、まっすぐ彼の目を狙って飛んできた。「どうしたのよ、パプス、ポリオにでもやられたの？」

憎悪が発作的に彼をとらえ、パプスは痙攣的に後ろを向いた。背をかがめ、きちんと並べられたグラスの下から、手さぐりでブランデーのボトルを見つけだすと、ふるえる手でそれをつぎ、カウンターにとんとグラスを置いて、後ろにさがった。

「おい、おまえ、いったいなにをしてるんだ！」

パプスはその怒声を聞きもしなかったし、ソルがつかつかと自分のほうへやってくるのにも気づかなかった。気づくどころか、なるべく後ろにへばりつくように立ち、ただ見まもるだけだった——ふわっと舞いあがったお白粉のような白い指が、煙の巻きひげよろしくショットグラスに巻きつくのを。そして、蝙蝠のそれのように鋭い声が、どこか物悲しげにきっと笑って、「こんなふうに持ちあげるの、無理だわ。まだそれだけの力がないの」と言うのを聞き、さらに、あの二匹の蛾と、そのすぐ下の、なにやら赤い、ふちが白く見えるものが、ゆっくりとブランデーのグラスのほうへとさがってゆくのを見まもった。

と、ここでほんの一瞬、ある感覚がふいに手をのばしてきて、ソルにも触れた。というのも、カウンターの上にはだれの手も見えないのに、ショットグラスがひとりでにかたかた揺れ、ついでひとしずくのブランデーが、グラスの腹を伝わり落ちて、カウンターのマホガニーに小さなプールをつくったのだ。

「おい、いったいこれ……」ソルが言いかけたが、すぐ口調を変えて締めくくった。「まったく、くそいまいましいトラックめが。通るたんびに、近所一帯、がたがた揺らしやがる」

そしてこのかんずっと、パプス自身は、蝙蝠のようなあの鋭い声を聞いていた。「ああ、おかげで気分がすっきりしたわ、パプス」それから、なにやら相手を籠絡するようなせかせかした調子で、「ところでパプス、今夜はなにかおもしろいこと、ある？　女のひとり客が楽しめそうなこと、どこへ行けば見つかる？　そういえば、しばらく前に出てったあの背が高くて、色の浅黒い、ハンサムな若いひと、だれなの？　たしかあんた、マーティンって呼んでたわよね？」

ここでとうとう我慢できなくなったのか、ソルがつかつかとパプスに近づいてきた。「おまえ、いったいどういうことなんだ、説明してくれるだろうな？　なんでこんな――」

「待ってくれ！」いきなりパプスの手がのびて、ソルの腕を、思わず当人が顔をしかめたほどの勢いでつかんだ。「彼女、出ていこうとしてる」と、しわがれ声で言う。「あの若いのを追いかけてくつもりなんだ。なんとかあの男に警告してやんなきゃ」

ソルの射るような視線がすばやく動いて、パプスが凝視している箇所を一瞥した。それから、低いうなり声とともに、パプスの手をふりはらい、かわりに自分の手で相手の腕をつかんだ。「おい、しっかりしろ、パプス。おまえ、ほんとにマリファナ、やってるんじゃないだろうな？」

　老人はソルの手から身をもぎはなした。「あいつに警告してやんなきゃなんねえ。なんとしてもだ。あの女があいつの気をひこうと、もっと強いやつを飲みださないうちに。そしてお得意の〝割れボトル〟のアイディアを、あいつの頭に吹きこもうとしはじめないうちに」

「パプス！」耳もとで響いたその怒声が、老人を硬直させた。それきり彼は身をこわばらせたまま、なおもソルがまくしたてているあいだ、ひとまずおとなしく立っていた。「いいか、たぶんウェスト・マディソン街あたりへ行けば、いかれた酒場がいくつもあるだろう。いかれた客が酔いつぶれても、いっこう平気という店がな。たぶん、だぞ。はっきり、あるとは言わん。しかしだ、おまえが今後もこういうばかげた真似をくりかえしたり、ボビーがどうしたの、割れグラスがどうしたのとしゃべりまくるようなら、いずれそういう店のひとつを探しにいかなきゃならなくなるぞ」ソルの指が老人の二頭筋にぐりぐり食いこんだ。「わかるな？」

　パプスはいまだにどこか憑かれたような目をしていたが、それでも硬直したまま、二度うなずいた。


　その夜はマーティン・ベローズにとって、なにやら重苦しい、消化しがたい感覚とともに始まったが、それでもしばらくするうちに、夜はダイヤモンドダストを散らした光の雲さながら、街灯の柱のまわりでふわふわ浮揚しはじめた。さいぜんのパプスやソルとのやりとりは、彼をある種の奇妙なほろ酔い気分にさせていたが、彼はその気分を吹き飛ばそうと、そこらの居酒屋から居酒屋へとめぐりあるき、ときには感じのよさそうな男を見つけて、一杯おごり、かわりに自分も一杯おごられ、たがいに無言のうちにその親密さを分かちあい、どちらもあまり饒舌にはしゃべらず、あいまにはカウンターの向こうの女性と軽い冗談をやりとりし、そうしながらも、かわるがわる目の前に立つ女たちをこっそり観察している。そんなあんばいで、五軒の居酒屋を梯子し、酒も八杯飲んだあたりで、ふと気がつくと彼は、そうした女たちのひとりにつかまっていた。

小柄で、しなやかな体つきの女性。髪は冬の朝の日ざしの色、ぬめぬめと身にまつわりつく黒のドレスは、ハイネックだが、その下からときおり細いリボンさながら、乳白色の肌がのぞく。目は黒く、親しみぶかく、必ずしも純情一点張りというわけでもなさそうだし、顔はちょうど青白い牝鹿の革のように、なめらかだがつや消しの、沈んだ色調を持っている。そのうち彼は、かすかなくちなしの香りを意識しはじめた。彼女の肩に腕をまわし、とある街灯の下で、軽く彼女にキスしたが、そのとき目をつむらずにいたので、彼女の顔に細い傷跡があるのが見てとれた。ほんのかすかな、わずかに肌の色よりも白い一本の線。まるでたった一本の蜘蛛の糸さながら、左のこめかみに始まって、左目のまぶたを一直線に横ぎり、さらに鼻梁の上を通って、右の頬へと走っている。この傷跡がかえって彼女の美貌をひきたてている、彼はそう思った。

「どこへ行くんだい？」たずねてみる。

「〈トムトムズ〉なんか、どう？」

「まだちょっと時間が早いな」それからいきなり声をあげて、「わかった！　きみの名はボビーだな。パプスの言ってた名前がそれだ……まちがいない、きみはぜったい……」

彼女は肩をすくめた。「パプスはおしゃべりなのよ」

「そうだ、まったくだ！　パプスはきみのことをいやってほどしゃべりまくってた」マーティンはやさしく彼女にほほえみかけた。「きみはよくない影響力を持ってる、そうも言ってたぞ」

「あら、そう？」

「だけど、そんなのは気にすることないさ。パプスは根っから頭のいかれたやつだからな。じっさい、ついさっきも――」

「そうね、だったらどこかよそへ行きましょう」彼女がさえぎった。「なにか飲みたいのよ、あたし」

そこでふたりは歩きだしたが、内心マーティンは凱歌をあげたいほどの気持ちだった。というのも、いままでつねに探しもとめてきたこと、もとめてきながらついに実現しなかったこと、それがいま実際にわが身に起きつつあるのだから。ついにおれは見つけたのだ――おれのイマジネーションと心の渇きとに、ふたつながら火をつけてくれる女性を。一分ごとに、いよいよ彼女への欲望はつのり、彼女を誇らしく思う気持ちは強まっていった。このボビーこそは完璧な女性だ。けっして騒々しくはしゃいだり、喧嘩腰になったり、不平がましい態度をとったりはしないし、内心をぶちまけたりもしない。キュートな魅力とされるものを過剰にふりまくわけでもなく、気まぐれに怒ったふりをして、拗《す》ねてみせるわけでもない。彼女こそは、快活で、穏やかで、美しく、彼の気分にはまるで誂えた手袋のようにぴったりの女性だ。だがその反面、どこかに危険と凶暴性とを感じさせる翳《かげ》もある――どちらも、頭をくらくらさせるアルコールの毒気や、大都会の暗い街路とは切っても切れない資質だ。ふと気がつくと、自分が彼女のことでひどく愚かになりかけているのがわかった。あろうことか、彼女の顔面の蜘蛛の糸のような傷跡を、そっとなでてみるような真似までした――まるでそれが高価なフランス人形にほどこされた、名人による修復の跡でもあるように。

ふたりはそれから三、四軒の居心地のいい居酒屋を梯子した。ある店では、銀髪の女がやわらかな、心のなごむ声で歌っていたし、べつの店では、テレビのかわりに無声の喜劇映画が、小さなスクリーンに映しだされていた。またある店には、額入りの鉛筆画がたくさん飾られていたが、それらはいずれも無名の、べつに重要人物でもないひとたちの肖像画だった。それらの店で、マーティンは酒に酔うということの初期段階を順にたどっていった——異様な熱っぽさ、なんとはない不安感、夢みるような幸福感——そして無事にそこから抜けだすと、その先には水晶の世界。そこでは時間はほとんど停止し、自分自身の行動以上に確実なものはなにもなく、自分自身の感情以上にリアルなものも存在しない。そこでは自己の人格というかたい殻は砕かれ、ついには、黒くすすけた壁や、煙霧にかすんだ空や、足の下の灰色のコンクリートまでが、知覚しうる自己の一部となってしまうのだ。

だが、しばらくすると彼は、街頭でふたたびボビーにキスしていた。前のときよりも長く、強く彼女を抱きしめ、くちびるを彼女のうなじに埋め、くちなしの香水の、秋の庭のような甘やかさに溺れながら、おぼつかない口調でささやく。「住まいはこの近くなのかい？」

「ええ」

「じゃあ……」

「いいえ、まだだめよ、あなた」彼女はささやきかえした。「その前に、あの〈トムトムズ〉に行ってみましょう」

彼はうなずき、それから、べつに怒ったふうもなく、わずかに彼女から身を遠ざけた。

「ジェフって、だれだ？」と、たずねる。

彼女は彼を見あげる。「知りたいの？」

「ああ」

「じゃあ聞いて」彼女はそっと答えた。「いつかあなたがジェフと出あうことがある、とは思わないわ。でもね、もしかして出あうことがあったら、あたしのために、ひとつ約束してほしいの——それ以外には、なにひとつお願いしないから」一呼吸すると、いきなりその青白い顔面いっぱいに、それまでひそんでいたありとあらゆる凶暴性が、白々と輝きわたった。「どうか約束してほしいのよ——いつか彼に出あったそのときは、ビール瓶の底を割って、彼の肥ってふくれあがった顔にたたきつけてやる、って」

「そいつ、きみになにをしたんだ？」

青白い面は謎めいていた。「あなたがいま想像してるのより、もっとずっとひどいこと」

静かな期待に満ちたボビーの顔を見おろしているうちに、マーティンは身内にある種の殺意にも似た強い興奮が荒れ狂うのを感じた。

「約束してくれる？」彼女がたずねた。

「約束する」マーティンはかすれた声で答えた。

ソルの機嫌がいいのは、〈トムトムズ〉が活況を呈する忙しい時間帯だけだった。テーブルの下で、一晩じゅうでも、ときには永久にでも、たがいに膝をなであっている二人連れの姿こそ、店のレジになだれこんでくる現金を意味するのだ。

ソルとパプスは、ここ二時間ほど忙しい時間を過ごしていたが、いま現在は、バンドの中休みでいっとき静かになり、ソルも、ひとりの頑丈でたくましい、なにやら興味をそそる顔だちをした新顔の客と、無駄話をするだけの余裕ができたところだった。

「奇妙な話と言えばね、お客さん、ちょうどうってつけの話がありますよ」秘密めかした微笑を見せて、カウンターごしに身をのりだしながらソルは言った。「ほら、お客さんから左へ二番めのスツール、見えますか？　あの席ですが、今週、毎晩一時以降は、いっぺんもあそこがふさがったことがないんです」

「いまも空いてるよな」頑丈な男が指摘した。

「ええ。お客さんのすぐ隣りのやつもね。しかし、わたしの言ってるのは、午前一時以降、客の入りがピークに達する時間帯のことなんで――まだそれまでは二分ばかりありますがね。その時間、どれだけ大勢の客で込みあってても――実際、ほかの場所では、客が前後に二列に重なって立ってることだってある、そんなときでも、だれひとりそのひとつのスツールにだけはすわろうとしない。なぜでしょう？　わかりません。あるいは、ただの偶然かも。でなきゃ、わたしのまだ知らないなにかおかしなことがその席にはあって、それがお客さんたちにそこを敬遠させてるのかも」

「ただの偶然だろ」いたって鈍感な調子で、頑丈な男は言ってのけた。ボクサーのようなあごに、どこか膜のかかったような、内心をうかがわせない目つきをしている。

　ソルはにっこりした。部屋の向こうでは、ぼちぼちミュージシャンたちがステージにもどってき、急ぐようすもなく席につこうとしていた。「かもしれませんね。でもわたしは、なにかほかに理由があるという感じを持ってるんです。ことによると、なにかいたって明白な理由――たとえば、スツールの脚が一本だけちょっとがたついてるとか、そんな理由があるのかもしれない。しかし、どっちにしろ、そこが今夜ずっと空いたままになってるってことは断言できますよ。まあ見ておいでなさい。連続して六晩もおなじことがつづくなんて、偶然にしちゃできすぎてます。それに、聖書の山にかけて誓ったっていいですが、そこが六晩つづけてずっと空席だったってこと、これはまちがいないんですから」

「いいや、そうはならないよ、ソル」

　ソルはぐるりとふりかえった。パプスがすぐ後ろに立っていた。これまでもそうだったように、おびえた目に怒りの色をたたえ、くちびるをかすかに動かしている。

「どういう意味だ、それは。ええ、パプス？」新顔の客の前で苛立ちは見せまいと努めながら、ソルはそう詰問した。

　だがパプスは、何事かぶつぶつつぶやきながら離れていってしまった。

「女の子たちが受け持ちのテーブルでちゃんと仕事をこなしてるかどうか、ちょっとようすを見てきます」ソルは目の前の頑丈な男に言い訳して、そそくさとパプスのあとを追った。やがて追いついたところで、ソルはそっぽを向いたまま、おさえた声音で言った。

「いいかげんにしろ、パプス。わざわざ自分から鼻つまみ者になろうとでもいうのか？」部屋の向こうで、バンドリーダーが立ちあがり、笑顔で配下の楽団員たちを見まわした。「そういうふざけた真似をこのおれが我慢してるとでも思ったら、おまえは頭がどうかしてるぞ」

「だけどよ、ソル」パプスの声はいまではふるえていて、ほとんどだれかがかばってくれることを期待しているかのようだった。「今週は一時よりもあと、カウンター席に空席があったことなんて、一度だってなかったじゃねえか。それに、あのスツールのことを言うなら——」

一曲めのオープニングを告げるおどけたトランペットが響きわたり、あらゆる虚飾や仰々しい見せかけへのあざけりを、〈トムトムズ〉の店内の隅々にまで撒き散らした。そしてそれがパプスの言葉をも中断させた。

「あれが、どうした?」ソルがうながした。

だがパプスは、もうソルには注目していなかった。時あたかも午前一時、そして店内の紫煙にかすんだ空間を通して、彼は彼女がやってくるのを見まもっていた。入り口付近の暗がりのなかから実体化したその姿は、もはやぼんやりした煙のような存在ではなく、夜と、夜の知られざる力によって強化されていて、彼女が通り過ぎるにつれ、入り口に近い最初のブースの列も、ダイステーブルのグリーンの布張りも、はっきりと実体を持ったなにかにさえぎられたのがわかった。

やがて彼は、彼女がさいぜんあとを追っていったあの善良そうな若者を、狙いたがわずつかまえてしまったことに気づいたが、とくに驚きもせず、若者のために嘆くこともしなかった。狙ったものは、残らずつかまえるというのが彼女の流儀なのだから。その彼女が、一歩また一歩と近づいてくる——布巾がぽとりとパプスの手から落ちる——バンドのいるステージの前を過ぎ、カウンターのはずれの、そこで女の子たちがテーブルへ運ぶ飲み物を受け取る、クロムの仕切りのある一角を通り過ぎ、やがてついに、くるりと身をひるがえして、カウンター席のまんなかのスツールにすわると、冷酷に彼にほほえみかけた。「こんばんは、パプス」

善良な若者が彼女の隣りに腰をおろし、言った。「ブランデーふたつだ、パプス。チェーサーはソーダにしてくれ」それから、煙草の箱をとりだし、ついでマッチを探して、しきりにあちこちのポケットをさぐりはじめた。

彼女がその腕に手を置いた。「あたしのライターを出してちょうだい、パプス」

パプスはおののいた。

彼女はこころもち身をのりだした。微笑が消えていた。「あたしのライターを出してと言ったのよ、パプス」

パプスは撃たれでもしたように首をすくめた。感覚の麻痺した手が、カウンターの下の葉巻の箱をさぐった。なかになにやら小さな、黒いものがあった。まるで毒蜘蛛ででもあるかのようにパプスはそれをつかみあげると、手さぐりでほうりだすようにカウンターに置き、大急ぎで手をひっこめた。ボビーはそれをとりあげ、すばやく親指を動かすと、小さくともった黄色の炎を善良な若者の煙草に近づけた。若者はいとおしげに彼女にほほえみかけ、それから言った。「おいパプス、おれたちの飲み物はどうなってるんだ?」

彼マーティンにとって、これまでの水晶の世界は、なにやら瀬戸物屋の店先のようなものに変わりつつあった。ジャズがゆっくりと、心地よくひとをクライマックスへと誘ってゆくように、彼は徐々に、徐々にある衝動が身内で強まりつつあるのを感じた。ここでなにか無軌道な、楽しい行動に出たいという衝動。なにか男らしい行動をとりたい。腕をまっすぐにのばし、ナイフをきらめかせ、劇的に動いて、周囲のあらゆるものを半死半生になるまで破壊しつくし、あるいは愛しぬく。待ってろよ、避けられぬ結果を――それがいかなるものであろうとも――ほとんどほくそえむかのような笑みが、彼の口もとをいろどった。

老人はふたりの飲み物を半分がたこぼしてしまった。

あまりにあわててそれらを置こうとしたためだ。そんなところを見ると、パプスはほんとうにソルの言っていたとおりの、少々いかれた老人に見え、マーティンもつい、口まで出かかっていた言葉をのみこんでしまった——パプスの言っていた娘とやらを、まんまと見つけたぞという自慢を。かわりに彼はボビーを見やった。

「あなた、あたしの分も飲んで。あたしはもうずいぶん飲んだから」ボビーがやかましい音楽を通して声が聞こえるよう、そっと身を寄せてきながらそう言い、マーティンはまたもあの顔の傷を見てとった。

彼としては、べつにかまわなかった。ダブルのブランデーは、氷のように全身の神経を焼き、バンドの音楽にあおりたてられた体内の荒々しさ、狂おしさの冷たい炎を、いよいよ高く燃えあがらせた。バンドががなりたてているのは、文明社会の傲慢な人間どもや、そびえたつ高層建築へのあざけりなのだった。

マーティンの隣りで、人並み以上に大きく構えて幅をとっている頑丈な男が、ちょうどカウンターのなかにはいってきたソルの視線をとらえた。男は言った。「これまでのところは、あんたの勝ちだな。あそこ、まだ空席だよ」ソルはうなずいて、ほほえみ、なにか気のきいた台詞らしきものをささやいた。頑丈な男は声をあげて笑うと、わが意を得たと言わんばかりに、卑猥な言葉をささやきかえした。

マーティンがその男の肩をたたいた。「すまないけど、おれの女の前でそういうたぐいの言葉は使わないでほしいな」

頑丈な男はマーティンを見、それからマーティンの向こうをのぞいて、「酔ってるんだな、ジョー」と言い捨てると、また向こうを向いた。

マーティンはもう一度その肩をたたいた。「おれは言ったんだ、すまないけど——」

「すまないじゃすまなくなるぞ、いつまでもそんな寝ぼけたことを言ってると」頑丈な男はポーカーフェースを保ったままで言いかえした。「いったいどこにいるんだ、おまえの言うその女とやらは？　便所にでも隠れてるのか？　何度でも言うぞ、ジョー――おまえは酔ってるんだ」

「彼女なら、おれのすぐ隣りにすわってるだろうが」と、ポーカーフェースは一語一語を慎重に発音しながらそう言うマーティンの目をけわしく睨みかえした。

頑丈な男はにんまりした。急におもしろがりだしたようだった。「よしわかった、ジョー。そんならそのおまえの女とやらを、とっくり検分させてもらおうじゃないか。どんなふうな女だか言ってみろ」

「なんだと、この――」マーティンが腕を後ろにひきながら言いかけた。

ボビーがその腕をおさえた。「だめ、やめて」と、奇妙に真剣な口調で言う。「どうかそのひとの言うことを聞いてちょうだい」

「しかし、いったい全体――」

「お願いだから、ね」彼女はマーティンをなだめた。その顔はひきつった笑みを浮かべていた。目も異様にぎらついている。「ねえお願い、どうかそのひとの言うとおりにして」

マーティンは肩をすくめた。頑丈な男のほうへ向きなおったとき、彼自身の笑みもひきつっていた。「年ははたち前後。髪は薄い金色。顔の感じはいくらかヴェロニカ・レークに似ている。ドレスは黒で、黒いシガレットライターを持ってる」

マーティンは言葉をとぎらせた。ポーカーフェースのなかのなにかが、いまふっと変わったのだ。あるいは、赤ら顔がこころもち血色をなくしたのか。ボビーがマーティンの腕をひっぱっていた。

「この顔の傷のこと、まだそのひとに話してないわ」と、切迫した調子で言う。

マーティンは怪訝そうに眉をひそめて、彼女を顧みた。

「話しなさいよ、そいつに、この傷のことも」

「ああ、なるほど」彼は言った。「ついでに言うと、彼女の顔にはかすかな傷跡がある。左のこめかみから始まって、左のまぶたと鼻柱の上を横ぎり、まっすぐ右の頬を通って、右の耳たぶに――」

ふたたび彼は唐突に口をつぐんだ。ポーカーフェースが灰白色に変わり、くちびるがわなわなふるえだしたのだ。それから、その顔に徐々に赤みがもどりはじめ、目には殺気がみなぎった。

マーティンの耳にボビーの温かい息がかかり、舌の先端がちょろりと触れるのが感じられた。「さあ、いまだわ、あなた。いますぐそいつをやっつけて。そいつこそジェフよ」

敏捷に、それでいてこのうえなく意識的に、マーティンは自分のチェーサーのグラスをショットグラスにぶつけるなり、ぎざぎざに割れたそのふちを、紅潮した頑丈な男の顔面にたたきつけ、ねじこんだ。

楽譜にはない悲鳴が、声、クラリネットから発せられた。ブースのなかで、だれかがヒステリックに絶叫した。カウンター席の客があわてて立ちあがったのか、スツールのひとつがひっくりかえった。パプスが金切り声で叫んだ。つぎの瞬間、すべてが混乱のるつぼと化した。あわただしく駆けまわる気配、あちこちで叫ぶ声。つかみあう手と手、ぶつかりあう肩と肩。先を争い、這いずり、いたるところで響くがしゃん、どすんという音におびえる。闇と光とが閃光さながらに入れかわり、熱い息と冷たい風とが吹きつける。やがてようやくマーティンがわれにかえると、彼はいつのまにかボビーと手をたずさえて、街灯の投げかける灰色の光のプールのなかを走っている。そのうちどこかの角を曲がり、いっそう暗い通りへと走りこんだかと思うと、さらにべつの角を曲がって……

マーティンはボビーの手首をつかんでひきよせ、ひきとめた。彼女のドレスは胸もとがあいて、ひらひらしていた。小さな乳房がちらりと見てとれた。彼は彼女を腕に抱きしめると、甘く濃厚なくちなしの香りを深々と吸いこみながら、その温かなうなじに顔をうずめた。

いきなり彼女が痙攣するように彼から身をひいた。

「行きましょう、あなた」焦りにかられてか、苦しげにあえぐ。「さあ早く、あなた、急いで」

　そしてまたふたりは走りだしていた。つぎのブロックまでくると、彼女は先に立って、とあるすりへった石段をのぼり、ガラス張りのドアを通って、錆びた真鍮の郵便箱の前を通り過ぎ、古びたカーペットを敷いた階段をのぼった。そして、気が急くあまりに何度もしくじりながら、半狂乱でひとつのドアの錠をあけようとし、ようやくそれをあけはなった。マーティンは彼女のあとから暗い部屋に足を踏み入れた。

「ああ、あなた、急いで」彼女が声をはりあげた。

　彼は急いで入り口の扉をとざした。

　と、そのときになって、それが彼のところまで及んでき、彼はその場に棒立ちになった。すさまじい悪臭だった。そのなかにはくちなしの香りもまじっていたが、しかしそれは、もっともわずかな成分だった。それはすべての腐敗臭をひとつにしたものだった──堪えがたいまでに腐ってふくれあがったくちなしのなかの、あらゆる腐ったもの、腐朽したものをぜんぶ合わせた、複雑な合成物。

「こっちへきて、あなた」彼女の叫びが聞こえた。「急いで、急いで、さあ早くったら──ねえ、いったいどうしたの？」

　明かりがともった。部屋は小さく、見すぼらしく、中央にテーブルと椅子、そして壁ぎわに、詰め物をした黒っぽいソファらしきものが、いくつか置かれているだけだった。ボビーはそのたわんだソファに身を投げかけた。その顔は蒼白で、張りつめていて、気がかりそうだった。

「いまなんて言ったの？」彼女はたずねた。

「ひどいな、この悪臭」知らずしらず嫌悪に顔をしかめながら、マーティンは答えた。「きっと部屋のどこかで、なにかが死んでるんだ」

　とつぜん、彼女の顔が憎悪にゆがんだ。「出てって！」

「ボビー」マーティンはおろおろして言った。「怒らないでくれよ。なにもきみのせいだと言ってるわけじゃないんだし」

「出てってってば！」

「ボビー、いったいどうしたってんだ。気分でも悪いのか。顔が真っ青だぜ」

「出ていけ！」

「ボビー、きみのその顔、どうしたんだ！　いったいきみの身になにが起こってるんだ！　ボビー！　ボビーったら！」


　パプスは手慣れたリズムで布巾のなかのグラスをまわしながら、カウンターの向こうにいるふたりの娘に目をやった。その目つきは父親のようでもあり、好色な老サテュロスのようにも見えた。いま彼はその瞬間を、できるだけ先延ばしにしようとしているのだった。

「へえ、そうなんでさ」やおらして彼は切りだした。「あの若いのが相手の男の顔に割れたグラスをねじこんでから、ものの三十分とたたないうちだったね――警察が彼女のアパートのすぐ外の通りで、ばかみたいに泣きわめいたり、わけのわからないことを叫んだりしてる若いのをつかまえたのは。最初は警察も、彼女を殺したのはあいつだと思いこんでた。さぞかし拷問まがいにあいつを締めあげたことだろうよ。ところがそのうちあの若いのには、犯行の時刻に鉄壁のアリバイがあるってことがわかったんだ」

「あら、そうなの？」赤毛のほうの娘がたずねた。

　パプスはうなずいた。「そうともさ。実際にはだれが殺《や》ったのか、聞きたいかね？　警察もなんとか犯人を挙げたんだ」

「だれだったの？」小粋で小柄なブルネットがうながした。

「それがおなじやつだったのさ、つらにグラスの一撃を食らったのと」パプスは意気揚々と告げた。「ジェフ・クーパーとかいう男だよ。どうやらある種の無法者だったらしい。ミシガンシティーでボビーと知りあったんだな。そこでなにか争いがあった。どんな争いだったのかは知らん。たぶん、ボビーがほかの男と二股かけたとかなんとか、そんなことじゃないかな。ともあれ、男の怒りはおさまったと彼女は思ってたし、男のほうもそう思わせてた。そのうえで、彼女をこのシカゴに連れてくると、自分の持ってた問題のアパートに連れこみ、さんざん殴って、死なせた」

小粋で小柄なブルネットが、ついひるんだ顔をすると、老人はなおも執拗に、「そうなんだ、まちがいないよ」と、念を押してみせた。「彼女が死ぬまで、めったためたに殴りつけたんだ、ビール瓶で」

赤毛が好奇心たっぷりに問いかけた。「それでさ、パプス、その女性、このお店にきたことはあるの？あんた、彼女に会ったことはある？」

ほんの一瞬、パプスの布巾のなかでまわっていたグラスが止まった。それから、老人はくちびるをへの字に結ぶと、「いいや」と、強い調子で言った。「会おうたって会えなかったさ。なぜって、ジェフが彼女を殴り殺したのは、彼女をこのシカゴに連れてきた、その晩のうちだった。そして彼女が見つかったのは、それより一週間もあとだったんだから」彼は喉を鳴らして笑った。「あと四、五日もたってりゃ、遺体を発見するのは、市の衛生監視官ってことになってたろうな――でなきゃ、ごみ収拾員か」

ここで彼はほほえみながら身をのりだし、小粋なブルネットが不本意ながらも、つい魅せられた目を自分のほうに向けるのを待った。

「ついでに言うと、そのおかげでそのマーティン・ベローズという若者は、最終的には罪を着せられずにすんだのさ。なんせ一週間前といえば――つまり彼女が殺されたときだけど――そのころは彼、何百マイルも離れた土地にいたんだからね」

すでに光っているグラスを、彼はまわしつづけた。小粋なブルネットが、いまだにまじまじと自分を見つめているのはわかっていた。

「うん」と、思い出にふけるかのように彼はつづけた。「まったくむごいもんだったよ、ジェフという男が彼女にした仕打ちは。ビール瓶でもって、死ぬまで殴りつけた。はずみで瓶も割れた。最後に横殴りにした一撃は、彼女の顔を左のこめかみから右の耳まで、まっぷたつにぱっくり切り裂いてたそうだ」

貯金箱の殺人

Piggy Bank Killer

ジャック・リッチー
田村義進訳

わたしがペーパーバックを読み出したころ、まず集めたのがアルフレッド・ヒッチコック選のアンソロジーである。たとえば『殺人打線』とかいった洒落た名前が付いているそのシリーズで、最もよくお目にかかった作家がこのジャック・リッチーやC・B・ギルフォードといった、《アルフレッド・ヒッチコックス・ミステリ・マガジン》誌で常連になっていたライターだった。そうしてわたしは、リッチー独特の風味をおぼえたものだ。

「おじさんはプロの殺し屋ですか」

「もちろん」わたしは答えた。

訊いたのは十二歳くらいの少年で、眼鏡をかけ、清潔だが、古びたジャケットを着ていた。

「よかった。だったら、ぼくの父方の大おじを殺してほしいんです。名前はジェイムズ・ローリンズっていいます。報酬は二十七ドル五十セントです」わたしの肩ごしに散らかった書斎兼居間を見まわして、「正確に言うと、二十七ドル五十六セント持っています。でも、おじさんのようなひとにはあんまり細かいことは言わないほうがいいと思うので」

「自転車を買うために貯めていたお金じゃないのかい」

「いいえ。ウェブスター大辞典の第三版です。世間の評判はともかく、ぼくはいい辞書だと思っています」

わたしは少年をなかに通し、椅子の上から本をどけた。「どうして殺したいんだね」

「母が教育を受けるのを邪魔しているからです」

わたしはパイプに煙草を詰めはじめた。「もう少し詳しく説明してくれないか」

「話は単純です。ぼくの母は未亡人なんです。父はぼくが三歳のときに亡くなりました。父の両親は、ぼくが十歳のときに交通事故で亡くなりました。それで、ぼくたちは大おじを頼ることになったのです。大おじは金持ちです。でも、ぼくの両親の結婚には最初から反対していました。母を嫌っていたのです。なので、ぼくとは一度も会っていません。父が亡くなり、収入の道が途絶えてから九年になりますが、その間、ぼくたちは大おじが毎月送ってくれる雀の涙ほどの生活費でなんとかやってきました。ところが、大おじはいまになって、母が大学をやめなければ、仕送りを完全に打ち切ると言ってきたのです」

わたしはふと思った。この少年は葉書の裏に『戦争と平和』を書きつけるような才能を持っているのかもしれない。

「きみの大おじさんは女性が高等教育を受けることに反対しているってことだね」

「いいえ。大おじはぼくたちが二進《につち》も三進《さつち》もいかない状態にあるのを意地悪く愉しんでいるんだと思います」

「きみのお母さんが教育を受けたら、そのような状態をぬけだすことができると言うのかい」

「そうです。母がいままで仕事をせず、大おじの情けにすがってきたのは、ぼくのためです。子供が小さいうちは、育児に専念すべきだと考えていたのです。でも、ぼくはもう十二歳で、今年から高校生です。母はこれでもうだいじょうぶだと思ったんでしょう。それで、結婚のために三年のときにやめた大学に戻ることにしたんです。大学を卒業し、学校の先生になれば、経済的に自立することができます」

「いま就職して自立することもできると思うんだが」

「大学へ行くことができなければ、そうしていたでしょう。でも、それは利口な選択とは思いません。手になんの職もない三十二歳の女性にどんな仕事ができると言うんです」

「きみの名前は？」

「ドナルドです」

「いいかい、ドナルド。こんなふうには考えなかったかい。大おじさんを殺したら、仕送りは完全にゼロになる。どんなに微々たる額でも、ないよりはましなはずだ」

「そりゃそうです。でも、ぼくはジェイムズの唯一の血縁者です。遺言状にどんなことが記されていたとしても、遺産の一部は間違いなくぼくのものになります。相続人は裁判ではなく、話しあいによる決着を望むと思われます」

何から何まで考え抜いている。

「最初に戻ろう、ドナルド。どうしてきみはわたしが二十七ドル五十セントで人殺しを引きうけると思ったんだね」

「そんなふうには思っていません。二十七ドル五十セントというのは、あなたの気を惹くための手段にすぎません。報酬は関係ないと思っています。問題は、あなたが大おじを殺す気になるかどうかです」

「それが問題だとわかっているのなら、話を先に進めやすい。わたしがプロの殺し屋だと思った理由は?」

少年は微笑んだ。「あなたがそう言ったんです。ちがいますか」

「やれやれ。ドアをノックする音が聞こえ、そこにいた小さな子供にいきなりプロの殺し屋ですかと訊かれたんだよ。皮肉屋をもって鳴るわたしがほかにどう答えられると言うんだい」

少年はまた微笑んだ。「予想したとおりでした」

わたしは顔が赤らむのを感じた。「大学へ行ったら、ドナルド、きみは何を専攻するつもりだね」

「心理学です」

さもありなん。「世界には大勢の人間がいる。そのなかから、どうしてわたしを選んだんだね。どうやってわたしがそのような受け答えをする人間だってことを知ったんだね」

「母はあなたの比較文学の講座をとっているんです」

わたしは思案をめぐらせた。そう言えば……マドレーン・ローリンズ。オールAの優秀な学生だ。十月の論文の表題も覚えている、〝女がヘミングウェイを読まないのはなぜか〟

「とっているのはわたしの講座だけじゃないはずだ。なのに、どうしてわたしのところに来たんだね」

「母がよくあなたの話をしていたからです」

当然ながら、わたしは興味をそそられた。「悪口でなければいいんだが」

「そういう類の話じゃありません。とにかく、ほかに相談できるひとはいなかったんです。でも、ぼくはどうしても誰かを頼らなきゃならなかった」

わたしはため息をついた。「いったい全体わたしに何をしろと言うんだい」

「大おじに会いにいって、説得してもらいたいんです。わかってもらえないようなら、たぶんわかってもらえないでしょうが、そのときはぼくが殺し屋を雇おうとしたっていう話をしてください」

「どうして自分で言わないんだい」

「ぼくが言っても、一笑に付されるだけです。大人の口から言ったほうが、もっともらしく聞こえます。なんなら、依頼された仕事を引き受けようと考えていると言ってくださってもかまいません」

「大学の助教授の脅し文句が、きみの大おじさんに通用すると思うかね」

「職業をあきらかにする必要はありません。そういったことは伏せておいて、相手の想像にまかせておけばいいんです」

「プロの殺し屋と思わせるってことかね」

「いけませんか」

わたしは首を振った。「きみはやはり大学で心理学の勉強をしたほうがいい。学ぶべきことはまだまだ多い。きみのお母さんのことは心から同情するが、わたしは誰も脅迫したりしないよ」

反論がかえってくるものとばかり思っていたが、少年は微笑んだだけで、立ちあがった。「わかりました。じゃ、これで失礼します」

少年が出ていくまえに、わたしは言った。「これは単なる仮定の問題だが、もし可能だったら、ドナルド、きみは本当に殺し屋を雇っていたかね」

少年は顔をこわばらせた。「はい」

翌朝、比較文学の講義が始まるまえに、わたしはマドレーン・ローリンズを見つけだした。目鼻立ちの整った、魅力的なブルネットの髪の女性だ。

講義が終わるまえに、わたしは言った。「ミセス・

ローリンズ、このあと、ちょっと教室に残っていてもらえませんか」

ふたりきりになると、マドレーンは何かを期待しているみたいにわたしを見つめた。「なんでしょう、ウェザビー先生」

「ミセス・ローリンズ、ゆうべ、あなたの息子さんがわたしの家に来ました。そういう話をお聞きになっていませんか」

マドレーンは眉を吊りあげた。「いいえ。どうしてです」

「二十七ドル五十セントで大おじのジェイムズを殺してくれと頼まれたんです」

口もとに小さな笑みが浮かんだ。「お引き受けになったんですか」

わたしは咳払いをした。「あなたがのっぴきならない苦境に立たされているという話を聞きました。大学をやめなければならないとかなんとか」

「ええ。たぶんそうなるでしょう。今学期だけはなんとか最後まで通いたいと思っているんですが」

「話を聞いたかぎりでは、ジェイムズがあなたたちとそんなに親密にしているとは思いません。なのに、どうしてあなたが大学に行っていることを知っているのでしょう」

「近況を手紙で知らせているんです。なかば義務感から、六カ月ごとに。返事をもらったことは一度もありませんが。それで大学のことも手紙に書いたんです。わたしたちが自立できるようになることを喜んでもらえるにちがいないと思って。でも、それは間違いでした。弁護士から送られてきた手紙にはその逆のことが書いてありました」

「それで大学をやめて、仕事につこうと考えているんですね」

「ええ。仕事が見つかればの話ですけど」

「ドナルドはわたしが力になれると考えているようです。もちろん、殺す以外にということです」

灰色の瞳がこらされる。「力になっていただけるのでしょうか」

わたしはほんの少し居心地の悪さを感じた。「わたしにどれだけのことができるか疑問です」

「ドナルドは具体的にどんなことをしてほしいと言ったのでしょう」

「会いにいって、説得してくれと言っていました。説得が功を奏さなかったときには……」

口もとがまたほころびる。「なんでしょう」

首をじわじわと締めつけられているような気がする。

「話があまりに突飛すぎます。わたしはまったくの赤の他人なんですよ。あなたとも、ドナルドとも、ジェイムズとも」

「もちろんです。かかわりにならなきゃならない理由はまったくありません」マドレーンは言って、腕時計に目をやった。「じゃ、そろそろ失礼させていただきます。次のクラスに間にあわなくなるといけませんので」

マドレーンが出ていくと、わたしは学生用の椅子にすわって、ひとしきり思案をめぐらせた。そして決意を固めた。

ローリンズ工作機械社に着いたのは、二時半ちょうどだった。

ジェイムズ・ローリンズの秘書嬢は気むずかしげで、偏頭痛持ちのような顔をしていた。「ご用件は？」

「仕事の話じゃありません。ミスター・ローリンズに個人的な用があるんです」

「ミスター・ローリンズは多忙をきわめています。簡単にでけっこうですので、ご用件をおっしゃっていただけないでしょうか」

「それはできません」

秘書嬢は冷ややかな目でわたしを見つめた。「おかけください。いつ時間がとれるか見てみます」

おそらく秘書嬢が勝手に決めたことなのだろうが、四十五分待って、ようやくオフィスに通された。

ジェイムズ・ローリンズは大柄で、髪は白いが、日に焼けていて、いかにも健康そうに見える男だった。テニスの試合で、三十歳年下の相手を打ち負かすことに大きな誇りを持っているという感じだ。

メモを見て、いらだたしげな口調で言う。「ミスター・ウェザビー？」

「ええ」わたしは単刀直入に切りだすことにした。「ミスター・ローリンズ、わたしは二十七ドル五十セントであなたを殺してくれと頼まれました」

ローリンズは顔をあげた。「それは聞き捨てなりませんな。三十ドル出せば思いとどまってもらえるということでしょうか」

「いいえ」

「誰に頼まれたんです」

「あなたの甥の息子さんです」

目が険しくなる。「あなたは誰なんです」

「ウェザビーです。でも、それはもうすでにご存じだと思います。それ以外のことはこの問題と無関係です」わたしはちらっとキャビネットに目をやった。そこには、テニスやゴルフやセーリングの優秀な成績を称える多くのトロフィーが飾られている。「ミスター・ローリンズ、この九年間、あなたはマドレーン・ローリンズ一家の経済的援助を続けてきました。援助といっても、その額は微々たるものです。いまはそれさえ打ち切ろうとしている」

「あなたの知ったことじゃありません」

「いずれにせよ、マドレーンはあなたからいままでどおり仕送りを受けつづけながら、仕事につくことを望んでいます」

怒りに顔が赤くなる。「どんな仕事につけると言うんです。ウェイトレスですか。いいでしょう。好きなようにすればいい」

「甥ごさんはあなたの反対を押しきってマドレーンと結婚したそうですね。あなたはそのことをいまだに根に持っているのですか」

顔がさらに赤くなる。「ドナルドはどうして二十七ドル五十セントを持って、あなたのところへ行ったの

です」

「わたしに力を貸してもらえると思ったようです」

ローリンズの目に警戒の色が浮かぶ。「力を貸してもらえる？　どんなふうに？」

わたしはパイプ煙草の袋を取りだすためにコートの内ポケットに手を突っこんだ。その動作で血管に電気が走ったように、ローリンズは身をこわばらせた。

わたしは間を置き、状況を読み、意味ありげに微笑んだ。そして、ポケットから何も持たないで手だけを出した。さしあたっては、この動作だけで充分だ。

ローリンズは微笑もうとした。「もちろん、二十七ドル五十セントで人殺しをするわけはありませんね」

「もちろんです。でも、金がすべてじゃない」おいおい、ウェザビー、こんなセリフを口にするとは、いったいどういう風の吹きまわしなのか。

ローリンズは唇をなめた。「さらに言うなら、何百人という従業員がいる会社のオフィスで人殺しをするわけもない。ちがいますか」

わたしは無意識のうちに笑ってしまった。「ひとを殺すのにいちばん安全な場所はラッシュアワーのグランド・セントラル駅です。邪魔をする者は誰もいません。千人の目撃者は千のちがった話をします」

ローリンズの息づかいはあきらかに荒い。

冷静にならなければならない。どこかで何かを間違えてしまった。このままだと、いやでも殺さざるをえなくなりそうだ。

退路を見つけなければならない。

わたしはヒントを得るため部屋のなかを見まわした。一九二〇年代のフットボール・チームの額入り写真にふと目がとまる。そのなかのひとりがジェイムズ・ローリンズなのだろう。

「ミスター・ローリンズ、あなたはドナルドと一度も会ったことがないそうですね」

「ええ、一度もありません」

「話をしたことは？」

「ありません」

わたしは腕時計に目をやった。時間はちょうどいい。

「わたしといっしょに来ていただけませんか、ミスター・ローリンズ」

あまり乗り気ではないみたいだった。

「危害は加えません。約束します」

そんな約束になんの効力もないことはわかっているが、選択の余地はないと思ったのだろう。ローリンズはため息をついて、立ちあがった。

部屋から出ると、ローリンズは秘書嬢の机の前で立ちどまり、咳払いをした。「ドーラ、一時間以内に戻らなかったら、叔父のホレーショに電話をかけて、今日は行けないと伝えてくれ」

おやおや。ドナルドの話だと、ジェイムズ・ローリンズに親類はいなかったはずだ。叔父のホレーショ云々という言葉は、助けを求める合図にちがいない。

案の定だった。その言葉と口調に、ドーラは警戒の色をあらわにして、わたしを見つめた。面通しのときのために、顔かたちを記憶にとどめようとしているにちがいない。

わたしは微笑んで、秘書嬢に言った。「ミスター・ローリンズが言いたかったのは、一時間以内は誰にも、いいかい、誰にも電話をするなということだ。でないと、われわれの取引は間違いなく不幸な結果に終わる」

それから、ローリンズのほうを向いて確認を求める。

ローリンズはあわてて秘書嬢に命じた。「そういうことだ。一時間以内は誰にも電話をしないように」それからわたしのほうを向いて、一縷の希望にすがるような口調で付け加える。「つまり一時間以内には戻れるということですね」

「もちろん」わたしは答えた。

五分後には、車で走り去っていた。わたしは行きあたりばったりにスティーヴンソン高校を選び、校庭の脇に車をとめた。そこではフットボールの選手たちが二組に分かれて実戦練習をしていた。

「どういうことなんです」ローリンズは訊いた。

「しばらくゲームを見ていましょう」

十分後に、バックスのひとりがタックルをかわして、三十五ヤード走り、タッチダウンを決めた。背の高い、端正な顔立ちの少年で、にっこり笑って、ボールを後ろに放り投げる。

「あれがドナルドです」

ローリンズは一分近く少年を見つめていた。顔にこわばった笑みが浮かぶ。「で、どうすればいいんです。弁護士のところへ行って、遺言状を書きなおすんですか」

「それは何よりです。でも、とりあえずはマドレーンが大学に通うことに反対せず、いままでどおり毎月の仕送りを続けてください」

ローリンズは少年に視線を戻した。

「もうひとつあります。ドナルドにはこれからも会ったり、話をしたりしないでもらいたい。そのほうが本人のためです」

「それは命令でしょうか」

「そうです」わたしは車のエンジンをかけて、歩道わきから離れた。「念のために言っておきますが、警察沙汰にしたければご随意に。わたしはいっこうにかまいません。まず第一に、警察に届けても、言った言わないの水掛け論になるだけです。第二に、自分の甥の息子に二十七ドル五十セントで殺しを依頼されたという話がおおやけになるのは、あなたにとってあまり名誉なことじゃありません」

「指示に従わないと、なんと言うか……つまりタダじゃすまないということでしょうか」

わたしは冷酷非情な殺し屋を気どって微笑み、何も答えなかった。

ウェルズ通り六丁目の赤信号で車をとめたとき、そこはちょうどセントラル警察署の前で、どうやら勤務の交代時間らしく、大勢の制服警官がコンクリートの広い階段を降りてきつつあった。

ローリンズはすばやく車のドアをあけて、外に出た。

わたしは警戒の色をあらわにした。「さっきの話を忘れたんですか」

「いいえ、忘れちゃいません。警察署に駆けこむつもりもありません。安全なところで、あなたにいくつかのことを話したいだけです。まず第一に、あれはドナルドじゃない」

わたしは眉を寄せた。「会ったことはないと言いませんでしたか」

「ええ。実際に会ったことは一度もありません。でも、母親から毎年スナップ写真が送られてくるんです。だから、ドナルドの顔はよく知ってるんです」ローリンズは苦々しげに微笑んだ。「第二に、この車に乗りこむまえに、わたしはナンバープレートの番号を記憶しました。今回の出来事の一部始終を書きとどめ、番号といっしょに安全なところに保管しておくつもりです。わたしの身に何かあれば、それが誰のしわざかはすぐにわかります」

ローリンズは車のドアを閉めた。信号はもうすでに緑に変わっていて、わたしは車を発進させるしかなかった。とまどいと失意のどちらが大きいかはわからなかったが、いずれにせよ、わたしには当事者に失敗を報告する義務がある。近くのドラッグストアに立ち寄って、電話ボックスに入り、マドレーン・ローリンズの住所を調べた。

そこに着いて、玄関のドアをノックすると、ドナルドが出てきた。「おや。これはようこそ、ウェザビー先生」

わたしは居心地のよさそうな居間に通された。

「お母さんは？」

「スーパーマーケットに買い物に行ってます」

わたしは椅子に腰を降ろした。「申しわけないが、ドナルド、わたしはこれまで以上に状況を悪化させてしまったかもしれない」

ジェイムズ・ローリンズとのやりとりについて話すと、ドナルドは微笑んだ。

わたしは顔を赤らめた。「できるだけのことはしたつもりだ」

「いいんですよ。そこまでしていただければ充分です。むしろ上出来だと思っています」

「じゃ、きみは最初からわたしが失敗すると思っていたのかい」

ドナルドは肩をすくめた。「大おじを説得するのは容易じゃありません」

わたしは新たな興味を掻きたてられてドナルドを見つめた。「いまふと思いついたんだが、ドナルド、わたしはきみの話を聞いて、まずどんな行動をとると思った？」

「さあ、わかりません」

「いいや、わかっているはずだ。わたしが最初にするのは、きみのお母さんに会って、話をすることだ。ちがうかね。そうすれば、何かが起きるかもしれない」

「かもしれません」

わたしは微笑んだ。「奇妙な話だが、ドナルド、きみがわたしの家に来たのは、別の問題を解決するためだったからじゃないかという気がしてならないんだ」

「ほんとに？」

「ああ。きみのお母さんはどうして再婚しなかったんだね」

「わかりません。まわりに知的なひとがいなかったからかもしれませんね」ドナルドは言って、時計に目をやった。「母は買い物に行くと言っていましたが、それにしては——」

そして、だしぬけに立ちあがり、壁際のビューローの前に行って、いちばん上の引出しをあけた。ほっとしたような顔になる。

「よかった。なくなっていない」

「なんの話をしているんだい」

「拳銃です」

わたしは椅子から立ちあがり、そこへ歩いていった。引出しに詰めこまれた本のあいだから、オートマティックの銃把のようなものが突きでている。

「装塡されているのかい」

「いいえ。空《から》です」

わたしは引出しに手をのばした。拳銃は何かに引っかかっていて、なかなか抜けない。強く引っぱると、すさまじい銃声が響いた。

わたしはしばらく目をつむっていた。「空《から》じゃなかったようだね」それから挿弾子《クリップ》を抜きとって、「フル装填されている。ご丁寧に薬室にまで入っていた」

ドナルドはビューローから数冊の本を取りだした。

「被害はありません。本に穴があいただけです。タマは本の途中でとまっています」

「ドナルド、きみはお母さんが拳銃を持っていったんじゃないかと思ったようだね。どうしてだい」

ドナルドは本を腕にかかえた。「この本は処分します。このことを母に知られたくありません」小さな笑みを浮かべて、「あなたがあまり知的なひとじゃないと思うといけませんから」

ドナルドは地下室に降りていったにちがいない。しばらくして暖房用の炉の扉が開く音が聞こえた。

そのとき、窓の向こうに、マドレーンが買い物袋を両手に持って通りを歩いてくるのが見えた。

息子の殺人依頼の話が引き金になって、マドレーンが自分で問題を解決しようという気になったとしたら……わたしは手に持ったオートマティックに一瞥をくれた。見えないところに隠して、思いださせないようにしなければならない。たとえばソファーの下とか。

マドレーンと一対一で話しあわなければならない。いまここで。それが無理なら、明日、大学で。

マドレーンは玄関のドアをあけた。「あら、ウェザビー先生。ようこそいらっしゃいました」

ドナルドが地下室から戻ってきて、わたしはジェイムズ・ローリンズに会いにいったことをあらためて話した。

マドレーンは首を振った。「そんなことをしていただかなくてもよかったのに。問題は自分たちで解決できると思います」台所のほうへ歩いていきながら、「せっかくですから、夕食をめしあがっていらっしゃいません?」

「そうですね……」説得されるのは簡単だった。

結局のところ、楽しい夜になり、いい一日になった。いとまを告げたときには、九時になっていた。

翌朝、最初の講義のあと、ふたりの男がわたしを待っていた。ふたりはバッジを見せて、名前を告げた。

「署までご同行願えますでしょうか」ウォーラー刑事は言った。「昨夜十一時半ごろ、ジェイムズ・ローリンズが撃ち殺されたんです」

わたしは暗澹たる思いに駆られた。どうして昨夜マドレーンにはっきりと釘を刺しておかなかったのか。そうすれば、こんなことには……

ウォーラー刑事は続けた。「今朝、弁護士が一報を聞いて、封印された手紙を持ってきました。ゆうべジェイムズ・ローリンズから預かったもので、二十七ドル五十セントの殺人依頼のことが書かれていました。だから、ここに来たのです」

「車のナンバープレートをたどったんですね」

「そのような時間をかける必要はありませんでした。どこにいけば見つかるかをドナルド・ローリンズから聞いたのです」

「手紙をお読みになったのならわかると思いますが、わたしはプロの殺し屋じゃありません。もちろんアマチュアの殺し屋でもありません」

「いいでしょう。とにかく、話は署でうかがいます」

わたしは咳払いをした。「わたしに疑いがかけられていることはわかります。容疑者はほかにいないのでしょうか」

ウォーラー刑事はひとしきり思案をめぐらせ、それから答えた。「もちろん、少年からも話を聞きました」

「ばかばかしい。あの子には虫一匹殺せませんよ」それから、わたしはさりげなく付け加えた。「ほかに容疑者はいないのですか。指名手配中の凶悪犯とか」

「いまのところはいません」

よかった。マドレーンはとりあえず安全だ。

無標識の警察車のなかで、わたしは言った。「ところで、刑事さん、わたしはいままで一度も殺人容疑でしょっぴかれたことはありません。署でどのようなことをさせられるんでしょう」

「いくつか質問に答えていただくだけです。その結果、場合によっては、指紋をとったり、パラフィン・テストを受けていただいたりするかもしれません」

「パラフィン・テスト？　なるほど。硝煙反応が出るかどうかを見るんですね」そのときふと思いだして、わたしは笑いそうになった。「じつを言いますと、わたしの右手からは、たぶん硝煙反応が出ると思います」

ウォーラー刑事はわたしを見つめた。

「事故です。ミセス・ローリンズの家で拳銃をさわっていたとき、間違えて発砲してしまったんです。そこに立ち寄ってもらえれば、ドナルドから話を聞くことができると思います」

「立ち寄る必要はありません。署に来ています」

警察署に着くと、わたしはマドレーンとドナルドが待つ部屋に案内された。

「ドナルド、わたしの手から硝煙反応が出るわけを刑事さんに説明してくれないか」

ドナルドはきょとんとした顔をしていた。「硝煙反応？　なんのことでしょう」

「ゆうべ、きみの家の居間で拳銃を間違えて発砲しただろ」

ドナルドはゆっくり首を振った。「どういうことかわかりません」

わたしは目をしばたたいた。どうしてなのか。どうしてドナルドはこんな嘘をつくのか。

「ドナルド」ウォーラー刑事は言った。「きみはミスター・ウェザビーに二十七ドル五十セントでジェイムズ・ローリンズの殺害を依頼したんだね」

「ええ。もちろん本気じゃありません。そのことはその場で認めました」

「でも、どうしてそんなことを言いだしたんだね」

ドナルドは床に視線を落とした。「母はウェザビー先生の講座をとっているんです。その話し方から、ウェザビー先生に好感を抱いていることはわかっていました」

マドレーンは顔を赤らめた。「ドナルド!」

「それで、ふたりを引きあわせたら……あとは自然のなりゆきです。ひょっとしたらひょっとするかもしれない。それで、ぼくたちの家庭の問題も解決します」

ドナルドはため息をついた。「でも、事態は思った以上に速く、激しく動きました。まさかぼくたちを助けるために大おじを殺してしまうとは思いませんでした」

ドアがあき、私服刑事が入ってきた。「被害者の自宅近くで、拳銃が見つかりました。たぶんそれが犯行に使われた凶器でしょう。指紋も残っていました」

わたしはマドレーンのほうを向いて、弁護士が来るまで黙秘をするようにと言おうとした。だが、ドナルドを見て、口を閉ざした。目をつむり、頭のなかのコンピューターで事実を分析すると、結論は簡単に出た。わたしは少年の卑劣な罠にかかったのだ。周囲には高い壁がそびえたっている。

ウォーラー刑事はわたしの肩を叩いた。「いっしょに来ていただけますか、ミスター・ウェザビー」

わたしは虚しい反撃を試みた。「いいですか、刑事さん。もしわたしが犯人だとしたら、指紋のついた凶器をわざわざ現場に残してきたりしませんよ」

私服刑事が答えを用意していた。「被害者の屋敷は何エーカーもの木立ちや草むらに囲まれています。犯人はローリンズを殺害したあと、大あわてで家を飛びだし、そこを走っていったにちがいありません。そのとき、何かにつまずいて、拳銃を落としてしまったんでしょう。まわりは暗く、月も出ていなかったので、夜目はききません。屋敷のなかでは、使用人が銃声を聞きつけ、警察に通報しているはずです。拳銃を探している時間はありません。それで、そのまま逃げることにしたのです。警察がかならず凶器を見つけるとはかぎりません。もしかしたら、あとで戻ってきて、探すつもりだったのかもしれません」

指紋の採取がすむと、わたしは別の部屋に連れていかれ、そこでしばらく待たされた。

見事にいっぱい食わされた。わたしはお人よしのカモだった。考えただけでも、顔が赤くなる。ドナルドはすべてを予測していた。わたしの家に来て、あのような話をしたら、理の当然として、わたしはマドレーンに会う。マドレーンは知的で、魅力的な女性だ。理の当然として、わたしは心を動かされ、救いの手をさしのべようとする。つまりジェイムズ・ローリンズに会いにいくということだ。

その時点で、わたしが何を言うかはわからない。それは一か八かの賭けだった。結果はドナルドの期待したとおりになった。

あとは、拳銃にわたしの指紋をつけ、わたしの手から硝煙反応が出るようにするだけだ。引出しのなかの拳銃は、引っぱったら、弾丸が飛びだすように細工されていた。昨夜はその拳銃を使って、ジェイムズ・ローリンズを撃ち殺した。そこにはわたしの指紋が残っている。拳銃を落としていったのは、もちろん、あとで警察に見つけさせるためだ。

そのときふと別の考えが浮かんだ。それはドナルドひとりの考えだったのか。絶望的な気持ちになりかけたとき、ドアがあき、鑑識官が入ってきた。

そして、明るい口調で報告した。「拳銃に残っていた指紋は、ミスター・ウェザビーのものではありません」

わたしは驚きを隠すことができなかった。

ウォーラー刑事は眉を寄せた。「でも、それは犯行に使われた凶器じゃなかったのか」

「そうです。念入りに調べましたが、ミスター・ウェザビーの指紋は見つかりませんでした。そこに残っていたのは、大きさからして、あきらかに別人のものです。それは女か子供のものだと思います」

ウォーラー刑事は必要な指示を与えた。「ミセス・ローリンズと子供の指紋をとれ」

それがすむと、わたしはウォーラー刑事といっしょにふたりに会いにいった。

ジェイムズ・ローリンズを殺したのは、いったい誰なのか。ドナルドか。マドレーンか。

わたしは言った。「拳銃にわたしの指紋は残っていなかったそうだ、ドナルド」

ドナルドはため息をついた。「ひとつも残っていなかったのですか」

「そうだ」

ドナルドはウォーラー刑事のほうを向いた。「挿弾《クリッ》子《プ》を調べましたか」

ウォーラー刑事はうなずいた。「心配はいらない。警察は何ひとつ見逃さないよ」

ドナルドはまた床に視線を落とした。「拳銃を使ったのが誰であれ、手袋をするくらいの分別はあると思っていました」

ウォーラー刑事は目を細めた。「きみはミスター・ウェザビーに罪を着せようとしていたってことかね」

ドナルドは首をさすった。「本当は一週間ほど待ち、殺害の動機がもう少し強くなったところで、手を下すつもりでした」

ウォーラー刑事は前かがみになった。「それが急に昨夜になったわけは？」

「黙っていろ、ドナルド。何も言うんじゃない」

だが、もう後の祭りだった。ウォーラー刑事はこれまでのドナルドの言葉を吟味しなおしていた。

「ちょっと待て。きみはこう言った。拳銃を使ったのが誰であれ、手袋をするくらいの分別はあると思っていた、と。それはつまりきみがやったのじゃないってことだ」そう言って、ウォーラー刑事はマドレーンのほうを向いた。

わたしは言った。「何も言うんじゃない。弁護士が来るまで」

だが、マドレーンは首を振った。「いいえ、ドナルド。刑事さんに何もかも話しなさい。わかったわね」

ドナルドは納得したみたいだった。「そうします。指紋をとられたんですから言い逃れはききません」ため息をついて、「計画を立てるのは簡単でした。楽しかったくらいです。でも、それを実行に移すのは別問題です。ゆうべ、ぼくは長い時間思案に思案を重ね、結局そんなことはできないという結論に達しました」

ウォーラー刑事はうなずいた。「続けたまえ」

「あなたたちが家に来て、大おじが殺されたという話をしたとき、ぼくは本当にびっくりしました。やったのはぼくじゃない。たぶんウェザビー先生でもない。それで、ビューローの引出しを見てみると、そこにしまってあった拳銃がどこかに消えている。それで……」

マドレーンはかすかに口もとをほころばせた。「あなたはお母さんが大おじさんを殺したと思っていたの？　それで、お母さんを守るためにウェザビー先生に罪を着せようと……」

ドナルドはわたしのほうを向いた。「ごめんなさい、ウェザビー先生。あなたはいいひとだと思っています。でも、どちらかが刑務所に入らなきゃならないとしたら……」

先ほどの鑑識官が部屋に入ってきた。「拳銃についていたのは、このふたりのものでもありませんでした」

驚かなかったのはマドレーンだけだった。にっこり微笑んで言う。「もちろん、わたしが殺したんじゃありません。人殺しが解決策になるとは思いません。とりわけ、自分の手でそれを実行しなければならないときには。その点については、全員が同意できるはずです」

ドナルドはほっとしながらも、怪訝そうな顔をしていた。「でも、どうして犯人は拳銃からウェザビー先生の指紋を拭きとったんです。そもそもどうやってその拳銃を手に入れたんです」

「さあ、わからない」わたしは言った。「わたしが間違って撃った四五口径は、ソファーの下に押しこんでおいた」

ウォーラー刑事は眉を寄せた。「四五口径？　犯行に使われたのは二五口径のベレッタですよ」

「だとしたら、ドナルド、きみの四五口径はまだソファーの下かもしれない。ずっとそこにあったのかもしれない」

ウォーラー刑事はいらだたしげにわたしを見つめた。「ここに犯人がいないとしたら、いったい誰がやったんです」

わたしも同じようにそのことを考えていた。「誰のしわざにせよ、被害者がわたしの車のナンバープレートの番号を手紙に書きつけたときに犯行に及んだというのは、とても偶然とは思えません。わたしに罪をなすりつけようという意図は見え見えです。弁護士は手紙の内容を知っているんですか」

「いいえ。不慮の死を遂げたときに、警察に渡してくれと言われていただけです」

わたしは思案をめぐらせた。「弁護士が知らないとすると、ローリンズは誰にも何も言っていなかったということに……」そのとき、はたと思いついた。「その手紙はタイプされていましたか」

「ええ」

「タイプの打ち間違いは？」

「ありませんでした」

わたしはうなずいた。「ローリンズはビジネスマンです。でも、ビジネスマンがかならずしも優秀なタイピストとはかぎりません。自分で打てば、普通はいくつかの打ち間違いがあるはずです。秘書嬢の指紋をおとりになったらいかがでしょう。名前はたしかドーラといったと思います」わたしは会心の笑みを浮かべた。「ひとを四十五分も待たせちゃいけないってことを、これで学んでくれればいいんですが」

その話は翌朝の新聞に出ていた。

ドーラはローリンズと結婚するつもりでいた。そういう約束だった。だが、それは口先だけの空約束だったことがわかった。それでローリンズを殺し、自殺することを考えていた。そんな矢先に、わたしが現われ、自殺という選択肢は消えた。わたしのことを本物のプロの殺し屋だと思ったからだ。ローリンズ殺しはプロの殺し屋のしわざにすればいい。

マドレーンについて言えば、その学期の終わりには、比較文学でAの成績をとった。教授会では、えこひいきではないかという声も出たが、それは事実ではない。

わたしの妻はそれだけの実力の持ち主だったのだ。

鶏占い師

The Alectryomancer

チャールズ・ウィルフォード

若島 正訳

往年のペーパーバック・ライターで、ジム・トンプスンに次いで、近年ようやく再評価の気運が高まっているのがこのチャールズ・ウィルフォードだ。「鶏占い師」は、一九五九年に《アルフレッド・ヒッチコックス・ミステリ・マガジン》誌に掲載された作品で、ミステリの枠にはまりきらないウィルフォードとしては珍しい。なぜかなと思って調べてみたら、そのころ彼は同誌で編集助手を務めていたのだった。

どだい、あのおいぼれ鶏占い師はどこからやってきたのか？　あいつがやわらかい砂浜を近づいてくるところを、見たわけでも聞いたわけでもない。海から目をそらしたらあいつがそこにいて、こっちが気づくのをじっと待っていたのだ。細い足を包んでいる青いぼろのデニムは清潔で、薄くなった青のワークシャツもそうだった。浅黒い皮膚は耐水サンドペーパーみたいな色で、彼はよれよれの縁付き麦藁帽を右手でうやうやしく持っていた。わたしの目にとまったのを知ると、愛想よくおじぎをしてからにっこり笑い、腐ったマンゴーみたいな色の歯のない歯茎をのぞかせた。

「何の用だ？」とわたしは無愛想に言った。ベキア島という小さな島に別荘を借りていた大きな理由の一つはプライヴェート・ビーチだった。

「プライヴァシーの邪魔をしてすみません、ワックスマンさん」と島民は礼儀正しく言った。「『内国地帯の闘鶏』の著者がプリンセス・マーガレット・ビーチに別荘を借りているという話を聞いて、これはじきじきにお目にかからないと、と思いましてね」

わたしは気がなごみ、それと同時に驚いた。たしかにわたしは『内国地帯の闘鶏』の著者だが、その本は薄い小冊子で、私家版として五百部限定出版されたものだった。フロリダに住む二人の裕福な闘鶏士が、東部の新聞雑誌にこの競技を宣伝してもらおうと依頼してきたもので、仕事には見合わないほどの謝礼をくれた。しかしどう考えても、西インド諸島にあるベキア島の住民の手に渡るような種類の冊子ではない。

「どうやって手に入れたんだい？」とわたしは言って立ち上がり、海水パンツから濡れた砂をはらい落とした。

「シャモはわたしの商売道具でしてね、ワックスマンさん」と彼はあっさり答えた。「シャモに関することだったら何でも読むんですよ。あなたの小冊子は、実に知識豊かでした」

「それはどうも、知識はたっぷり仕入れたんでね。ただ、ベキア島で闘鶏が行なわれているとは知らなかったな。一八五七年に可決された英国委任統治領法によれば、大英帝国内では闘鶏は禁止されていたはずだが」

「わたしは闘鶏をやっているわけではありませんよ、ワックスマンさん」彼はまたにっこり笑って、ちがいますよと言わんばかりに手をあげた。「鶏に対するわたしの関心は、それと好対照を成す芸術にあるんです。つまり、鶏占いです」

わたしは思わず笑ったが、それでも興味を惹かれたのはたしかだった。ベキア島に来たのは、グレナディン諸島にある静かな小島だし、ここなら長篇小説を一冊書き終えることができるのではないかと思ったからだ。ところが三カ月たっても一行も書けなかった。退屈して、むっつり海を眺めるくらいしかすることがないので、わたしはこの奇妙な出会いを歓迎する気分になっていた。

「たしかに好対照だな」とわたしは愛想よく言った。「でも、この原子力の時代に、まさか鶏占い師がいるとは思わなかった」

「うちの鶏は原子のことでも実に興味深い予言をしたことが何度かありますよ、ワックスマンさん」と鶏占い師がうちあけた。「もしいつかうちにお越しいただければ——もちろん、ご都合のいいときでよろしいのですが——どんな予言をしたのかをお話ししましょう。それか、もしひょっとして、ご自分の運勢を占ってほしいとお思いなら——」

「べつに鶏に運勢を占ってもらいたいとは思わないよ」とわたしは本心を口にした。「書いている本がはかどらなかったらとたんに金がなくなって、アメリカに戻って職探しをするはめになるからな」

「ご執筆ははかどっているのですか？」

「さっぱりだ」

「ということは、きっと何か理由があるんですよ。それには鶏占いしか――」

わたしはやりとりを手短に切り上げて、別荘に戻った。インスタントコーヒーを飲もうと湯をわかし、この奇妙な出会いをしばらく考えてみてから、出した結論はこうだった。この老人とまがまがしい芸術のことで原稿を書いてみてもおもしろそうだ。かまわないじゃないか。老人の珍しい職業について三千か四千語ほど書くのに時間はかからない。そうすればもしかすると、アメリカで売る場所が見つかる可能性はある。どのみち、小説を書く予定はまったくはかどっていないのだし。

鶏占いは、言うまでもなく、迷信を信じる人間にもさほど知られていないにせよ、星占いと似たようなインチキ科学だと一般に思われている。まず、何もない地面に円を描く。そしてその円の外周にアルファベットの文字を書き、その文字の上にトウモロコシの粒を一つか二つ置く。それから中央の杭に、できれば闘鶏用の雄鶏の左脚を紐で結わえる。この鶏がいろんな文字のトウモロコシをついばむと、鶏占い師がその文字を順に書きとめ、それが運勢になる――まったく、なんて「科学」だ！　だいいち、運勢になんらかの正当性があるかどうかという話の前に、鶏が人間の言葉をわかっていなければならないはずだ。それなのに鶏の脳味噌ときたら散弾くらいの大きさしかないのである。それでも、鶏占い師についての原稿は大勢の読者にとっておもしろい読み物になるかもしれないし、わたしは金がほしかった。

鶏占い師をすぐに訪問することはしなかった。西インド諸島ではものごとはそう手早く進まないものである。さしせまった会見を前に心の準備をするため二日ほど考えてから、わたしはプレザント山にある占い師の掘立小屋へと向かった。ベキア島は小さな島なので、老人がどこに住んでいるか見つけるのはごく簡単なことだった。

「雄鶏をつれたじいさんが住んでいるのはどこだい？」とわたしはお人好しのメイドにたずねた。

それで誰のことを指しているのかわかったのだから、メイドはえらいと思う。なにしろ、島民なら一人残らず鶏を飼っているし、その中に一羽は雄鶏がいるのだから。彼女はわたしにもわかるように道順を教え、別荘の前にある砂浜におおざっぱな地図を指で描くことまでしてくれた。

プレザント山は山としては高くはないが、道はくねくねとしてけわしく、四十分かけてのぼって、頂上にある老人の掘立小屋に着いたころには、わたしはすっかり息を切らしていた。老人は驚きもせずにあたたかく出迎え、パノラマのようなすばらしい眺望を見せてくれた。九海里むこうには緑あざやかなセント・ヴィンセント火山が黒い海の上にそびえ、後方の南西には、グレナディン諸島の小さな島々が太陽をあびてエメラルドのようにきらめいている。

「すばらしい眺めだね」とわたしは呼吸が元どおりになってから言った。

「わたしたちも気に入ってるんですよ」と島民はうなずいた。

「わたしたち、って？」

「鶏とわたしのことです」

「ああ、そうだったな」とわたしは指をパチンとならして言った。「その鶏を見せてもらいたいんだが」

鶏占い師が低い口笛をふくと、鶏が掘立小屋からとことこ現われて、わたしたちのいる前庭までやってきた。六ポンドか七ポンドくらいありそうな大柄の白っぽい雄鶏で、翼や胸に羽根の茶色や赤色を散らしている。だらりとしたトサカは伸びほうだいで、濃い赤の喉袋がほとんど胸元まで垂れていた。そいつは疑わしそうにわたしをしばらく見つめてから、はっとして頭を起こし、長い首を伸ばして喉の奥から啼き声をたてた。それからむこうを向いて、せわしなく地面をひっかいていた。

「ホワイトハックルの雑種みたいだな」とわたしは言った。

「正解ですよ、ワックスマンさん」と感心して鶏占い師は言った。「母親が純血種の赤色野鶏なんです」

「だろうと思った。知ってのとおり、純血種のシャモしか鶏占いには使っちゃいけないからな」

「もちろんです」

しばらくのあいだ、わたしたちは地面に腰をおろして愚かな鶏を眺めていた。そいつは首をキッと右に曲げたり、左に曲げたりしている。まるでどこかに警官がひそんでいないかとキョロキョロしながら、強引に道を横断しようとしている人間みたいだ。わたしは咳払いをした。「ここに滞在しているあいだなら、運勢を見てもらってもいいかと思ったりするんだが」

「ちょっと着替えてきますから」老人はにやりと笑い、きたない歯茎を見せながら、大儀そうに掘立小屋へと消えた。


掘立小屋そのものは、一九三〇年代の不況時代に建てられた簡易住宅のフーヴァーヴィルを想わせるものだった。平らに打ちなめした五ガロン用ドラム缶で造られていて、屋根の上には薄紫色の五〇ガロン用ドラム缶が載せてある。おそらく雨水をためておくのだろう。前庭のまわりにも正方形を描くように数十の五ガロン用ドラム缶が置かれ、その一つ一つには葛の苗が植えてある。こんな小さな島で鶏占い師をやっていてもたいした商売にはならないはずだから、この葛の苗が収入の足しになっているのだろう。

鶏占い師がふたたび現われたとき、わたしは心ならずも驚いた。こんなに様変わりするとは思ってもみなかったのである。つるつるの禿頭には汚い白の木綿でできたターバンが巻かれ、首のところでボタンをとめた長袖の青いワークシャツを着ている。そこには小さな赤いフェルトのハート、クラブ、スペードにダイヤがどっさりと縫いつけられ、ぼろぼろの青いデニムのショーツの代わりに穿いているあせたカーキ色のズボンにも、大きなトランプの刺繍があった。ただ、がに股の足は裸足のままで、それがなんとも興ざめだ。

「珍しい衣装だね、ミスター――？」

「ウェインスコッティングです。ツー・ムーンズ・ウェインスコッティング。おほめにあずかってどうも」

「ツー・ムーンズとは本名なのかい、ウェインスコッティングさん？」

「そうとも言えますね。まだほんの小さいときにつけられた名前でして。十一歳のとき、おやじが釣舟で、海峡のむこうにあるセント・ヴィンセント島に連れていってくれたことがあるんですよ。戻ってきたら、友達がむこうには何があったって訊くんで、『セント・ヴィンセントには月もあったよ』と答えたんです。そうしたらそれから、ツー・ムーンズと呼ばれるようになりましてね」

「ロマンティックな名前だが、鶏占い師にはぴったりじゃないか」

「実に立派な名前だといつも思ってますよ。さてと…


…」ツー・ムーンズはホワイトハックルの雑種を前庭の杭に茶色い縒糸で結わえ、尖った棒でそのまわりに円を描きはじめた。

「古代ギリシャ人は」とわたしは、鶏占いについて多少の知識があることを見せようとして言った。「シャモを中央につなぐ前に、円を描くのが決まりだったはずだが」

「おっしゃるとおりです」とうなずいた彼の顔は、一瞬むっとした表情になった。「でも、西インド諸島じゃしきたりが違いましてね。どの島の民族にも、独自の伝統や儀式というものがあります。べつにわたしはギリシャ人にふくむところなんかありませんし、円を最初に描くのもたしかに一理ありますが、その反面、鶏をつなごうと円の中に入るときに、ついうっかり円の一部がこすれて消えてしまうかもしれんじゃないですか。わたしはどっちのやり方もためしてみましたし、ひょっとしたらこの先、ギリシャ流のやり方をまた使うかもしれません。しかしどんな流儀を用いたところで運勢は変わらないというのが、長年の経験から学んだことです」

「その言葉には議論の余地もあるんじゃないかな」

「そりゃそうでしょう。鶏占いのどんな点でも、異論を唱えることは簡単ですから」ツー・ムーンズはにこにこして付け加えた。それから円の外周あたりに、時計回りにアルファベットの文字を書きはじめた。この仕事に並々ならぬ誇りを持っているらしく、尖った棒で大きなブロック体の大文字を書いているときに、得心のいく出来ではないと消してまた書き直したりしている。棒を定規代わりにして文字の間隔を測り、SとTが近すぎるともう一度やり直しだ。

「さて」と彼は書き終えてから、全体のできばえを眺めて言った。「これで難関は越えました。まず、個人的な質問から。誕生日はいつですかな、ワックスマンさん」

「一九一九年一月二日」

「もう少し大きな声でお願いしますよ、ワックスマンさん」ツー・ムーンズは詫びるように言った。「うちの鶏も歳を取って、少々耳が遠くなってきたものですから、たぶん聞こえなかったと思いますよ」

鶏のために誕生日をもう一度大きな声でゆっくり発音してやると、ばかみたいな気分になった。

ツー・ムーンズは反時計回りに進んで、それぞれの文字のまんなかにトウモロコシを一粒ずつ落とし、それからわたしのそばに腰を下ろすと、尖った帽をさっとふって鶏に合図を送った。鶏は一声啼いてから、二度ぐるぐるっとまわり、Mの文字に置かれたトウモロコシをついばんだ。ツー・ムーンズは地面にMと書き、そのあと鶏がついばむごとにO、R、Tと続けた。四粒めを食べると、鶏は円の中央に戻り、ほとんど意気消沈したようになってぐったりと杭にもたれ、地面に頭をうなだれた。待ってみても、鶏の無反応な様子からして占いが終わったのは明らかだった。

「腹がへってないんじゃないのか？」とわたしは言ってみた。

「もうじきわかります」ツー・ムーンズは鶏の左足から紐をほどき、抱えて円の外に連れ出した。そしてトウモロコシの粒をまいてから鶏を放してやると、鶏はまるで飢えていたみたいにトウモロコシをついばんで呑み込んだ。

「腹はちゃんとへってたんですよ、ワックスマンさん。あなたの運勢はちゃんと最後まで出ています。M‐O‐R‐Tと」ツー・ムーンズは目を半分閉じて、一文字一文字の響きを味わうようにつぶやいた。「モート。もしかして、あなたのミドルネームはモートじゃありませんか？」

「いや。ただのハリー・ワックスマンさ。作家になるときにミドルネームを捨てたが、それはモートじゃない」

「どなたかモートとおっしゃるご親戚は？」

わたしはじっくり考えてみた。「いや、誰もいないな、少なくともわたしの知るかぎりでは」

「それは残念」ツー・ムーンズは首を横にふった。「願ってたんですがね……」

「何を願ってた？」

「このモートが、心の奥底じゃこういう意味だとわかっている意味ではなかったことをね」彼は拳で胸を叩いてみせた。「モートというのはフランス語で死という意味ですよ、ワックスマンさん」

「それで？　それがどうしてわたしに当てはまるんだ？　フランス人じゃなくて、アメリカ人なんだぞ。わたしのことを予言してくれるのなら、英語にかぎるはずだ。そうだろう？」

「こいつは英語をまったく知らないんですよ」やれやれといった表情でツー・ムーンズは説明した。「この鶏はマルチニク島で買ったんです、前に飼ってたのが死んでからね。だからフランス語しか知らないんで。難しい運勢になると、よく仏英辞典を引いて調べるんですが――」

「もしかすると『担保《モートゲージ》』と書こうとしてたんじゃないのか？」とわたしは口をはさんだ。

「ご同情もうしあげますよ、ワックスマンさん」ツー・ムーンズは首をふって、汚いターバンがもう少しで脱げそうになった。「でもね、鶏占いでは鶏が実際に書く言葉だけで占うしかありません。書かない言葉は当てにできませんからね。そうでないと――」彼は両手を大きくひろげ、どうしようもないといったふうに肩をすくめてみせた。

「もう一度占ってくれ」

「またの機会にしましょう。予言をすると鶏の神経にこたえますから、一日に一回と決めてるんです」

「それじゃ、明日はどうだ」とわたしは立ち上がって言った。

「まあ明日なら」と彼はしぶしぶ承知した。

わたしは尻のポケットから財布を取り出した。「いくらだ？」

「いりません」鶏占い師は両腕をひろげ、手のひらを上に向けて、肩をすくめた。「その代わりに、サインしていただけると嬉しいんですがね。あなたがお書きになった小冊子の『内国地帯の闘鶏』を一冊持ってますので」

わたしはシャツのポケットを手探りした。「明日にしてくれないか。今日は万年筆を持ってくるのを忘れたから――」

「お嫌じゃなければの話なんですが、ワックスマンさん」ツー・ムーンズは理屈を通して言った。「予言から考えると、今日中にサインをいただきたいんですよ。ちょっとお待ちいただけますかな、本とボールペンが家の中にありますから……」


その夜はなかなか寝つけなかった。それじたいはどうということはない。ベキア島に来てからの三カ月というもの、ぐっすり寝たことは一晩もない。プリンセス・マーガレット・ビーチのサンドフライ（蚊のように小さな虫で、刺されると猛烈にかゆくなる）がどれほど厄介か、誰も前もって教えてくれなかったし、トリニダード島を出発するときに蚊帳《かや》を買うのを忘れてしまったからだ。それでも、覚醒と睡眠のあいだに、ホワイトハックルの雑種が予言したことを考えて時間をつぶせた。「モート」という言葉に関するツー・ムーンズの解釈には、とうてい満足できなかった。

いくらなんでもできすぎた解釈ではないか。しかし、手足をかきむしりながらベッドで横になっていると、それよりもっともな意味は浮かんでこなかった。午前二時近くになって、M・O・R・Tというのは何か秘密の文章の頭文字ではないかと考えてみた。戦時中に、カリフォルニアにいた恋人から手紙を何度か受け取ったことがある。その封筒の裏にはS・W・A・Kと書いてあった。これは「キスで封をします(Sealed With A Kiss)」という意味の暗号だったのだ。しかしこのつまらないロマンティックなエピソードが頭をよぎったときに、おれは馬鹿かと悪態をついて、わたしは喉が焼けるようなマウント・ゲイのラムを三杯一気に飲みほしてから、明け方までぐっすり眠った。

午前八時半には、わたしはもうツー・ムーンズが住むドラム缶造りの家へと山道を歩いていた。中ほどまでのぼると息が切れて立ちどまり、煙草をゆっくりと一服吸った。朝食はコーヒー一杯だけにしたのが間違いのもとだった。老人にもう一度占ってもらうのはやめにしようと思いかけたが、好奇心と一休みでその判断力も薄れ、わたしはまたのぼりつづけた。最後のひとのぼりをして前庭にたどりつくと、ツー・ムーンズは日当たりの中であぐらをかいてすわり、機嫌よさそうにハミングしながら、緑色の棕櫚の葉脈で魚取りの仕掛けを編んでいた。彼はわたしを見るなりポカンと口をあけ、黄色い目玉が飛び出た。

「おや、ワックスマンさん」と彼は言って、驚いたそぶりをしてみせた。「まさか今朝いらっしゃるとは思いませんでしたな!」

「びっくりしたような芝居をしなくてもいいぞ」とわたしはどなった。「今朝また来ると言ってあっただろ」

「つい大声を出してしまってすみません。謝りますよ。

でもなにしろ、あなたの運勢はオックスフォードで学生に占ってやったものと実によく似ていたものですから、それで――」

「あんたがオックスフォードに行ってたって？」今度はわたしが驚く番だった。

「ベイリオル・コレッジでしてね、一年半だけですが」ツー・ムーンズは謙遜してみせた。「ロンドンのウエスト・エンドで鶏占いをして学費を稼いでたんです。ささやかながら、客はとぎれることなくいまして。俳優、女優、プロデューサー、それに劇作家が二、三十人は」

「オックスフォード卒の人間が、なんでまた落ちぶれてベキラ島くんだりまでやってきたんだ？」わたしは鶏占い師をすっかり見直して言った。

「イングリッシュ・ドムのせいでして」とツー・ムーンズは悲しそうに言った。

「女といろいろあったんだろ？」

「違いますよ。女じゃなくて、ドム。イングリッシュ・ドムというのは、本当にみごとな血統なんです。純白で、それにぴったり合うレモン色の嘴に足。その鶏をサセックスで買って、客に使う前にまず自分の運勢を占わせたんです。ためらいもせずに、ドムは『ベキラ』とつづりました。それでわたしはその鶏を最後の晩餐にいただいて、荷物をまとめ、次の船で英国からバルバドス島に向けて出発したような次第で。それ以来ずっとこのベキラ島に住んで、今度の十月で三十二年になります」

「とにかく、予言の一つが当たったわけだな」わたしは不幸な物語に心動かされて言った。

「予言はみな当たるんですよ。腕のいい鶏占い師が正しく解釈しさえすれば」

「それはどうかな。もう一度占ってもらいたいんだが」

「よろしいでしょう」ツー・ムーンズは右手を突き出した。「十ドルいただきます――前払いで」

「わかった」わたしは英国領西インド諸島の十ドル札

を手放した。「フランス語のできる鶏を連れてきてくれ」

筋書きは昨日と変わらなかった。ツー・ムーンズは青いデニムの半ズボンから自家製の衣裳とターバンに着替え、鶏に紐をつけ、一回目に運勢を占ってくれたときと同じように、円とブロック体のアルファベットを念入りに描いた。そして尖った棒で合図すると、愚かな鶏はM、O、R、Tとついばんでやめた。元気のない啼き声をたててから、そいつは嘴が地面にふれるほど頭をうなだれて杭にもたれた。トウモロコシをほんの四粒つまんだだけでなぜそんなに疲れるのか、さっぱりわからない。

「少し待ってみないか、ツー・ムーンズ」わたしはからからになった喉で言った。「まだ続きがあるかもしれないから」

「よろしいですよ、ワックスマンさん」

時間が過ぎていった。午前半ばの日射しは暑かった。膚を刺すような暑さで首のうしろがひりひりした。マンゴーハエや小さなキモグリバエ（いずれも害虫）が、汗を垂らしたわたしの顔のまわりでぶんぶん飛びまわっていたが、わたしは我慢した。五分、十分、十五分。それでも鶏は円の中央でじっとしたままだった。

ツー・ムーンズが舌打ちした。「死《モート》というのは、誰にだってやってくるんですよ、そのうち」彼は憐れむように言った。

「否定できない真理だな」とわたしは気のない返事をしてから、立ち上がってのびをした。「とにかく、占ってくれて感謝するよ、ツー・ムーンズ。今日は暑い日だから、ひと泳ぎしてくるよ」

わたしはうしろをふりかえりもせずに道を下りはじめた。両手は握り拳にして、カーキ色の半ズボンのポケットに突っ込んでいた。

「バラクーダには気をつけるんですよ」とツー・ムーンズがうしろから声をかけた。「それと、うっかりしやすい潮の逆流にも！」

「そりゃどうも！」わたしは肩ごしにそっけなく言っ

た。

わたしは泳ぎに行かなかった。

なにもしなかった。

鬱々と時間が過ぎた。網戸もない別荘の小さな居間にすわり、入江の青くすみきった、陽気な海の景色を窓から眺めながら、わたしは物思いに沈んだ。一回目の「死《モート》」はそれほどでもないが、それが二回も続くとなると、静かに少し考えざるをえなくなる。自分は知的だと思っているアメリカ人ならみなそうだが、わたしは迷信をばかにしている。笑わせるぜ！　塩をちょっぴりつまんで、さりげなく肩ごしに投げる――無意味なおまじないだが、わたしはなにも考えずにそれをいつでもやっていた。帽子をベッドの上に置いたことは？　一度もない！　どうして？　いや、ただそうしてるだけさ。梯子の下を歩いたことは？　いや、もちろんない――ペンキの缶が上から落ちてくるかもしれないではないか。これは思慮というもので、迷信ではない。わたしは本気で迷信を信じているわけじゃない。本気では。ただ気になるのは、あの雄鶏はいかにも間違いないと言わんばかりに、自信たっぷりではないか……！

三日後、わたしはメイドをクビにした。あの頑固な女は食事の味見をするのを拒否して、缶詰のポーク・ビーンズは嫌いだと嘘をついたのだ。こちらが最後通牒を突きつけても、まだ頑とした態度と丁寧な言葉で、毒が入っていないかどうか一口食べてみるのを拒否したので、解雇を申し渡してから、手つかずのままになっていたビーンズを入江に放り投げた。

家のまわりに誰もいなくなると、生活はさらに面倒なことになったが、一人でいるほうがよかった。毎週金曜には〈M・V・マディニナ〉号が入港してくるので、物資を受け取りに行かなくてはならないし、船長に渡す食品リストを用意しておく必要もある。しかし用事が増えるのはかまわなかった。どのみち腹はへっていないし、わずかばかりの食事も自分で用意するのにこしたことはない。ただ、心配にはなった。コーンド・ビーフの錆びた缶詰。すっぱくなったコンデンス・ミルクの缶詰。ボツリヌス菌が入り込んでいても検出されなかったストリング・ビーンズの缶詰。それを食べてあの世行き！　死《モート》！　ということにならないかと。わたしはマウント・ゲイのラムを浴びるほど飲んで、水はほとんど飲まなかった。

二回目の占いから三週間後に、わたしは三たびツー・ムーンズ・ウェインスコッティングを訪れた。もう恐怖とサスペンスに耐えきれなくなっていたのだ。わたしは具体的な追加情報がほしかった。髭をそらなくなってから数日になる。錆びた剃刀でうっかり切ってしまったらどうなる？　ベキラみたいな孤島のどこで破傷風血清が手に入る？　もう寝つきが悪いどころの話ではなかった。まったく眠れなくなってしまったのだ。ウエストはたっぷり三インチ減っていた。

「ツー・ムーンズ」とわたしは前庭に足を踏み入れるなり、こらえきれずに言った。「もう一度占ってもらいたいんだ」

「心配してましたよ、ワックスマンさん」ツー・ムーンズは同情するように言った。「つまり、あなたに関する知らせを聞くんじゃないかと。でも、三度目を占ってほしいというご要望はお断わりさせていただきます。そう決めたのは、いいかげんな判断じゃありません。なにしろベキア島で鶏占い師として生活するのは楽じゃありませんから、また十ドル紙幣を頂戴するのは願ってもない話です。しかしわたしはまったく同情心のない人間でもありませんので、ここはどうしてもお断わり――」

「二十ドル出しても――」

ツー・ムーンズは片手を突き出してわたしを黙らせた。「よろしいかな、ワックスマンさん。わたしの決定はただの金の問題じゃないんです！　簡単に申し上げましょう。あなたの運勢は二回ともわかりやすいものだった。どちらも同じ、死《モート》です！　英語だろうがフランス語だろうが、醜い言葉ですが、それでも死《モート》には変わりありません。もし三度目の占いで、うちの鶏が

W・E・D・Sとか、もっと単純にF・R・Iと綴ったとしたらどうなります？　ワックスマンさん、あなたは作家でいらっしゃる。想像力をお持ちなわけだ。鶏はだますことはできませんし、わざと嘘をつくこともできません。それでもしうちの鶏がですよ、まったく何も知らずにF・R・Iと綴ったとしましょう。それは『金曜《フライデー》』の省略形です。今日は火曜だ。水曜に、あなたはどんな気分になります？　それで木曜には？　翌日が金曜で、金曜は何の日かというと？　死《モート》ですよ！」彼は長い茶色の人差し指でわたしの胸を指して、かわいそうにと言わんばかりに首をふった。

　氷のような戦慄がわたしの背筋をかけぬけた。「でも――」

「勘弁してください、ワックスマンさん。もうこれ以上占うわけにはいきません。鶏占い師にも、普通の人間と一緒で、良心というものがあります。あなたとともに苦しみをわかちあいたい、そう思うからこそ、三度目の占いはお引き受けできないのです。絶対に、するわけにはいきません！」

「おれはまだ若い」とわたしはかすれ声で言った。「まだ死にたくないんだ。四十歳になったばかりで、人生の盛りなのに」

「そうですなあ」ツー・ムーンズは唇を結んだ。「別の手もありますが」彼はしげしげとわたしを見つめた。「ただ、信心の深くない人には教えたくないもので」

「教えてくれ」とわたしは切羽つまって言った。「たのむから、教えてくれ」

「西インド諸島に伝わるオビアというのはご存知ですかな？」

「だと思う。呪文か魔除けみたいなものじゃないか？」

「ある意味ではそうです。オビアにはいろいろありますからな。いいことにも悪いことにも使える。アフリカのジュジュがどちらにも使えるのと同じことです。ただ残念ながらですね」彼はためいきをついた。「西インド諸島には復讐心の強い連中が多くて、ほんのちょっとしたことにも、どうやって仕返ししてやろうかと考えてるんですよ。この嘆かわしい性格は、幸いなことに、西インド諸島の誰もが持っているわけではなくて――」

「今はだな」とわたしは割って入った。「西インド諸島の平均的な人間の性格なんてどうでもいい。こっちはこっちの悩みで手一杯だ」

「ごもっとも。お話ししようと思っていた、興味津々の話を簡単に言ってしまいますとね、わたしは死《モート》を不特定の期間のあいだ払いのけるオビアを持ってるんですよ」

「そいつをちょっと見せてくれ」

「まあそうあわてずに。呪文や、魔除けや、ジュジュはみなそうですが、オビアにも条件が付いています」

「条件はいくつある？」

「条件はですね」彼は長い人差し指を立ててみせた。「たった一つなんです、ワックスマンさん。簡単な条件ですが、それでも条件に変わりはありません。信心ですよ。盲目的で、疑いを持たない信心。このオビアを信じているかぎり、あなたは好きなだけ生きられます。楽天的なキリスト教のオビアが約束するみたいな、永遠の命とまではいきませんが、そこそこのあいだ生きられるのです。このオビアを作ったグレナダの男なんぞ、百十歳まで生きましたよ」

「それは長生きだな」

「たいへんな長生きで」

「よし、信じよう」とわたしは急いで言った。「そのオビアをくれ！」

「あなたは若くてせっかちですなあ、ワックスマンさん。これは大切なオビアだ。あなたにあげるかどうするか決める前に、あなたの信心を試験してみなくてはいけません。オビアの代金は七十五ドルです」

わたしは試験に合格した。

こんなに嬉しい気分になったのは久しぶりで、わたしは小さな革袋を首に巻きつけて、山道を駆け下りていった。袋は首のうしろに革紐でこま結びにしてしっかり結わえてあり、ときどきわたしはすべり落ちないかどうか結び目をさわってみたりした。

　夜になった。わたしは小さな居間にすわって、葉巻と弱い安酒でくつろごうとした。灯油ランプの淡い光で（ベキラ島には電気はない）、わたしの影が壁に映り、ボクサーみたいに踊っていた。影がゆらゆらするのは、わたしがひょいひょい動くだけでなく、風のせいでもあるが、わたしはまるで鶏占いによる死の宣告を相手に戦っているボクサーみたいな気分だった。わたしは首もとに吊した厚い革袋をつかみ、中に入っている奇妙な物をぼんやりとさわってみて、いったいこれは何なんだろうと思った。中をのぞかないように、とツー・ムーンズは警告していた。「贈り物の馬の口をのぞいてはいけませんよ（もらいものにけちをつけるなという喩え）」というのが彼の言葉だったが、それでも気になった。もしオビアに対する信心がなくなったら、死《モート》がいつ何時訪れるかわからない。三度目の決定的な予言を断わってくれたのは、ツー・ムーンズ・ウェインスコッティングの叡智であり、それがわたしの瞑想で唯一の明るい点だった。たとえオビアを持っていても、永遠に生きることはできないのだから……。

　生き続けて、不特定の期間のあいだ長生きしたいという、特別な理由があったわけでもない。今は幸福じゃないが、幸福だったこともない。独身で、扶養家族もいないし、これといった人生の目的もない——長篇小説を書き、ときたま短篇を書くのを除いては。しかし、たとえこの先どうなるかを見届けるためだけだったとしても、まだ人生にしがみついていたい。鶏占いの記事を書く気はすっかり消え失せていた。

　オビアの袋の中にある奇妙な物を指でなぞってみる。これはいったい何だろう？　どうしてこれに不思議な力が宿っているのだろうか？　わたしはあわてて手を引っこめた。革袋に入っている物を指が探り当てたらどうなる？　袋の中身を知ってしまったら、どうしてオビアの効力を信じつづけることができるだろうか？

どうあがいても出口はない。

日中はまだよかった。輝く日光と青い空が、夜の悩みを追い払ってくれる。しかし何をするにしても、まあたいしたことはしないのだが、わたしはひとつひとつ判断しながら、注意深くやった。まだ毎日泳ぎに行っていたが、潮の流れがどう変わるかわからないので、岸辺から数ヤード以上のところには泳ぎ出さなかった。散歩も毎日続けていたが、骨のもろい老人みたいにゆっくり歩くことにした。おまけに杖を持って。たいていの時間、わたしは別荘の正面のせまいポーチに黙ってすわり、ラムと水を飲みながら、ぼんやりと海を眺めていた。オビアのおかげで不慮の死から守ってくれているが、夜中の、眠っているうちに、死《モート》が訪れてなにもかもおしまいにしてくれたら、とそんなことをときどき願ったりもした。

　孤独でわびしい夜を数日過ごした後、わたしは夕方になるとホテルに通うようになった。浜辺の道を歩いて、一歩一歩慎重に進む前に、怪しそうな影を懐中電灯で照らし出す。ホテルにも電気はないが、ベランダと野外の小さなバーは卓上ランプで照らされていて、どこにも影はなかった。

　ちょうど数時間ほど前、ホテルのベランダにある籐のテーブルにすわってむっつりとグラスを見つめていると、ボブ・コーベットが向かいの席に腰を下ろした。そのまじめくさった赤ら顔に、オレンジ色の口髭を見るなり、わたしは首をふった。

「やめとこう。今夜は突っつき合いはなしだ、ボブ」とわたしはきっぱり言った。「その気になれないから」

　ボブ・コーベットはなんだかよくわからない英国の役所仕事をしていて、仕事よりも暇のほうが多いようだった。定期的にあちこちの島にやってきてはキノコだかなんだかを探しているが、政府はベキラ島に家を与えていた——そのくせ事務所はないのだ。西インド諸島に三年間派遣されて退屈している役人の例に漏れず、ボブも「突っつき合い」というゲームの中毒になった。突っつき合いというのは二人の人間が相手を侮辱しあって、そのどちらかが喧嘩を売るところまで怒らせるというゲームだ。自制心の強いほうが勝つけれども、そのかわりたいてい鼻が血だらけになるのを覚悟しなくてはならない。作家稼業もまだはじめの頃、わたしはロサンジェルスのホテルで受付係の仕事を二年ほどしたことがある。その結果、ボブ・コーベットが申し入れた突っつき合いではいつもわたしが勝っていた。この前のゲームでは、ボブはブラック・アンド・ホワイトの空瓶で殴りかかろうとしたほどだ。

「突っつき合いはなしだ」とすぐにボブも同意して、女給に二人分お代わりの合図をした。「実を言うと、仲直りしにきたんだ。バーに一時間近くも立ってたのに、おまえは知らん顔してるじゃないか。それで謝罪がほしいんだったらしてやろうと思ってな。でも、あの瓶で本当に殴ったわけじゃないんだぜ――」

「すまんな、ボブ。べつにわざと無視したわけじゃない。気がつかなかったんだ」とわたしは謝った。そのときやにわに、ボブ・コーベットにすべてをうちあけたいという圧倒的な欲望がわきあがった。彼みたいな想像力に乏しい常識人ならちょうどいい。わたしはその欲望に衝動的に屈した。鬱々とした思いをあまりに長いあいだ心の奥底に封じ込めていたので、どうしてもそれを吐き出さずにはいられなかったのだ。

「なあ、ボブ」とわたしは話を始めた。「鶏占いというのを聞いたことあるか?」そこでわたしは、浜辺でツー・ムーンズに初めて会ったときのことから、何もかもしゃべった。

「ホッホッホッ!」話が終わると、ボブは酔った笑い声をあげた。「かつがれたんだよ、おい!」

「何の話だ?」

「かつがれたのさ。だまされて。一杯食わされたわけだ! それにおまえはカリフォルニア生まれだろ。そこがまた愉快だぜ!」またホッホッホッという笑い声が続き、わたしはいらいらして指でテーブルを叩いていた。

「ツー・ムーンズという爺さんは、この島々じゃ名うてのワルなんだよ、ハリー」ボブはやっと笑うのをやめて、しみだらけの左手の甲で目のすみをぬぐった。

「あの占い師としつけられた雄鶏のせいで、頭にきた観光客からセント・ヴィンセントの行政官にどれほど苦情が寄せられているか、数え切れないくらいさ。あの雄鶏は、つまり、『死《モート》』という言葉を綴るようにしつけられているんだ！　それを呑み込ませようと、ツー・ムーンズがなんじゃらかんじゃら言う文句に、おまえはすっかりだまされた。それだけのことさ」

「おまえの言うことなんか信じないぞ、ボブ。信じたいけど、できないんだ」

「証拠を教えてやろう」とボブは言って、テーブルに身をのりだした。「鶏はトウコロコシを四粒ついばんで、『モート』と綴ったことになってから、頭をうなだれる。そうだろ？」

「そうさ」

「その後で、ツー・ムーンズは鶏を円から連れ出して、トウモロコシをやらなかったか？　そしたら鶏はむさぼり食ったんじゃないのか？」

「もちろんさ。だから占いが効果的なんだ」

「違うんだ、ハリー。つまりそれは、鶏が調教されているってことだけさ。ちょっと考えてみろよ。どんな動物を調教しようと思っても、芸をした後で必ず褒美のエサをやらなくちゃならんだろ。それにエサというのは、動物にもわかる唯一の褒美じゃないか！　調教された鶏は、ダンスをしたらビールをもらえる調教された熊と大差はない。ニューファンドランド島におれの知ってるやつがいてな、そいつはガレージに狼を鎖でつないでいて、それで――」

わたしはニューファンドランド島の狼の話を最後まで聞かずに、テーブルを離れ、懐中電灯を照らして、浜辺の道に沿って家まで走って帰った。灯油ランプをつけ、灯心を切りそろえるとすぐに、わたしは首のうしろから革紐をはずし、革袋の中身を食卓にぶちまけた。品目。プラスチック製の爪楊枝一本（赤）。丸くて、きれいに磨いた黒曜石一個。しなびたカマスの目玉二個（ニス塗り）。乾燥したカメレオンの尾っぽ、長さ約三インチ。赤いチェスのポーン一個（プラスチック製）。ぼろぼろで妙な曲がり方をしたコカコーラの王冠三個。鶏の羽根一本（黄色）。雑多で何かわからない（わたしにとっては）、小さなひからびた骨六本。これをお持ちの方に、トリニダード島、ポート・オヴ・スペイン、フレディ・ミングのカフェで十セントのビール一杯を進呈、と書かれた真鍮製の丸板一個。

目の前が焼けつくような真っ赤になった。わたしはオビアの中身をまるでばかみたいに見つめ、ツー・ムーンズ・ウェインスコッティングを大声で思いっきり五分間は罵倒した。それから中身をかき集めて革袋に戻し、革紐をしめてから、外に出てそいつを海に放り込んだ。軽い袋は水面に浮き、ゆっくりと上下しながら、引き潮に乗って岸辺から運ばれていった。まだ怒りで腹の虫が収まらないわたしに、名案が浮かんだ。海からオビアを拾いあげ、ツー・ムーンズの掘立小屋をもう一度訪れて、袋の中身を一つずつ、あいつの口に突っ込んでやろう。

この名案に大喜びして、わたしは履いていたサンダルを衝動的に蹴飛ばし、じゃぶじゃぶと海に入っていくと、オビアめがけて飛び込んだ。オビアは三角帆でも付いているみたいにわたしからどんどん離れていく。すぐにわたしは、どれだけ必死に泳いだところで、たいしたスピードが出ないのではないかという不安に襲われた。オビアはちょうど手が届くそのすぐ先のところで、上下しながら漂っている。強い離岸流がわたしの胸と半ズボンに打ちつけている。わたしはあわてふためき、泳ぐ力が抜けていくそのときに、このオビアこそが救われる唯一の希望だと知った。それなのにオビアはたえず漂い、じらすように、ちょうど手が届くそのすぐ先に浮かんでいるのだ。夜は暗闇で、もう陸がどこにあるのかもわからない。そういえばバラクーダは夜にエサを探すとかいう――

「オビア！」とわたしは叫んだ。「おまえを信じるぞ！　信じる、信じる、信じる！　信じ――」わたしの開いた口に、怒ったような波が打ちつけた。

意識を取り戻したとき、岸辺に沿った海の水たまりに夜明けが白く姿を現わしていたが、空はまだポラロイドのレンズのように暗かった。わたしは水をたらふく飲んでいて、思い出したくないが、長いあいだ胃がむかついていた。しかし脱力感と嘔吐感にもかかわらず、わたしは荒々しく、ほとんど圧倒的な高揚感を覚えていた。右手の中に、オビアがしっかりと握られていたのだ！

やっとわたしはよろよろと立ち上がり、むかつく胃のせいで身体を折るようにしながら、弱々しく浜辺を歩いて別荘へと向かった。『これこそ俺の神』という題名も手に入ったし、長篇小説の第一章もほとんど頭の中に筋書きができていたので、まだ細部が鮮明なうちに、早く紙の上にその言葉を書きつけたくてたまらなかった。

どんぞこ列車

Riding the Dark Train Out

ハーラン・エリスン

若島 正訳

ＳＦ作家として評判になる前の、一九五〇年代後半から一九六〇年代前半に、ハーラン・エリスンはそれこそ山のような短篇をあちこちの雑誌に書きまくっていた。特に彼が得意にしたのは、男性雑誌に載せたクライム・ストーリーである。この「どんぞこ列車」もそうした短篇の一つで、生な感情をもろに炸裂させるエリスン節がすでに現われている。

　早朝の貨物車は寒かった。

　彼が着ているのは汚らしい、やぶけたスーツの上着で、新聞やら雑誌を肌にじかに巻きつけて寒さしのぎにしていたが、それでも冷気がおかまいなしに襲ってくる。

　フェザートップ・アーニー・カーギルは震える手で、額に落ちてくる、細くてほとんど赤ん坊のような白い髪をかきあげた。なめらかな髪で、がたがた揺れる貨物車にちょっとでもすきま風が忍び込むたびに、ふわふわなびくのだった。彼は鬱陶しそうに呪い声をあげて、また指で髪をすいた。ポケットに入れてあるボトルに触れてみたが、取り出そうとはしなかった。

　綿花の梱《こり》はやわらかいが、豚の糞の臭いがたまらない。彼はそっと動いて、積んである梱の中にさらに深くうずもれた。

　彼は若くて、元ミュージシャン。運もどんぞこだ。

「運もなければ、金もない、か」と彼は言って、ちぢみあがり、両の拳を腋の下に突っ込み、寒さをしのごうとした。歯がカタカタなった。

　長身痩軀で、鼻は横にひんまがっている。かつて交響楽団と三十五分間のセッションをやったとき、クラリネットのケースで口元を殴られてできた傷だ。「あの野郎。おれはうまくやったのによう。ヴィヴァルディをシンコペートしてやったら、主席のやつがおれをぶん殴りやがって」

　それ以来、そしてパンサー・スェット（カクテルの一種）のせいで、グリニッチ・ヴィレッジからエンバーカデーロ（サンフランシスコの一地域）にいたるまでの、どんなまともな（そしてどんな怪しげな）楽団とも縁が切れて以来、貨物列車で転々としながらカモから巻きあげる流れ者になったのだ。

「どっかへ行きてえなあと思ったら、弾丸貨物列車くらい速くて、一人っきりで、一直線なものはないさ」とフェザートップは言う。「宿泊設備は高級ホテル並みとは言えねえが、でもよ、切符拝見とくるやつもいないし」

貨物車にただ乗りするようになってからもうずいぶん、ずいぶんになる。酒、カルテットとのもめごと、それにミッジと子供のことがあってからだ。それからずっと。その長い長いあいだは、形もなければ終わりもない。

おれは――もうやめた商売の符牒で言えば、どんぞこ列車に乗ってるんだ。いつまでも乗りつづけて、二度と戻ってこない。ある日、最後の貨物車に飛び乗って、最後の一杯をぐいっとあおり、最後のメロディを一節ふきならすまで。その日にすべてが終わる。反復なしで。

フェザートップ・アーニー・カーギルが初めて人殺しをしたときのことは、おもしろい話だった。

早朝の貨物車は寒かった。

彼は車両のすみっこで綿花の梱に腰かけ、奥深くもたれていた。車輪が線路を打ちつけるガタゴトカンカンいう音で、ほとんどオカリナの音も聞こえないくらいだった。両肘をぐっと張り、オカリナの腹のところをくすぐってやると、ちっちゃくてかわいいジャガイモみたいなそいつはかわいいトリルの音をたてた。

踏切で列車が速度を落とすと、大きな扉が開いた。ガキが女の子の腰をつかんで持ち上げ、貨物車に乗せた。女の子が脚を引き寄せて立ち上がろうとしたとき、たっぷりとしたギャザースカートが太腿のところまでめくれあがり、フェザートップが奏でていた音楽もプフフッと消えた。「こいつはいけるぞ、いけるじゃないか」彼はすみっこでつぶやいた。

一発ですべてお見通しの鋭い目つきで、彼は女の子を値踏みした。

小娘だが、大切な行動にはちょうどいい薬味だ。ムンムン、そうまさにムンムンしてるじゃないか！　髪はまるで朝に驚いて飛びたつスズメの翼のようで、太陽の光を浴びている。おれもまだ詩人だな！　ただし、白鳥のような首筋、豊かで、突き出した乳房、ほっそりした腰、それと長い脚を見て、彼が何を考えたかはおそよ詩とは縁遠かった。

そのときガキがまっすぐ伸ばした腕で身体を持ち上げ、最後の瞬間にひとひねりして、娘が坐っていた場所にどんと腰をおろした。

見たところでおもしろくもないが、それでもフェザートップは公正を期して、ガキも値踏みしてやった。

ちぢれ毛、張った頰骨、小人のように裂けた口、ドラマーのような太い腕、それと身体つきはこう言っているようだ——それじゃ、あんたと取っ組み合いしてもいいよ、十分で降参するけど。

「うまくいったわね、カッピー」とかわいい声で娘が言った。

とんだ見込み違いだな、とフェザートップは思った。

「そうみたいだな」ガキが笑って、女の子を抱き寄せた。

「おーっと！」フェザートップは話に割って入り、汚いズボンから豚の糞を払い落としながら立ち上がった。「だめだめ。ここは連れ込み宿じゃないんだからな」

二人はふりむいて、貨物車の板張りの壁からさしこんでくる光の中にぼんやりと立っている彼を見た。大きな身体で、不潔で、パクパク開いている靴の爪先から足の指がのぞいていた。手には黒いプラスチック製のカズー笛を軽く持っている。

「誰だ？」ガキの声は震えていた。

すっかりびびっている。

「こっち来て坐れよ」と手招きしながらフェザートップは言った。「こっちの方が糞がやわらかいぜ」

娘はほほえんで、行きかけた。そのときガキにうしろからぐいっと引っぱられて、足もとがよろけた。ころげるようにしてガキのそばに坐ると、ガキは腕の中に包み込むように抱いた。どこかの安っぽい探偵小説雑誌の表紙で見たポーズなのだろう。

「ぼくのそばを離れるなよ、キティ！」叱るような声だった。「きみを守ってやるって誓っただろ——だからそのとおりにするのさ。この人、知らない人じゃないか」

「そりゃまた、おかたいことだな」フェザートップは顔をしかめてみせた。こいつ、すっかりのぼせあがってる。でもどうにもならんぜ！

「その誓いとかは、どういうことなんだい？」フェザートップは貨物車の震動する壁にもたれかかり、にっこりしてみせた。

「おれたち——おれたち、駆け落ちしたんだ」カッピーが言った。顔を上げて、挑みかかるように。そして反対できるものならしてみろという表情で、フェザートップをじっと見つめた。

「そりゃめでたい」フェザートップは手で細かなしぐさをした。この二人はたやすいカモだ。金はたいして持ってないだろうが、もともとフェザートップが巻きあげた貨物車ゴロは一人残らずそうだった。おまけに、この娘には他の連中になかったものがある。こいつはお楽しみだぞ！

だが手出しするにはまだ早い。フェザートップは美食家だった。一口味わう前に、肉の香りを満喫するのが好みなのだ。「こっち来て坐れよ」と彼はもう一度言って、豚の排泄物をまたいだところにある、綿花の梱の方を示した。「おれはただの元ジャズマンで、名前は——その——ボイド・スミスっていうんだ」彼は狼のようににやりと笑った。

「ほんとの名前じゃないんだろ」と非難するような口調でガキが言った。

「実を言うと——そのとおり！」フェザートップはガキを指さした。「賞品に最高級バナナでももらえるぜ。でもな、貨物特急に乗ってる人間は、他人の正体なんか知らない方が身のためだぞ。誰にとってもその方がありがたいんじゃないのか」彼はウィンクしてみせた。

「ねえ、カッピーったら」と娘が言った。「この人、大丈夫よ。いい人じゃないの」娘はいやがるカッピーを引っぱって、綿花の梱の方へ移動しはじめた。

フェザートップはほっそりした脚がなめらかなはさみのように交差するのを眺めた。娘は腰かけ、脚を引き寄せ、スカートを下ろして大きな弧にした。彼は咳払いした。こんなに素敵なものが、すぐ手のとどくところにあるのを見たのは、実に久しぶりだった。

もちろん、すべて予定は立ててある。ガキをぶん殴り、金をぶんどる。フィラデルフィアまで行けるだけあれば充分だ。それからこの娘としこたま楽しむのだ。

「どこからいらっしゃったの――えーっと――スミスさん?」キティが綿花の梱の上でもじもじしながら上品にたずねた。彼女はギャザースカートをもう一度整えようとしたが、また形が崩れた。

「どこからって?」彼はちょっと考えた。「遠くからさ。どんぞこ列車に乗ってからもうずいぶんになる」

「ええ、でも――」

ボーイフレンドが叱るように口をはさんだ。「言いたくないんだよ、キティ。ほっとけよ」

娘が踏んづけられたみたいなむっとした表情をしたので、アーニーは割って入った。「もとはジャージーの出さ。でも、昔の話だがな」

沈黙が訪れた。貨物列車は丘をのぼって下り、心気症患者みたいにガタガタブルブル震えた。

しばらくして、キティがカッピーの耳元で何かささやくと、カッピーは抱き寄せてこう答えた。「フィリーに着くまでがまんしろよ、ハニー」

「どうした、お嬢さんはオシッコか?」アーニーは大笑いしそうになった。

ガキがしかめっ面になり、娘も仰天したようだった。

「違うわよ! そうじゃないの、そんなこと言ったんじゃないの!」娘はくってかかった。「おなかがすいたって言っただけ。あたしたち、一日中なにも食べてないんだもの」

革の取っ手がついている、ぼろぼろのカーペット地の旅行鞄をうしろから取り出したフェザートップ・アーニー・カーギルの声には、陽気さがあふれていた。

「だったら早くそう言ってくれよ、おれたちの仲なのに！　じゃすぐに食事にするか。ほらほら、坊や、台所の準備を手伝ってくれよ、一、二分で食べ物にありつけるんだから」

　カッピーは疑るような目つきをしたが、床板から離れて、ゴミが散らばっている貨物車の中央まで汚らしい元ミュージシャンについていった。

　アーニーはかがみこんで旅行鞄を開けた。取り出したのは、木炭のかけらが詰まった小さな包み、薄い金属でできた深い鍋、新聞紙が何枚か、マッチ箱、それと皺だらけで、何回も折りたたまれた、穴のあいているアルミ箔だった。彼は木炭を鍋に入れ、マッチで新聞紙に火をつけ、鍋の口にゆっくりとアルミ箔をひろげた。

「炭火鍋だ」かすかに煙っている仮ごしらえの火鉢を指して、彼は言った。「あおげよ」と彼はカッピーに命じて、折りたたんだままの新聞紙を渡した。

「ああ、でも何食べるんだい？　炭か？」

「おまえってやつは」とアニーは言いながら、若者に汚い指をふってみせた。「まったく世話の焼けるやつだな」彼はもう一度旅行鞄に手を突っ込んで、セロファンで包んだウインナソーセージを取り出した。

「ホットドッグだよ。とびきり上等とは言えないが、それでも胃袋にくっつくぜ」

　彼は注意深くセロファンを破ると、ソーセージを三切れアルミ箔の上に並べた。すぐにソーセージはジュージューといいだした。顔を上げ、歯を見せてにやりと笑う彼の表情には、太らせてから食ってやろうという思惑が現われていた。唇をすぼめてフーフー吹くと、赤ん坊のような髪がふわふわして、また目元にまで垂れ下がった。

「クロガー（アメリカの大手スーパー）のセルフサーヴィスだ」と彼は説明した。「セルフサーヴィスで頂戴してきたのさ」

キティはにっこりして、キューピッドの弓みたいな唇から小さなここちよい笑いがもれた。ガキはまたしかめっ面をした。癖になったみたいだ。

最後のウィンナの味を指からなめてしまうと、三人はうしろにもたれ、カッピーがアーニーに煙草をさしだした。いいガキじゃないか、とアーニーは思った。おかわいそうに。

「なんでまた、おまえたちみたいな坊ちゃん嬢ちゃんが、貨物に乗ろうなんて考えたんだ？　近頃じゃ、そんなことをするやつはめっきり減っちまってるのに。おれみたいなおいぼれでもよ。どだい、近頃のガキは汽車に乗ったことすらないのに」

カッピーは自分の大きな手のひらを見つめて、黙っていた。ところが驚いたことに、キティが顔を上げてこう言った。「うちのお父さんが、あたしたちを結婚させてくれないの。だから駆け落ちしたの」

「なんで結婚させてくれないんだ？」

今度は娘も答えなかった。彼女も手を見つめた。しばらくしてから口をひらいて、「お父さんはカッピーが嫌いなの。あたしのせいで」

カッピーが急にふりむいた。「きみのせいだって、冗談じゃない！　みんなぼくが悪かったのさ。ぼくさえ気をつけていたらきっと——」彼は突然口をつぐんだ。

アーニーの眉毛がつりあがった。「どうした？」

娘は目を伏せたままで、あっさりと付け加えた。「あたし、妊娠してるの」

カッピーは自暴自棄になった。「あいつまったく馬鹿だぜ、あのおやじときたら。あんな話って聞いたことあるか。キティは堕胎手術を受けさせる、キティはどうたら修道院に行かせる、キティはどうたら、キティはこうたら……まったく頭いかれてやがる」

アーニーはうなずいた。これだと話がちょっと違う。彼はミッジと子供のことを思い出した。しかしそれはずっと前の話だ、思い出したくない頃の。酒と浮浪者暮らしですっかりだめになってしまう前の。だがこのガキどもはおれみたいな人間じゃない。

アホらしい！　と彼は思った。いい加減にしろよ。こいつらはいつものカモにすぎないじゃないか。持ち物をいただくまでだ。他のことはさっさと忘れるんだな。

「飲むか？」アーニーは上着のポケットからスィートｰルーシーのボトルを取り出した。

「それじゃ、お言葉に甘えて頂戴するか」貨物車の開いた扉から返事が聞こえた。列車が坂をのぼっていくとき、高い土手から男が飛び乗ってきたのだった。

アーニーはそいつをじろじろ見た。でかい。ほんとにでかい。どでかくて、まるで熊みたいに毛むくじゃらだ。山賊か、とアーニーは、そいつの腕や首筋のごつくて肉付きのいい筋肉を見つめながら思った。

「飲ませてくれるんじゃねえのか？」と大男はもう一度たずね、貨物車に足を踏み入れた。

アーニーは一瞬ためらった。こいつと喧嘩したら、まっぷたつにされそうだ。「どうぞ」と彼は言って、ボトルに口をつけた。そしてきついどぶろくを四分の三飲み干してから、残りをさしだした。男は木の床を大きなブーツでぎしぎしいわせながら大股で歩み寄り、見た目にも喧嘩っぱやいそぶりでボトルをつかむと、ぶあつい唇をペチャペチャならしながら、一滴残らず飲んでしまった。

男は頭をうしろに倒し、目を閉じて、激しくゲップをした。そしてもう一度ゲップをしてから目をあけて、開いた扉からボトルを放り投げた。

「さてと」男はポケットに手を突っ込んだ。「この貨物で同乗者がいるとは知らなかったな」

「あたしたち、フィラデルフィアへ行くの」とキティが言って、スカートの裾をさらに下ろした。

「そいつはどうかな」と言った大男の言葉が、アーニーにとっては最後の決め手だった。こいつはやばいやつじゃないかと思っていたが、それが確信になった。

男が最初の証拠となる言葉を口にしたせいで。

「おまえとおれはそうするかもしれないが、この与太者二人はどこへも行けないな、あのドアから追い出してやるまでだ」

男は彼らに向かって前進してきて、そのとき車両に突然電流が走ったようになった。アーニーは頭の中で絶叫していた。畜生、この野郎、おれの飯のタネを取り上げようったってそうはいくもんか！　おれは五十マイルほどこいつらに甘い汁を吸わせてやったんだ。消え失せろ、この唐変木！

線路での強奪。予定では、もう数マイル行って次の小さな町に着いたとき、ガキをドアから蹴り落とすつもりだった。それだとこいつが都会まで歩いてたどりつくのにさほど遠くはないが、充分に離れているので、フィリーに近づいたらこっちの好きなときに娘といちゃつけるはずだった。ところがこれだ！　畜生！

新入りが大股で近づいてくると、キティは口に手をあてて後ずさりした。彼女の叫び声が車両の沈黙を切り裂き、そこに貨物車のガタゴトいう音がかぶさり、そのとき猛烈な勢いでガキが床から飛びかかった。聞こえるほどのドスン！　という音で体当たりされた大男は、ラインバックにタックルをくらったようにうしろに吹っ飛んだ。取っ組み合ったまま二人は豚の糞にまみれ、長いあいだ手足がバタバタするところしか見えなかった。

一瞬ガキの姿が見え、腕をぐっとかまえた。拳が肉のかたまりにめりこんで、アーニーは大男が野太い声で「アウウ！」と言うのを聞いた。

それから二人はまた取っ組み合い、大男が前にも手を突っ込んだポケットから、凶悪そうなジャックナイフを取り出した。

大男は一瞬ナイフを宙に浮かせた――ボタンを押すにはその一瞬で充分だ。パチンとナイフの刃が出た。大男は拳でつかんだナイフをふりかざし、ガキの喉笛めがけてふりおろした。

キティが狂ったように何度も何度も絶叫して、顔もウジ虫みたいに白くなった。彼女はフェザートップの袖にすがりつき、耳元で叫んだ。「助けて！　助けてよ！　なんとかして！」

なんとかするって？　フェザートップ・アーニー・カーギルは怖さのあまり綿花の梱にはりつけになっていた。なにもしてやれない。ガキの喧嘩だ。どだい女の子を貨物車に連れてきたのが悪いのだ。それはガキの責任――

死ねとばかりにふりおろされた手首をガキがつかみ、力まかせにその腕をねじりあげた。大男がバランスを失ったその瞬間、列車が急カーブにさしかかった。大男が倒れて、ガキがのしかかった。キラリと光る稲妻のような動作で、カッピーはナイフを手にして、ためらわなかった。

何度も何度も突き刺し、ナイフが赤く染まり、大男のシャツが赤く染まり、その胸が赤く染まり、床板も赤く染まった。

キティが狂ったように絶叫して、気絶した。

ガキは死骸から離れて、信じられないといったように呆然とナイフを落とした。「こいつ――し、死んでる」

「ど、どうしよう？」ガキがつぶやいた。「ぼくの言うことなんか、誰が信じてくれる？　これまで困ったことになったのはあるけど、こんなのは初めてだ。どうしたらいいんだ？」

キティがうめき声をあげたので、ガキは急いでそばに駆け寄り、彼女の頭を膝の上で抱いた。「キティ、ぼくたち――ぼくたちはここから逃げないと……町かどこかに着くまでに逃げないと――」

「もう町だぞ」アーニーはまわりに形を取りだした保線区を指さした。その指さしている手が凍てついた。その指先のむこうにちょうど転轍手がいて、貨物車の開いた扉からこちらを見つめ、両手でメガホンをこしらえて、線路のずっと先にいる派手なダンサーの一団にむかって叫んでいた。男たちはゆっくりと停車する貨物列車を見つめ、それから集団となって線路づたいに貨物車の方へ走ってきた。

「鉄道公安官だ！」アーニーは叫んで、あわてて駆けだした。

ガキはまだ膝の上にのせたキティの頭をやさしく揺らしながら、ささやいていた。「さよなら、ハニー、さよなら……」

貨物車の反対側のドアを開けようとして、アーニーはふと手をとめた。手をとめると、妙な気分が襲ってきた。ガキたちを見ると、記憶が一斉によみがえった。ミッジ、それに子供、楽団にいた歳月、それから貨物列車に酒。喉がつまりそうになった。

彼はかがみこんで、床からナイフを拾い上げた。上着で取っ手をきれいにぬぐい、刃はそのままで、それをしっかり手に握った。

かがみこみ、彼はガキを脇から抱え、立ち上がらせた。それからキティにも手を貸して起き上がらせた。

「反対側の扉から出て、ここから遠くに離れるまで、走るのをやめるなよ。わかったか？」

「でも、ぼくは――」カッピーは言いはじめて、アーニーから視線を大男の死体に移した。

「行けよ！」アーニーはガキの腕を叩いた。「行けよ、この娘にやさしくしてやるんだぞ！　このアホタレが！」彼は二人を貨物車の反対側の開いている扉の方に押し出した。列車がガタンと停車したときに、二人は飛び降りて、保線区のむこうに逃げていった。

点検係や修理係たちが貨物車にむかって走ってくるのを、アーニーは綿花の梱に腰かけながら見守った。

事態はさほど悪くない。正当防衛だと叫ぶこともできる。それで大丈夫かもしれない。しかしいずれにせよ、もう時間切れだ。おれはまだ若いのに、すっかり年を取って、すっかり疲れてしまった。あのガキたちにそれはかわいそうだ。かわいそうすぎる。

どんぞこ列車に乗る運命の人間もいれば、そうでないのもいる。人生とはそういうものだ。

彼は羽毛のような髪の毛を目からはらいのけた。

こっちはくたくたなのに、死んだ野郎がスィート・

ルーシーを一滴残らず飲んでしまいやがった、畜生。それに豚の糞の臭いもこびりついている。ただ、それもいつかは終わるだろうが。

ベビーシッター
The Babysitter

ロバート・クーヴァー
柳下毅一郎訳

このあたりで、主流小説の作家にも登場願おう。作者ロバート・クーヴァーは、一九六〇年代から七〇年代にかけて台頭した、いわゆるポストモダン作家の一人で、本作が収められている *Pricksongs & Descants* は、これも未訳のまま残っているジョン・バースの *Lost in the Funhouse* と並んで、当時を代表する実験小説集の成果である。悪意に満ちた作風は、黒いユーモアの面から眺めてもおもしろい。

彼女が来たのは七時四十分、十分の遅刻だったが、二人の子供ジミーとビッツィはまだ夕食を食べており、両親もまだ出かける用意を済ませてはいなかった。他の部屋から赤ん坊の泣き声、水の流れる音、テレビのミュージカル（歌詞はない。たぶんダンス・ナンバーだろう――流れるようにくるくると変わる人文字が脳裏に浮かぶ）。タッカー夫人はキッチンに急ぐと、なにやら髪のことをこぼしながら、暖めた牛乳入り哺乳壜を湯煎していたミルクパンから取りあげ、また飛び出してきた。「ハリー！」と叫ぶ。「もうベビーシッターが来たわよ！」

＊

《ザッツ・マイ・ディザイア》か？　《アイル・ビー・アラウンド》？　彼は歯をむきだしてニカッと笑い、かすかに首をふり、はや薄くなりはじめている額を撫でる。《魅惑されて》かな？　それとも《ファッツ・ザ・リーズン》？　パンツを引っ張りあげ、お尻をぴしゃりと一打ち。赤ん坊が急に泣きやむ。こないだのとき、うちの風呂に入っていった娘じゃないか？《フーズ・ソリー・ナウ？》、それだ。

＊

ジャックはあてどもなく、町をうろついていた。ガールフレンドはタッカー家で子守り中だから、後から、あの娘がガキどもを寝かしつけたあとで、ちょっと顔を出してみてもいいかもしれない。ときどき彼女がベビーシッターしている家で、一緒にテレビを見る。ジャックは車を持ってないので、わずかばかりでもイチャつけるのはこういうときだけなのだが、ベビーシッターがボーイフレンドを連れ込むのはたいがい嫌がられるので、用心しないとならない。キスすら落ち着いてはできない。いつもドアを見張っていなければならないので、彼女はキスのあいだも目を閉じない。結婚してる人たちって、本当にうまいことやってやがる、と彼は思う。

＊

「ハイ」とベビーシッターは子供たちに声をかけ、持ってきた本を冷蔵庫の上に置く。「何を食べてるの？」下の女の子、ビッツィは横目で睨んだだけだ。ベビーシッターはキッチン・テーブルの反対端に腰掛ける。「ぼくは九時まで寝なくてもいいんだ」と少年はきっぱりと宣言し、ポテトチップを口につめこむ。ベビーシッターの目がバスルームから下着姿で出てくるタッカー氏の姿をちらりととらえる。

＊

ぽんぽん。脇の下。それにあんよ。そこがねらい目だ。お尻ペンペンするわよ、とか言う。やってみやがれ。

＊

女の子の甘い香り。ブラウスの柔らかい手ざわり。足を尻の下にたくしこむとき、太腿のあいだのうっすらとした影がちらりと見える。彼は少女を凝視する。その視線にたっぷりと意味をこめるが、彼女の方はこちらを見もしない。ガムをふくらませながらテレビを見ている。すぐそこに座っている。ほんの数センチ先で、柔らかく、芳しく、待ち受けている。だが、そのあとはどうすべきなんだろう？　相棒のマークがドラッグストアでピンボールをやっているのに気づき、合流する。「おう、このママは冷え切ってるぜ、ジャック・ベイビー！　おまえの手であっためてやんな！」

＊

タッカー夫人がまるめたおむつを手にして、キッチンの戸口に立つ。「ジミー、ポテトチップばっかり食べてるんじゃありません！　ちゃんとハンバーガーも食べさせてちょうだいね」タッカー夫人は急いでバスルームへ消える。少年は不機嫌にベビーシッターを睨みつけ、黙って命令が実行されるのを待ち受ける。「あら、美味しそうなハンバーガーも一口食べてみたら？」ベビーシッターはおざなりに告げる。ジミーはハンバーガーを半分床に落とす。赤ん坊は静かで、男がテレビでラブソングを歌っている。子供たちはポテトチップを噛み砕きつづける。

＊

彼は彼女を愛してる。彼女は彼を愛してる。二人は風のようにくるくる舞い、そよ風を巻きおこし、薔薇色とエメラルドとディープ・ブルーの魔法じみた風景を通り抜けていく。彼女の淡い褐色の髪はそよ風に柔らかくよじれねじれ、白いガウンの柔らかいひだが彼女の身体にまといつき、それから吹き流されてゆく。誠実さと歌とが高まりゆく中で彼は微笑む。

＊

「その娘一人なのか？」とマークが訊ねる。「いや、ガキが二、三人いるはずだけど」とジャックは言う。コインを滑りこませる。金属球が転げ落ち、整列する音がする。親指でプランジャーを押しこむと、球が飛び出して位置につく。未来の約束に光り輝く硬い球が。その視線は？　彼女を愛していると伝える視線。彼女のことを大事にして守ってやると、必要とあらば、自分の身体で覆い隠してやると。にやにや笑いを浮かべつつ、球の上に身を乗り出して周到に狙いをつける。マークと二人、この機械をたっぷり研究して解明したが、それでも打ち負かすのは大変だ。

＊

パーティへ向かうドライヴのあいだ、彼の心はなかばはあの少女のことを、なかばははるか昔、自分の高校時代のことを思っている。キッチン・テーブルの端に子供たちと一緒に座り、意識して背をそらし、張りのある胸を突き出し、太腿をピンと張っているように見えた。自分を意識してたに決まってる。やっぱり自分がバスルームから出てくるところを見たんだな。彼は微笑む。けれど、だからって自分に何ができるだろう？　黄金の日々はもう終わったんだよ、ご老体。隣の妻に目をやると、ちょうどガーターベルトを直しているところ。「ねえあなた、ベビーシッターの娘のこと、どう思った？」

＊

彼は彼女を愛してる。彼女は彼を愛してる。すると赤ん坊が生まれる。そして汚いおむつに面倒な食事また食事。皿洗い。騒音。掃除。それに脂肪。きついなんてもんじゃない。ガードルが食い込んで痛いくらいだ。最近どこかで読んだのだが、ガードルを締めすぎていたせいで心臓発作だか癌だかなんだかになる女性がいるらしい。ドリーはなぜか苛立って、声を出して車のドアを閉める。なぜだろう。パーティのせいだ。なぜ夫は《フーズ・ソリー・ナウ？》をハミングしてるんだろう？　ガレージから車が出ると、彼女は明かりのついたキッチンの窓を見やる。「ねえあなた、ベビーシッターの娘のこと、どう思った？」と訊ねる。夫が答えようとして口ごもっているあいだ、彼女はストッキングをきつく引っ張り上げ、ガーターをさらに深くくいこませる。

＊

「やめなさい！」と彼女は笑う。ビッツィがスカートを引っ張り、彼はあばらをくすぐっている。「ジミー！　駄目だってば！」でも笑いすぎてジミーを止められない。ジミーは上に飛びつき、両足をウェストにからませ、みんな絡み合ってテレビの前のカーペットに転がる。ちょうどタキシードを着た男性とふくらんだ白いドレス姿の少女が二人でタップダンスを踊っているところだ。ベビーシッターのブラウスがスカートから引き抜かれ、ぽんぽんがちらりとむき出しになる。目標出現。「ペンペンしてやる！」

*

ジャックはプランジャーを押し込んで金属球を突き上げ、熱を入れて機械の上に身を乗り出す。「そいつとはやったのかよ？」とマークは訊ね、喉を鳴らし、煙草の灰を落とす。「いや、そんなでもないけど。ていうか、まだ」ジャックはぎこちなく笑い、言葉以上の含みを持たそうとし、球を打ちだす。体重をそっと機械にかける。球はゴムのバンパーに跳ねかえる。自分の手の下で機械が暖まってくるのが感じられる。フリッパーが突然命を持ち、光の点滅の中にデリケートな速射パターンが浮かびあがる。〈1000 WHEN LIT〉今だ！「押さえこんじまえばいいんだよ、簡単だって」マークは機械から顔をあげる。煙草が唇からぶらさがっている。「なんならオレが手助けしてやろうか」マークは歪んだ半分だけの笑みを浮かべて提案する。「なあ、二人でやれば、うまくいくかもしれねえじゃねえか」

*

彼女はおっきなバスタブが好きだ。タッカー家のバス・ソルトを使い、香り豊かな熱々の石鹸水に身を沈めるのが好きだ。手足を伸ばし、水に潜り、顎まで浸かる。眠たいような、ぴりぴりするような、とてもいい気分。

*

「ベビーシッターの娘のこと、どう思った？」とドリーは、ガーターベルトを直しながら訊ねる。「いやあ、よく見てないけど。可愛い娘だよね。子供にもなつかれてるみたいだし。なんで?」「なんとなく」妻はスカートを引き下ろし、外を流れすぎてゆく灯りのともった窓を見やって、つけくわえる。「なんか信用できないような気がしたってだけ。赤ん坊を托すのは。なんとなくいい加減そうだし。それに、こないだのときはまちがいなくボーイフレンドを連れこんでたわ」彼はニヤリと笑い、妻の幅広い太腿のガーターをぴしゃりとはたく。「いいじゃないか、それくらい?」と彼は訊ねる。まだショートソックスをはいていた。太腿はむき出し、ガードルなんかしてなくて、その上にあるのはスケスケのパンティと柔らかい思春期の肉体だけ。フットボールの乱痴気騒ぎと映画館の二階席での出来事のおぼろな記憶が脳内にあふれる。

＊

なんてちっちゃくて、スベスベなんだろう! 少年を風呂に入れてやり、股間を洗ってやりながら思う。ぶらぶら揺れるちっちゃくて妙なもの、こんなところにあるのがそもそも場違いな感じ。こんなもののことを、いろんな歌でうたったりしてるのかしら?

＊

マークが機械に突き入れ、ひねるのをジャックは見ている。一気に追いこみ、そこで仕留める。自分のガールフレンドにマークが手をだすというのはあまり嬉しい話ではないが、マークは自分よりクールで手慣れていたし、今回、一度だけ一緒にやれば、次からは勇気が出るかもしれない。あの娘が怒るかもしれないけど、女なんかいくらでもいる。マークがやりすぎたら、止めに入ればいい。自分の肩がこわばるのを感じる。おい、そのくらいにしとけよ……でも女の身体も目に浮かぶ。「じゃあ、後から電話してみっかな」と彼は言う。

＊

「やあ、ハリー！　ドリー！　よく来たな！」「遅刻しちゃったかい」「いやいや、きみらが一番乗りだよ。入った入った！　やあ、ドリー、見るたびに若返るようじゃないか！　なんか秘訣でもあるんだろう？　うちの奴にも教えてやってくれよ」タッカー氏の背後で、ガードルで守られたお尻をぽんとはたき、並んだグラスに案内する。

*

八時。ベビーシッターはバスタブにお湯を入れ、バスルームの鏡の前で髪をとかす。テレビでは西部劇がかかっているから、ビッツィを風呂に入れているあいだ、ジミーにはテレビを見せておく。でもビッツィは風呂に入りたがらない。自分が先に入らなければならないので怒って泣いている。さっさとお風呂に入れば、ジミーがお風呂に入っているあいだテレビを見てもいいから、とベビーシッターは言うが、役には立たない。ビッツィが風呂から出ようと暴れるので、ベビーシッターはドアの前にしゃがみこんで無理矢理服を脱がせなければならない。子守りするにしたって、もっとマシな家があるはずだ。子供たちは二人とも意地悪だし、赤ん坊はいずれおむつをかえろ、お乳が飲みたいと泣きだすにきまっている。でもタッカー家には素敵なカラーテレビがあるし、うまいこと片づけば八時半の番組は見られるかもしれない。ビッツィをバスタブに押しこんだが、まだ喚き叫んで暴れる。「やめなさい、ビッツィ。赤ん坊が起きちゃうわよ！」ビッツィは作戦を変え、大声で泣きだす。ベビーシッターは溜息をつき、少女をバスタブから出してトイレに座らせるが、そうするあいだにスカートとブラウスがずぶ濡れになってしまう。そう思う間もなく、ビッツィは便座から降りてバスルームから駆けだしていってしまう。「ビッツィ！　戻ってきなさい！」

*

「おい、そのくらいにしとけ！」スカートが破れ、彼女は真っ赤な顔をして泣いている。「やめろだあ、何様だ?」「オレ様だ!」クソ野郎は彼女を襲おうとするが、彼が飛びかかる。そのまま倒れて一緒に転がる。テーブルが傾き、スタンドがひっくりかえり、テレビが床に落ちて破裂する。強烈な右を奴の下腹にぶちこみ、左フックで奴の顎をとらえる。

*

「女の子がいいんだけど」すでに男が四人続いてるんだから、そう言うのも無理はない。ドリーはみんなと同じように祝いの言葉をかけたが、実はちっとも羨ましくなどない。これっぽっちも。とりあえず、彼女の方はそれで済んだ。部屋を見回すと、ハリーはいつものように人の背中を叩いて大声で喋っている。すっかり御機嫌だったが、そのくせ彼女にはいつも文句ばかり言うのだ。「ドリー、見るたびに若返るようじゃないか!」というのが今日の嬉しい挨拶だった。「なんか秘訣があるんだろう?」するとハリーが「カロリーのせいだよ。処女ぶとりを取り戻してるんだ」「はっは! ハリー、それはヒドイよ!」

*

「足をおさえろ!」彼はビッツィに向かって叫び、その指はあばらにかかり、むきだしのぽんぽんを撫で、ストラップと不思議な服が絡みあう中に潜りこむ。「靴を脱がせろ!」柔らかい胸を頭で押さえ込み、身動きできなくする。「だめ! だめよ、ジミー! ビッツィ、やめなさい!」だが蹴とばし、身をよじり、転げまわっても、どうしても立ちあがれない。どうしても立ちあがれないのは笑い転げて力が入らないからで、靴が脱げて、彼はストッキングの足をつかむと容赦なくかかとをくすぐり、彼女は足を蹴りあげて振り放そうとする。なんてえじゃじゃ馬だ、だけど彼は離れず、彼女は笑いつづけ、テレビの画面ではひずめが鳴る音がして、彼とビッツィは蹴上げる長い脚にまたがり床の上で狂ったロデオを演じて転げまわり転げまわる。

＊

スリットにコインを入れる。金属が落ちる音がして、甲高いダイアル・トーンが聞こえる。「タッカーさんたち、いると嫌だな」と彼は言う。「心配すんなって。もうオレんちにいるよ」とマークは言う。「いつもの一番にあらわれて、最後まで残ってくんだって。オレのオヤジが愚痴ってた」ジャックは不安げに笑い、ダイヤルをまわす。「レイプされるといけないからボディガードに行ってやるって言えよ」とマークは言い、煙草に火をつける。ジャックはニヤリと笑い、リラックスした姿勢で電話ボックスのドアにもたれ、ガムを嚙みながら、片手をポケットに突っ込む。だが、本当はひどく緊張している。自分が大事なものを台無しにしようとしているような気がしている。

＊

ビッツィは裸で居間を走りまわり、あいだにクッションをはさんでベビーシッターを近づけない。「ビッツィ……！」ベビーシッターは脅す。赤と緑と紫の人工光が濡れた裸の身体の上で踊り、ひずめが音をたて、銃が轟音をたて、駅馬車の車輪が雷鳴となって走りすぎる。「ビッツィ、どけよ！」と少年が文句を言う。「見えないじゃないか！」ビッツィは裸のまま逃げ、ベビーシッターは後を追い、裏の寝室に追いつめる。ビッツィが何かを投げると、それはベビーシッターの顔に柔らかく当たる。男性用下着だ。ベビーシッターは脇をすり抜けようとした少女を捕まえ、バスルームまで引きずっていくと、濡れたお尻をぴしゃりとひとうちして、ふたたびバスタブに放り込む。おかえしに、ビッツィは風呂の中で小便をする。

＊

タッカー氏はバーボンに水を注ぎ、パーティのホストであるこの家の主人と、着いたばかりの別の男性相手に手にゴルフの話をしている。三人組は週末にゴルフの予定を立て、四人目を探しているところだ。右手にグラスを握り、タッカー氏は左手でティーショットの身振りをする。「ホール一打のハンデをもらわないとな」「一打ちくれてやるとも！」とホストが言う。「お尻を出しなさい！」三人目が笑いながら訊ねる。「きみのとこのマークって子はどうしたんだい？」「知らんね」とホストは答え、カクテルをお盆いっぱいに乗せる。それから低いうなり声で付け加える。「どうせ女のケツを追っかけてるんだろ」三人は含み笑いをかわし、肩をすくめて同情の意をあらわにし、それから自分たちの女がいる居間に戻っていく。

＊

ブラインドはおろしている。ドアには鍵がかかってる。テレビを見ている。毛布をかぶってたりとか。そう、それだ。毛布の下だ。キスすると、彼女は目を閉じる。胸は彼の両手にとらえられ、柔らかくつぶれる。

＊

腹にきつい一撃。顔。黒ずくめの髭男はたたらを踏む。顎の尖った保安官は踏みこむが、拍車のついたブーツを顔にくらう。黒ずくめの男は前に飛びこみ、保安官の横隔膜に肩をぶつけ、彼女の下腹部は緊張で固まり、踏ん張って、保安官は浅黒い男の鼻をへし折り、相手を壁に叩きつけ、もう一発殴る！　もう一発！　黒ずくめの男はリズミカルにうめき、後退し、それからいちかばちかで前に飛びこむ――彼女の方も身を守るように膝を引き寄せる――保安官がよろめく！　下腹部をとらえる！　だが追撃を加えるのではなく、男は一歩引く――ピストルだ！　黒ずくめの男はピストルを持ってる！　保安官が抜く！　腰だめで撃つ！　爆発！　彼女は太腿のあいだで両手をぎゅっと握る――いけない！　保安官がくるりと回る！　撃たれた！　黒ずくめの男はためらい、狙い、彼女は脚に力をこめて固まり、保安官は必死で藁の中を転げ、銃を撃つ。

死んだ！　男は死んだ！　うめき声をあげ、身体を丸め、銃を握る手が弛んで下がり、落ちて、彼は崩れ落ちる。保安官は疲れきり、傷だらけで、床に倒れたまま弱々しく見上げる。ああ、元通りになるように！　元気に強く健康になるように！　調和と完全性に包まれて包みかえせるように！　保安官は痛々しく片肘をついて身を起こし、あざになった口元をもう一方の手の甲でぬぐう。

＊

「いや、俺たち、ちょっと寄ってみようかとか思ってよ」と彼は言い、マークに向けて大きくウィンクする。「〝俺たち〟って？」「いや、今、マークとつるんでてさ」「言ってやれよ、いいもんは分け合うのが友達だって」とマークは囁き、煙を一吹きすると、煙草の吸いさしをピンボール機の下に放りこむ。「何の話？」と彼女は訊ねる。「いや、マークと言ってたんだよ。二人なら倍楽しい、三人なら乱交パーティ」とジャックは言い、またウィンクする。彼女はクスクス笑う。「もう、ジャックったら！」声の後ろで叫び声と銃声がする。「じゃ、いいわよ、ちょっとだけね。二人ともいい子にするのよ」よし来た。

＊

たぶんどっかのクソガキが来てる。きっと今ごろ、俺のテレビの前のカウチで取っ組み合いをしてるんだ。家にちょっと寄って様子を見てこようか。様子を見るだけだ。別に変なことじゃない。あの娘は仕事してるはずなんだから！　二、三軒前に車をとめて、玄関からこっそり忍びこむ。服が脱ぎ散らかしてあり、テレビの光の中に若々しい太腿が明滅し、赤ん坊の泣き声がする。「おい、おまえたち、何をやってるんだ？　小僧、警察を呼ばれたくなかったら、さっさと出て行け！」もちろん、本当にいけないことをやっているわけじゃない。たぶんまだやりかたすらわかっちゃいない。彼は少女を慈愛深い目で見つめる。そのスカートは太腿のあたりまでまくれあがっている。顔を赤くし、怯えて、でも興奮して、少女は彼のことを見返す。彼は微笑む。指が膝に触れ、スカートのへりに近づいていく。また別のカップルが到着する。もうすっかり満員だ。自分一人くらい、いなくなっても誰も気づくまい。するっと抜けだし、何気なく忘れ物か何か、なんでもいいから取りに戻る。以前同じベビーシッターを雇ったとき、あの子がお風呂を使っていたことがあった。チアリーディングの練習か何かからそのまま直行してきて、後のデートだかに備えていたのだ。そうだな、アスピリンかな。静かに家に寄って、何気なくアスピリンを取りにバスルームへ行く。「おっと、失礼！　アスピリンを……！」彼女は彼のことを見返す。驚いて、でもなぜか心がわきたって。濡れた柔らかい乳房がお湯から出ては隠れ、白いおなかは波だっている。バスタブに残っていた彼女の陰毛は茶色だった。薄茶色だ。

＊

一風呂浴びてしまおうとバスタブに足を踏み入れたそのとき、ジミーがドアの向こうでバスルームに入りたいと言う。彼女は溜息をつく。どうせただの口実だ、とわかっている。「ちょっと待ってなさい」厄介者のチビ助。「おしっこ漏れちゃうよ」「しょうがないな、じゃあ入ってらっしゃい。でもわたしはお風呂に入ってるからね」そう言えば入ってこないだろうと思ったのだが、失敗だ。ジミーが入ってくる。彼女はバスタブの縁が視線の高さになるまで石鹸水の中に沈みこむ。ジミーはためらう。「入りなさいよ、我慢できないなら」彼女はちょっぴり億劫そうに言う。「でも、あたしは出ないからね」「こっち見ないで」と彼は言う。「見たくなりゃ見るわよ」

＊

彼女は泣いている。マークは彼に殴られたあごを撫でている。ランプは床に落ちて割れたまま。「いい加減にしろ、マーク！　ここから出てけ！」スカートはウェストのところまで裂け目が入り、むきだしのお尻にはあざができている。床に落ちたパンティは割れた風船のようだ。そのあと、彼は彼女の傷を洗ってあげ、服を着せてあげる。面倒を見てあげる。可哀相に思いはじめると、突然勃起してしまう。マークは指さして笑う。ジャックはしゃがみこみ、今にも来る痛撃を甘んじて待つ。

＊

笑いながら、一緒に転げまわる。小さな手が彼女の全身に伸び、探ってはつねる。かろうじて四つんばいになるが、ビッツィは首に飛びつき、顔をカーペットに押しつけようとする。「ジミー、お尻叩いて！」汗が鼻をつく。スカートがまくれあがってるんだろうか？　電話が鳴る。「騎兵隊の救出だ！」彼女は笑い、二人を振り払って電話に出る。

＊

マークにキスする彼女の目は閉じ、尻をジャックに向けて突き出す。彼はテレビの画面を見つめ、自信はないが手をスカートの下に滑りこます。彼女の手は抵抗するかのように腕を押さえたが、それを通り過ぎて彼の手を愛撫する。毛布の下に潜ったのはいいアイデアだった。「もしもし！　ジャックだけど！」

＊

ビッツィは風呂をあがり、お湯は出っぱなしだ。「さあ、ジミー、あんたの番よ！」前に子守りしたときも、ジミーは自分で風呂に入れると言い張ったが、それでも彼女は無理矢理風呂に入れた。「ぼくは風呂には入らないから」とジミーは宣言し、その目はテレビに釘付けになっている。戦う気満々だ。「でももうお湯入れちゃったのよ。ジミー、お風呂入りましょうよ！」彼は首をふる。無理強いさせるものか、自分だってあの女と同じくらい強い。彼女は溜息をつく。「勝手になさい。お湯がもったいないからあたしが使うわよ」ベビーシッターが気を変えない、と確信できるまで待って、それからこっそりバスルームに忍びより、ドアの鍵穴から覗く。ちょうどバスタブの泡をかき回そうと腰を曲げたところで、おっきなお尻が見える。それから姿が消える。鍵穴の端から下を見ようとしてふんばった拍子にドアノブに頭をぶつける。「ジミー、そこにいるの?」「ぼく――ぼくトイレに行きたい!」思わずどもる。

＊

バスタブの中ではなく、ちょうど入ろうとしているところ。片足をバスマットにつけ、もう片足はお湯に差し入れている。わずかに身をかがめ、お尻が張りつめ、乳首が揺れ、バスタブのへりを手で握っている。「おっと、失礼! アスピリンを……!」驚きの顔を無視し、ぎこちなく言い訳して、そのまま移動して手を伸ばし――「ハリー、いったい何をしてるの?」妻が自分の手を見つめている。通りがかったパーティのホストが笑う。「日曜日に向けてスイングの練習中だよ、ドリー。そんなことしたって無駄なのにな!」タッカー氏は笑い、七番アイアンでグリーンへのアプローチをおこなうように右手で空を切る。舌でぽん!と音をたてる。「行ったぞ!」

＊

「ダメよ、ジャック。ここへ来るのは」「いや、ちょっと電話してみただけなんだよ、だからさ、俺たちちょっと寄ってみようかとか思って、その、三十分ばかりテレビ見るとか、なんかさ」「〝俺たち〟って?」「いや、マークがいてさ、あいつとつるんでるんだけど、マークが言うにはさ、その、大丈夫だからって――」「あのね、全然大丈夫なんかじゃないの。タッカーさんにダメだって言われてるもの」「ああ、でもさ、ちょっとだけなら――」「それに前のときはすっごく疑ってたのよ」「なんでよ？　だって何も――いや、ちょっと思ってさ――」「ダメよ、ジャック。ダメって言ったらダメ」彼女は電話を切る。テレビに戻るが、CMになってしまっている。いずれにせよ、番組はほとんど見られなかった。この際一風呂浴びてしまおうか。ああ言ってもジャックは来るかもしれないし、そうしたら自分はカンカンに怒って、そんなことになったら彼とはそれで終わりだけど、でももし来たら、汗くさかったりするのは嫌だから。それにタッカー家の大きなバスタブは大好きだし。

＊

彼は恥ずかしがって背を向けて立ち、細い首筋は真っ赤に染まっている。永遠に出てこないかと思えたが、ようやくこぼれ落ちる。ほんの数滴だけ。「ほらね、やっぱりただの口実じゃない」と彼女は叱るが、内心では少年の狼狽ぶりを楽しんでいる。「ジミー、あんたって本当に厄介者ね」ドアの前で、ドアノブに手をかけ、ジミーはためらい、おずおずと足元を見つめる。「ジミー？」ベビーシッターはバスタブの縁から、笑いを押さえ込んだ真剣な顔で見やり、ジミーはおどおどしながら肩越しにふりかえる。「あたしの邪魔をしたんだから、ついでに背中流していってちょうだい」

＊

「アスピリンを……」二人は抱き合う。彼の腕の中で、彼女は子供のように丸くなる。愛おしく、守ってやるように、すべてを知っているように、裸の身体を覆ってやる。なんて小さな、硬く締まった肉体だろう！　耳にキスし、澄んだ水の中にある臀部を見下ろす。「今行くよ」と彼はかすれ声で言う。

＊

ベビーシッターはビッツィから投げつけられたショーツを拾い上げる。男ものの下着だ。身体の前に掲げ、寝室の鏡に映してみる。もちろん、自分には二十号ほど大きすぎるが。手を前の窓にあてがい、親指を突き出す。男って変なの！

＊

「じゃあよ、そこへ行ってスケをレイプしちまおうぜ」マークは抑揚のない声で言い、ピンボールに体重をあずける。「ううっ！　ああっ！　これでもくらえ！　どうだ！　はっは！　いいか、こいつをひっくり返してやる！」ジャックは電話の会話のせいで凹んでいる。電話を切ったとき、マークは軽蔑に鼻を鳴らした。ジャックは自分の腰抜けっぷりに腹が立ち、歯茎をきつく噛みしめる。「おまえがその気なら、おれもやるぜ」

＊

八時半。「よおし。いらっしゃい、ジミー、もう時間よ」ジミーは彼女を無視する。西部劇はスパイ・スリラーに変わっている。ビッツィはパジャマ姿で居間にバタバタと入ってくる。「ダメよ、ビッツィ、もう寝る時間だから」「テレビ見てもいいって言ったじゃない！」少女はむずかり、また癇癪をおこす。「ダメよ、お風呂でぐずぐずしてるから寝る時間になっちゃったのよ。ジミー、お風呂に入りなさい、今すぐ！」ジミーはむっつりテレビを見つめ、動こうとしない。ベビーシッターは番組の頭を見ようとする。ジミーが一人で風呂に入るなら、残りを見ても筋を追えるように。コマーシャルが入ったところでテレビの音を消し、画面の前に立ちふさがる。「よおし。バスタブに行きなさい、ジミー・タッカー。さもないと引きずっていって、あたしが自分で洗っちゃうから！」「やってみろよ」と彼は言う。「できるもんなら」

＊

二人は外に立っている。暗闇の中。茂みにしゃがみ込んで、中を覗きこむ。彼女は床に座って、子供たちと遊んでいる。まだ早すぎる。子供たちにくすぐられているようだ。彼女は四つんばいになるが、女の子の方が首に飛びついて、顔を床まで引き下ろす。目標がはっきり見え、男の子が一気に襲いかかる。「よお、あのガキを見ろよ！」とマークは囁き、小さく指を鳴らす。ジャックは外で落ち着かない。近所には人がいるし、車はしょっちゅう通りすぎるし、世界には人が多すぎる。でも、あのチビ助はひとつだけ自分の上手を行っている。前戯でくすぐるなんて、自分一人じゃとうてい思いつかなかった。

*

少年の小さな手が石鹸を握り、彼女の肩胛骨のあいだの狭い場所におそるおそる泡をたてる。彼女は膝を抱えこみ、あぶくの中に沈んで、肩越しに少年の様子をうかがう。石鹸が手から滑り出て、お湯の中に落ちる。「ぼく……ぼく石鹸落としちゃった」と小声で言う。彼女。「拾いなさい」

*

「ぼくは夢見る薄茶色の陰毛のジェニー！」「ハリー！　やめてよ！　この酔っぱらい！」でも連中は笑ってる、みんな笑ってる！　ハリーはきこしめしてしごくいい気分で、まちがいなく例のアスピリンが必要だ。見つめると彼女はそこに、太腿を開いて差しまねき、カウチの上で、バスタブの中で、くそ、キッチン・テーブルの上だっていいぞ、九番ホールでティーショットして――ぽおん！――パーティ・ホストの妻のお尻をひっぱたく。「ホールインワン！」と彼は叫ぶ。「ハリー！」どうして愚妻のドリーは楽しい酔っぱらいになってくれず、いつもいつも怒り上戸なんだろう？　「日曜日はきつい勝負を覚悟しとけよ！」「ハリー、今日も相当きついよ」とホストが言う。

*

ベビーシッターは前に飛びだし、少年の両手をつかんで、クッションふたつともどもカウチから引きずりおろし、バスルームの方へ引きずっていく。彼は足をじたばたさせ、雑誌や灰皿の載った脇テーブルを蹴飛ばす。「お兄ちゃんを離せ！」ビッツィが叫び、ベビーシッターの腰にかじりつく。ジミーも飛びかかり、三人そろって倒れこむ。音を消したテレビ画面には、どこか異国の古いアパートの暗い通廊がフェイドインしてくる。ベビーシッターが蹴りを入れると誰かが足のあいだに倒れてくる。他の誰かが顔の上に座っている。「ジミー！　やめなさい！」ベビーシッターは笑うが、その声はくぐもっている。

＊

彼女はテレビを見ている。一人きり。入るにはいいタイミング。これだけは忘れるな。口で何を言ったとしても、本当は彼女は望んでいるのだ。二人は藪の中で立っている。勇気を奮い起こそうとしている。「いい子にしろ、って言ってやるんだ」とマークは囁く。「もしいい子にしなかったら、お尻をペンペンしてやる」ジャックは声を出さずに笑ってみせるが、膝からは力が抜けそうだ。彼女は立ち上がる。二人は固まる。彼女はまっすぐ二人のいる方を見る。「こっちは見えねえよ」マークは緊張した声で囁く。「出てくるかな？」「いや」とマークは言う。「入ってく――あそこはきっとバスルームだ！」ジャックは大きく息を吸う。心臓が破裂しそうだ。「おい、この家って裏にも窓あるのか？」とマークが訊ねる。

＊

電話が鳴る。彼女はバスタブを出て、タオルを身体に巻く。ビッツィがタオルの端をひっぱる。「ほら、ジミー、タオル取っちゃえ！」と金切り声をあげる。「いい加減にしなさい、ビッツィ！」ベビーシッターは叱るが、もう遅い。電話に片手を取られており、片手ではタオルを押さえきれない。突然の裸体に仰天し、一瞬くすぐることを忘れる。思い出したときにはもうタオルを巻きなおしている。「よく見れてよかったわね」ベビーシッターは怒ったように言う。寒気を感じ、なぜか少し怯えている。「もしもし?」答えはない。彼女は窓の外を見やる――誰かいるのかしら? 何か、何かが見えた。それに木の葉が鳴る――足音?

＊

「わかったわ。好きになさい、ジミー。お風呂には入らないのね」彼女は苛立って言う。ブラウスは外に出て皺だらけになっている。髪はくしゃくしゃで、身体は汗まみれだ。この二人の子守りをするよりマシなことなら百万個挙げられる。三人だ。少なくとも赤ん坊は寝ている。ベビーシッターは幸運のおまじないにひっくり返ったテーブルを叩き、元に戻し、雑誌と灰皿を置きなおす。なんたって汚れたおむつほど不愉快なものはない。「もう寝なさい」「九時までは寝なくていいんだもん」と少年はベビーシッターに思い出させる。彼女にとってはどうでもいいことだ。ベビーシッターはテレビのヴォリュームをあげ、カウチに腰をすえ、ブラウスをスカートの中に押しこんで、髪を目から払う。ジミーとビッツィは床に座って見上げている。うまくしたら、二人が寝てしまったあとで、風呂にも入れるかもしれない。ジャックが寄ってくれればいいのに、と思う。男はどうやら間違いなくスパイで、女を尾行しているが、女の方は自分がなぜ追われているのかわからない。何かが起こりそうだが、何が起こるのかははっきりしない。たぶん見逃したことが多すぎるせいだ。電話が鳴る。

＊

マークは彼女にキスしている。ジャックは毛布の下で、のたくるヒップからパンティを下ろす。彼女の手はジャックのパンツに入り、あれを引っ張り出し、自分の方へ引きつけ、きつく引きつける。彼女はどこだかわかってる! マークも服を脱ぎつつある。うわあ、本当にその通りになるなんて! 彼は一種の宗教的歓喜を覚えながらそう思い、そのときドアが開いているのに気づく。「おい！　おまえたち、何をやってるんだ？」

＊

彼女の背中に泡をたてる、なめらかですべすべの手触り。彼女は身体を二つに折り、膝を抱えこんで、彼の足のあいだに丸くなる。薄茶色の髪は光る肩まで伸び、お湯に濡れる。石鹼が滑って、彼の股間に落ちる。石鹼に手を伸ばし、見つけ、握りそこねて背後に滑らせる。「一緒に探して」と彼女の耳に囁く。「もちろんだよ、ハリー」とパーティのホストが後ろで言い、前にまわる「何をなくしたって？」

＊

もうすぐ九時、子供たちをベッドに追っぱらう時間だ。彼女はテーブルを片づけ、紙皿と食べ残しのハンバーガーをまとめて捨て、コップと銀器を流しに下げ、マヨネーズとマスタードとケチャップを冷蔵庫に戻す。結局子供はどちらもちゃんと夕食をとらず、食べたのはほとんどポテトチップとアイスクリームだけだったが、そんなことは自分の知ったことではない。ベビーシッターは冷蔵庫の上に置いた本を見やる。読むチャンスはほとんどないだろう。すでに疲れ切っている。一風呂浴びたらちょっとは気分よくなるかもしれない。彼女はバスタブにお湯を入れ、バスソープを一振りし、服を脱ぐ。パンティを下ろす前に、下腹を覆うなめらかなシルクの布を見つめ、窓があるならあるべき場所を指でそっとなぞる。なぜか恥ずかしくなって、すばやくパンティを脱ぐと、ブラジャーのホックをはずす。両てのひらで胸の重さをはかり、バスルームの鏡で自分の姿を見ると、そのとき背後の開いた窓に顔が覗く。彼女は悲鳴をあげる。

＊

彼女は叫ぶ。「ジミー！　それをよこしなさい！」

「どうしたんだよ？」ジャックが電話の向こうで言う。「ジミー！　タオルをかえしなさい！　今すぐ！」「もしもし？　おい、聞いてるか？」「ごめんなさい、ジャック」と彼女はあえぎながら言う。「ちょうどお風呂に入ろうとしたところだったのよ。タオル巻いて出てきたら、馬鹿ガキに引っ張られちゃって！」「うへえ、オレもその場にいたかったよ！」「ジャックったら──」「もちろん、守ってあげるためにね」「もちろんね」彼女は笑いながら答える。「じゃあ、どうする、テレビ見に寄ってもいい？」「今すぐはだめよ」と彼女は言う。ジャックは軽く笑う。自分はとてもクールだ。「ジャック？」「なんだい？」「ジャック、あたし……あたし、誰かが外にいるような気がするの！」

＊

彼女は彼をつかまえて、格闘しながらバスタブまで引きずっていく。ビッツィはベビーシッターの背中を殴り、かかとを蹴飛ばしつづける。ジミーをつかまえておいて、同時に服を脱がすなんて不可能だ。「ジミー・タッカー、そんなことしてると服着たままお風呂に放りこむわよ！」彼女はあえぐ。「やめてよ！」彼は叫ぶ。ベビーシッターはトイレの便座に座ると、両足で胴体を押さえこみ、相手が反応する前にシャツをまくりあげて頭から脱がせてしまう。パンツはもっと簡単だ。この年頃の男の子にはほとんどヒップのふくらみがない。ジミーは必死でパンツを握りしめたが、その手をはずされてしまうと、あきらめて、わめきながら、こぶしでベビーシッターの顔を殴りつける。彼女は頭を下げてよけ、ヒステリックに笑う。なまっちろい小さなものが、少年の押さえがたい怒りと苦しみに合わせてひょこひょこ、柔らかく揺れる光景に不思議な魅惑を感じている。

＊

「アスピリン？　なんだってアスピリンなんか要るん

だ、ハリー？　アスピリンならこの家にもあるだろうけど、頼めば――」「アスピリンなんて言ったっけ？あー、いや、眼鏡がないって言ったんだよ。それにさ、ちょっと思ってね、家で何か問題が起きてるんじゃないかってちょっと気になって」どういうわけか口の中に入れ歯を六組突っ込んだように、舌がこの家のホステスが勧めてまわってるレバーソーセージみたいにぶっとく膨らんでるみたいに感じる。「なんで眼鏡が必要なんだよ、ハリー？　何を言ってるのかさっぱりわからん」「あー、いや、なんかめまいがするみたいな感じで、なんか――」「めまいなんて関係ないだろ。子供のことが心配なんだったら、電話してみればいいじゃないか？」

＊

彼女が裸で風呂に入ろうとしているのはわかったが、バスルームの窓は曇りガラスで、はっきりとは見えない。「いいアイデアがある」とマークが囁く。「どっちかが電話かけてあの女を呼び出すんだ。電話に出てくるところを表でもう一人が覗く」「オーケー。でもどっちが電話かけるんだ？」「両方だよ。二度やればいい。何度もくりかえしたっていいさ」

＊

禁じられた裏通りを行く。秘密の抜け道に入る。世界の恐ろしい秘密の鍵を開ける。突然のショック。落とし戸だ！　落下！　それともあっと驚くライフルの銃声、かきいい・い・いん！　と耳元のコンクリートに銃弾が食い込む！　気をつけて！　それからもう一度じりじりと、明るいところを避け、一度に一センチずつ、そこで開いたドアに向けてダッシュ――あぶない！　ナイフを持ってる！　取っ組み合い！　だめ！　長い刃が光る！　ひねる！　突く！　刺される！　いや、いや、はずれた！　暗殺者は倒れた、そう！　スパイが馬乗りになり、押さえ込み、猛烈に暴れる相手、顔を覆うマスクをはぎとる。女だ！

＊

背後を手探りし、彼女は見つけて、手でそいつを包みこみ、引き寄せる。「あら！」彼女は息をのみ、慌てて手を引く。耳が真っ赤になっている。「あたし……あたし、てっきり石鹼かと！」彼女を太腿のあいだできつくはさみ、背中を自分の方に引き寄せ、片手が下腹から足のあいだに降りてゆく。金髪のジェニー――「トイレに入りたいんだけど！」誰かがドアの向こうで言っている。

＊

バスルームで髪をとかしているときに電話が鳴る。赤ん坊が起きるといけないからと慌てて出る。「はい、タッカーです」返事はない。「もしもし？」カチリという小さな音。変だ。突然、広い家でひとりぼっちになったような気がして、子供たちと一緒にテレビを見に行く。

＊

「やめて！」と彼女は叫ぶ。「おねがい、やめて！」四つんばいになり、立ち上がろうとするが、二人の力は強すぎる。マークが頭を押さえつける。「ベイビー、いい娘になれるように教えてやるよ」と冷たく言い、ジャックの方に合図する。二つ折りに押さえ込まれると、スカートが太腿をめくれあがりパンティの脚ぐりまでがむきだす。「やっちまえ！　可愛い娘ちゃんは冷え切ってるぜ！　おまえの手であったためてやんな！」

＊

二、三ブロック先に車をとめる。家にこっそり忍びより、窓から中を覗きこむ。思ったとおりだ。ベビーシッターはブラウスを脱ぎ、少年のシャツはボタンがはずれている。二人がゆっくり、ぎこちなく、子供っぽく、お互いの服と格闘するのを見つめる。なんてこった、この調子じゃ朝までかかるぞ。「たいしたパーティじゃないか！」「よくぞ言った！」子供たちがほぼ裸になったところで彼は踏みこむ。「おい！　おまえたち、何をやってるんだ？」二人はブルーチーズみたいに真っ青になる。はっはっは！　「おい、小僧、そこにぶらさげてるちっこいものはいったいなんだ？」「ハリー、おとなしくしなさい！」いや、小僧にはパンツははかせてやらない。ケツをむきだしで家に帰ればいい。「ケツむきだし！」ハリーは乾杯する。「約束よ！」と当夜のホストの妻が言う。「服は郵便で送ってやるよ！」彼はカウチで身を縮める裸の少女を見下ろす。「どうやら二人だけのちょっとした秘密ができちまったようだな、ハニー」彼はクールに言う。「まさか、ボーイフレンドみたいな格好で家に帰りたくはないだろ？」自分の流れるようなウィットにほくそ笑み、少女の上に身を乗りだし、ベルトのバックルをはずす。「ひとつの秘密が二つになっても同じだろ？」「ハリー、いったい何を言ってるんだ？」彼はふらつく足でその場を離れ、手にグラスを握ったまま車に向かう。

＊

「おい！　おまえたち、何をやってるんだ？」毛布の下で半裸で絡みあっていた二人は不意をつかれる。テレビ：異国の舗道を走る怯えた足のカツン、カツーン。ジャックはあわてて、足首あたりに引っかかっているパンツを手探りする。毛布がはぎ取られる。「ただちに起立！」タッカーさん、タッカーの奥さん、マークのママとパパ、警察、隣近所、誰もがどんどん入ってくる。絶望的なことに、彼は強烈に勃起している。あまりに硬くて痛いぐらいだ。誰もが視線をそこに向ける。

＊

ビッツィは床で寝ている。ベビーシッターはお風呂に入っている。もう一時間以上になり、彼はトイレを使いたい。これ以上は我慢できないかもしれない。とうとう、バスルームのドアをノックする。「トイレに入りたいんだけど」「どうしても我慢できないなら、お入りなさい」「そこにいるあいだは嫌だよ」彼女は大きく溜息をつく。「わかった、わかったわよ。じゃあちょっとだけね」と彼女は言う。「ジミー、あんたって本当に厄介者ね！」我慢しようと、ぎゅっと力をこめて押さえる。「早く！」息をはき、目をきつくつぶる。駄目だ。もう遅い。ようやくベビーシッターがドアを開ける。「ジミー！」「早くって言ったのに！」彼女はすすり泣く。彼女はバスルームに引っ張っていき、パンツを引き下げる。

*

彼が着いたときは、ちょうど彼女はタオルを巻いて、電話に答えようとバスルームから出てくるところだ。子供たち二人が後ろから忍び足で近寄り、タオルを引きはがす。彼女は電話に出ながら、同時にタオルも取り戻そうとしている。たいした見世物だ。とっても可愛いお尻をしてる。茂みの中に突っ立って、片手で自分自身をいじくりながら、もう片手でグラスを差し上げて可愛いお尻に乾杯する。今、そのお尻を自分の息子がぴしゃりと平手打ち。ハッハ、あいつもうまいことやってるじゃないか。

*

茂みの中で次にどうすべきか言い争っているとき、彼女がタオルを巻いて、バスルームから出てくる。赤ん坊の泣き声が聞こえる。それから声がやむ。彼女が裸で、バスルームへと、何か怯えているような様子で走って戻るのが見える。「おまえがやらないって言っても、俺は行くぜ！」とマークは囁き、茂みから一歩踏み出す。だがちょうどそのとき、光線が庭を横切り、車が車寄せに入ってくる。地面に伏せる二人の心臓は高鳴る。「警官か？」「わからないよ！」「見られたかな？」「しいいっ！」車寄せからの歩道を男が千鳥足で歩いてくる。片手にグラスを握り、よろめきながらキッチンのドアをくぐり、まっすぐバスルームに向かう。「タッカーさんだ！」マークが囁く。悲鳴。「逃げろ！」

＊

九時。結局スパイのドラマはほとんど見られず、他にやることもなかったので、ベビーシッターは皿洗いをしてキッチンを適当に片づける。冷蔵庫の上に載った本が良心をうずかせるが、とりあえずはテレビで何をやっているかを確かめてからだ。居間に戻ると、幼いビッツィは床ですやすや眠っている。そっと少女を抱き上げ、ベッドまで運び、毛布をかけてやる。「オーケイ、ジミー、九時になったわよ。夜更かしさせてあげたんだから、おとなしく寝なさい」むっつりと、眠たい目をテレビに釘付けにしたまま、ジミーは居間からベッドルームへ向かう。ドラマがはじまる。ベビーシッターはチャンネルを変える。スポーツと殺人ミステリ。ドラマへとチャンネルを戻す。ラブストーリーらしい。主人公の男は年取った病気の妻と結婚しているが、若い娘と恋に落ちている。「ジミー、寝る前にバスルームで歯を磨きなさい！」と声をかけるが、すぐ後悔する。赤ん坊がゆりかごでみじろぎする音がしたからだ。

＊

二人は養老院に押しこんだ母親の話をしている。あらまあ、たいしたもんだこと、実に素晴らしいパーティだわ。彼女は連中にトイレを譲り、奥に引っ込んでしばらくガードルをゆるめ、少し休ませてもらうことにする。三人の子が自分を荷車で養老院へ運び届ける図を思い浮かべる。手押し車で。いやはや、なんとも嬉しい未来図だこと。ガードルをつけなおそうとして、うまく押し込めないのに気づく。パーティのホストが覗きこむ。「やあ、ドリー、大丈夫？」「ええ、ちょっとこのガードルがうまく止まらないのよ」「よしきた。手伝ったげるよ」

＊

彼女はそれをはいてみる。自前のものの上から。鏡の前に立ち、スカートを腰の上までまくりあげて。もちろん、二十号ばかり大きすぎる。後ろを引っ張ると、前に手を突っ込み、窓から親指を突き出してみる。「あたしってとってもいい男の子！」彼女は含み笑う。男って変なの！　そのとき、鏡の中に顔が覗く。背後の戸口で、不機嫌そうに見つめている。「ジミー！寝なさいって言ったでしょ！」「それ、パパのだぞ！」と子供は言う。「パパに言いつけてやる」

＊

「ジミー！」バスルームまで引きずっていくとパンツを下ろした。「靴まで濡れちゃってるじゃない！　脱ぎなさい！」バスタブで使っていた暖かい洗い布に石鹸をつけ、腰から下をゴシゴシこする。ビッツィが戸口に立って見つめている。「出てけ！　出てけ！」少年は妹に向かって叫ぶ。「ビッツィ、ベッドに戻りなさい。ちょっと事故があっただけよ」「出てけ！」赤ん坊が目を覚まし、大声で泣きはじめる。

＊

若き恋人は自分のライバルである病弱の妻を憐れむ。男は哀れな女性に義務を負っているのだと考え、自分はあくまでも待つと言い張る。だが男は自分自身に対する義務もあるんだと主張する。自分自身の人生もまた短いのだし、今は、たとえ病気でなかったとしても妻を愛することはできない。彼は娘を情熱的に抱きしめる。彼女は苦悩して身をもぎはなす。ドアが開く。だがそこに、ニヤニヤと笑いを浮かべ、悪鬼のごとく、だが同時にひどく間抜けにも見える二人が立っている。「ジャック！　来ないでって言ったはずなのに！」彼女は怒っているが、ちょっぴりほっとしている。子供たちがみんな眠ってしまうと、広い家でひとりぼっちなのが少し不安だったのだ。やっぱり、お風呂に入っておけばよかった。「いい子にしてるか見に寄ったんだよ」ジャックはそう言って顔を赤くする。少年たちは落ちつかなげに顔を見合わせる。

＊

温かくいい香りの石鹸水に身を沈め、気持ちよく身体を暖めようとしたまさにそのとき、電話が鳴る。タオルを身体に巻いて、急いで電話に出る。電話は無言。だけど、電話のせいで赤ん坊は目を覚ましてしまい、泣き喚いている。ひょっとして、みんなジャックのいたずらなのかしら。もしそうなら、兄さん、これでおしまいだぜ。あるいはなんにせよおしまいかもしれない。赤ん坊をあやそうとして飲みかけの哺乳瓶をあてがうのは、お風呂の途中でミルクを作りなおすのが嫌だったからだ。バスルームと言えば汚れたおむつ、鼻をつくあの臭い。「しーっ、しーっ！」と小声で言って、ゆりかごを揺らす。タオルが滑り落ち、背中をぞわっと寒気が襲う。タオルを取ろうとかがむより前に、ふりむくよりも前に、そこに誰かがいるのはわかっている。

＊

「いい子にしてるか見に寄ったんだよ」とジャックは言い、いやらしい笑みを浮かべて見下ろす。彼女は真っ赤になって何も喋れず、ぽかんと口を開けている。「背中向けろよ」マークは親しげに言う。「せっかく来たんだから、背中洗ってやるよ」でも彼女はそこで身体を丸め、石鹸水の中にうずくまって、大きな目で二人を見上げている。

＊

「おい！　おまえたち、何をやってるんだ？」タッカーさんが片手にグラスを握り、千鳥足で入ってくる。彼女はテレビから顔をあげる。「どうしたんですか、タッカーさん？」「ああ、いや、ごめんよ、ちょっと迷って――いや、だから、アスピリンが欲しくて。ごめんよ！」そして彼女の脇を小走りで抜けてバスルームに向かい、勢いで居間のドアを柱にぶつける。赤ん坊が目をさます。

＊

「オーケー、彼女の上から降りるんだ、タッカー！」「ジャック！」と彼女が叫ぶ。「あなたはなんでこんなところにいるの？」彼は二人をじっと見つめた。そうか、あそこに入るんだ。それから、タッカー氏が重たい身体を起こしたところで、強烈な右パンチをあのクソ野郎の腹にお見舞いする。だが、次の瞬間、老いぼれの拳をまともに顔にくらう。あたりが暗くなり、そこで聞こえたのはガールフレンドの悲鳴か赤ん坊の泣き声かわからない……

＊

パーティのホストは力をふりしぼってガードルを引っ張り、でっぷり太ったお尻を押しこめようとする。彼女は彼の肩越しに泣きわめく。「養老院なんか行きたくない、いい！」「よしよし、落ち着いて。ドリー、誰もそんなことは――」「あいたっ！　乱暴にしないでよ！」「もうちょっと大きなガードルを買った方がいいんじゃない？」「なんですって！」また別の男が顔を突っ込む。「どうしたんだよ？　ドリーが落っこちたのかい？」「いや、気絶したんだ。ちょっと手を貸してくれ」

＊

ようようジャックとマークを追いだしたときには、テレビで見ていたドラマの筋がすっかりわからなくなっている。どういうわけか、ドラマには三人目の女が出てきている。あの男はひどく複雑な生活を送っているに違いない。辛抱できずに、彼女はチャンネルを変える。スポーツは嫌いなので、殺人ミステリで我慢する。チャンネルを変えたのはちょうどいいタイミングだ。オフィスか書斎かそんな感じのところで、男が床に大の字になって死んでいる。体格のいい刑事が死体の上にかがみこんでいたが、立ち上がる。「首を絞められている」やっぱり、お風呂に入った方がいいかしら。

＊

彼をバスルームまで引きずっていき、パンツを引き下ろす。バスタブの温かい洗い布に石鹸をつけ、股間に手を伸ばすと、そのときあそこから勢いよく吹きだして彼女の腕と手がびしょびしょになる。「もう、ジミー！ 終わったんじゃなかったの！」悲鳴をあげ、彼をトイレの方に引っ張ると便器を狙わせる。すっごく濡れてて、すっごく弾力ある！ それに引っ張れば自由自在に曲がる。男の子って変なの！

＊

「やめて！」と彼女は叫ぶ。「おねがい、やめて！」彼女は四つんばいになり、ジャックが頭を押さえ込んでいる。「じゃあ、いい子になれるようにしてやろう」マークは言い、彼女のスカートをまくりあげる。「うわ、なんじゃこりゃ！」「どうしたんだ？」ジャックの心臓は早鐘を打っている。「こいつ、デカイ男物のパンツはいてやがる！」「それ、パパのだぞ！」と戸口から見ていたジミーが言う。「パパに言いつけてやる！」

＊

殺人ミステリの中ではお互い同士で撃ちあっている。でも、彼女はすっかり混乱してしまい、どっちがいい側なのかもわからない。チャンネルをラブストーリーに戻す。何かが起こったらしい。というのは今では男は病気の妻に優しくキスしているからだ。ひょっとしたらとうとう死ぬことになったのかも。赤ん坊が目を覚まし、うるさく泣きはじめる。泣かせとけばいい。ベビーシッターはテレビのヴォリュームをあげる。

＊

上にのしかかってベルトのバックルをはずす。すべてがこうなるだろうと思っていたとおりに起きている。すばらしい！　ガキはもういない。パンツだけは残していったが、哀れにも。「どうやら二人だけの秘密ができちまったようだな、お嬢ちゃん！」だがカウチの上は窮屈で、何もかもが小さすぎて滑りやすい。「ハニー、足をあげて。俺の背中にまわすんだ」だが、そうはせず、彼女は悲鳴をあげる。彼は転げて、床に音をたてて落ちる。そのときみんなが正面のドアから入ってくる。テレビでは誰かが喋っている。「ダーリン、わたしはあなたの重荷なの？」「ドリー！　なんで！　ドリー、いやこれは違うんだ……！」

＊

〈ドリー・タッカーをもう一度ガードルに押し込もう〉ゲームが今夜の出し物だ。ドリーを運んできて居間の床にうつぶせに寝かせると、みなが彼女を取り囲んだ。何人かがガードルを引き延ばし、残りで脂肪を中に押し込む。「こっち側で何センチか詰まったぞ！　ドリーを転がせ！」ハリーはどこ？

＊

まさにバスタブに足を踏み入れた瞬間に電話が鳴り、赤ん坊が目を覚ます。彼女は石鹸水の中に身を沈め、泣き声を聞くまいとする。赤ん坊は泣いてはいない。悲鳴をあげている。彼女は怒りながら身体にタオルを巻くと、鳴っている電話は無視し、いらいらと大股で赤ん坊の部屋に入ってゆく。赤ん坊を仰向けにして、急いでおむつのピンを抜くと、赤ん坊のうんちで両手が真っ黄色に染まる。タオルが落ちる。振り向くとジミーが阿呆のように突っ立って見ている。ベビーシッターは汚れた手で頬をひっぱたく。赤ん坊は泣き、電話は鳴りつづけ、テレビからはなじりあう声が聞こえる。もっとマシなことはいくらだってあるはずだ。

＊

いったいどうなってるんだろう？　今度は若い男が出ている。若い娘を追いかけているのか、それとも病気の妻の方だろうか？　正直言うと、男は女たちと同じ男を追いかけているように見える。うんざりして、彼女はチャンネルを変える。「また絞殺魔だ」とでぶの探偵はうなり声をあげ、両手を腰にあてて半裸の女性の死体を見下ろす。ラブストーリーにチャンネルを戻そうか、それとも一風呂浴びようかと考えたとき、突然伸びてきた手が彼女の口を覆う。

＊

「二人とも弱虫ね」と彼女は言い、二人を見上げる。「でも、タッカーさんが帰ってきたらどうする？」マークは不安げに訊ねる。

＊

どうやってここに来たんだろう？　彼はクソ忌々しい自分の家のバスルームに突っ立って小便しており、妻はまだパーティにいる。三人は、いい子のように、居間に座ってテレビを見ている。うち一人はパーティのホストの息子マークだ。「このミステリ、面白いですよ、タッカーさん」数分前、千鳥足で部屋に入ってきた彼に向かってマークはそう言った。「あー、そのままで」と彼は叫んだ。「ちょっと寄ってみただけだから！」それから、どしんどしんとバスルームに入っていった。小便のために長いお散歩だね、旦那さん。だが、何か気になることがある。そのとき気づく。女の子のパンティが、割れた風船みたいにテレビの屋内アンテナにひっかかかっている！　彼は慌てて戻り、その拍子に居間のドア柱に肩をしたたかぶつける——だがもうそこにひっかかってはいない。あるいは想像しただけだったのかも。「ねえ、タッカーさん」マークが抑揚のない声で言う。「前が開いてますよ」

＊

赤ん坊は汚い。ひどい臭いがする。さっさとサイレンと銃声が聞こえる居間へと戻る。探偵は家の外でしゃがみこみ、中の様子をうかがっている。話の筋はとっくにわからなくなっている。赤ん坊は声をかぎりに泣きさけんでいる。ヴォリュームをさらにあげる。でも、話はすっかり混乱したまま。ベビーシッターは急いで寝室に戻り、怒りにまかせて手で赤ん坊の口を押さえる。「だまれ！」と叫ぶ。赤ん坊をひっくり返して、おむつのピンを抜きはじめるが、赤ん坊はさらに声をはりあげる。電話が鳴る。電話に出る。片目はテレビに釘付けで。「もしもし？」赤ん坊はさらにひどく泣き、しまいに息が詰まる。ほっとけ。「だから、ジャックだって言ったの！」そのとき思い出す。ああ、しまった！　おむつのピンだ！

＊

「アスピリン……」だが彼女はすでにバスタブに入っている。バスタブの中深く。水の中から彼を見上げている。お腹は白く波打っている。サイレンが聞こえ、人がポーチに集まってくる。

＊

ジミーはトイレに行こうと起きるが、顔をはたかれ赤ん坊のうんちをなすりつけられる。それから彼女にバスルームまで引きずられ、パジャマをひっぺがされ、バスタブに放りこまれる。そこまではいい。でもそのあと自分も服を脱ぎ、一緒にバスタブに入ってこようとする。赤ん坊はびいびい泣き、電話は鳴りつづけ、パパは入ってくる。助かった！　と彼は思うが、いや、違う。パパに首筋をひっつかまれてバスタブから引き出され、さんざんにぶたれる。こっちには何も聞いてくれず、女も見ている前で、それから——バーン！——ベッドに戻される。そういうわけでベッドに寝ている。濡れて汚れて裸で痛くて、それにまだトイレに行きたくて、しかも外では男が二人話す声が聞こえる。

「いいか、女を押さえつけたらどこに入れたらいいか、わかってるな？」「わからない！　知ってるの？」

＊

「よいしょ、よっこらさ！」ドリーは仰向けになり、みんなで腹側に取り組んでいる。誰かが最初にバターを塗ればいいと卓抜なアイデアを出した。これまで稼いだ分を失わないように、照り焼き用注射器で内側から注ぎこむことにした。だが、ここで突然彼女を押し込もうという一派と、出そうという一派とが綱引きをはじめた。何かが裂けたが、ドリーの気分は良くなる。溶けたバターの香りから映画館のポップコーンを思い出す。「ねえ、誰かハリーのこと見た？」と彼女は訊ねる。「ハリーはどこ？」

＊

誰かが追いかけられている。ラブストーリーにチャンネルを変えると、今度は男はまた若い恋人にキスしている。何がどうなってるんだろう？　諦めて一風呂浴びることにする。ちょうどバスタブに入ろうとして、片足が中に、片足が外にあるとき、タッカーさんが入ってくる。「おっと失礼！　アスピリンを探しててね……」彼女はタオルに手を伸ばすが、タッカーさんに奪い取られる。「おやおや、そんな予定じゃなかったろ、お嬢ちゃん」と彼は叱る。「おねがいです！　タッカーさん……！」彼は荒々しく彼女を抱きしめ、硬く老いた手で背中をきつく握りしめる。「タッカーさん！」彼女は悲鳴をあげ、身悶えする。「奥さんが電話を――！」何かが股間に押しつけられ、彼女は痛みを感じる。彼女は足を滑らし、二人とも滑る――冷たく硬い何かが後頭部に打ちあたり、頭蓋骨を叩き割り、海の中に沈んでいくみたいな感触を……

＊

彼女はクッションの上に乗せられ、スカートは上がりパンティは下がっている。「ジャック・ベイビー、この娘にちょっくら教えてやろうじゃねえか！」光を放つ肉体にテレビの光が点滅し、一瞬照らしだす。〈1000 WHEN LIT〉ぱーん！　ぴしっ！　バンパーからバンパーへ！　彼女の上にのしかかり、相手が生命を取り戻すのを感じる。

＊

電話が鳴り、赤ん坊が目を覚ます。「ジャック、あなたなの？　ちょっと、いいかげんに――！」「いいえ、わたしはタッカーの妻です。テレビの音、ちょっと大きすぎない？」「あ、ごめんなさい、奥さん！　たまたま――」「もっと早くに電話したかったんだけど、たどりつけなかったのよ。だから、電話にね。ごめんなさいね」「ちょっと待っていただけますか、奥さん。赤ちゃんが――」「ハニー、ねえ聞いて！　ハリーはいる？　うちのが、そっち行ってない？」

＊

「だまれ！」と彼女は叫び、赤ん坊の口を掌で覆う。「だまれ！　だまれ！　だまれ！」もう片手には赤ん坊のうんちを握っており、気分悪くてもどしそうだ。電話が鳴る。「いや！」と彼女は叫ぶ。赤ん坊から手を離さず、放心状態でそっぽを向き、電話が鳴るのを聞いている。「オーケー、オーケー」溜息をつき、ようやく落ちつく。だが赤ん坊から手を離すと、そいつはもう泣いていない。揺すぶってみる。ああ、そんな……

＊

「もしもし？」無言。変だ。電話を切り、タオル一枚に身を包み、窓を見やると冷たい顔に覗きこまれている――悲鳴をあげる！

＊

彼女は悲鳴をあげ、彼を心底怯えさせる。彼はバスタブから飛び出し、彼女が呆然と見つめる窓を見やるとちょうど二つの顔が窓の下に消えるところで、そのときバスルームのタイルに滑り、尻から落ち、倒れる拍子に流しに頭をぶつける。彼女は震えながら、細い肩にタオルを巻きつけ、彼を見下ろす。「タッカーさん！ タッカーさん、大丈夫ですか……」悲しいのは《フーズ・ソリー》・誰《ナウ》？ そうだとも、背中を打ちつけたのは誰……彼は自分の悩みすべての元凶である小さな茂みを見上げ、気絶する。金髪のジェニーを夢見ながら……

＊

電話が鳴る。「ドリー！ きみにだよ！」「もしもし、タッカーさん？」「はい、わたしです」「タッカーさん、警察の者ですが……」

＊

狭くって面倒で滑りやすいが、彼女の中に入れたのはまちがいない。少なくとも一度は。目に入った石鹸水を洗い流すと、下から自分を見上げている彼女が見える。お湯の底から。「おい、マーク！ 助けなきゃ！」

＊

石鹸水に沈む。とっても眠たい。電話が鳴って目が覚める。タオルに身体をくるんで電話に出る。「いいえ、こちらにはいらっしゃってません、奥さん」変だ。結婚してる人たちって、すごく妙なふるまいをすることがある。赤ん坊が目を覚まして泣いている。汚い、最低だ。この気ちがい屋敷で子守りするよりマシなことならごまんとあるはずなのに。自分が使った風呂で赤ん坊も洗うことにする。タオルを落とすと、バスタブの栓を抜き、赤ん坊が立てるくらいの高さまでお湯を減らす。肩越しに後ろを見ると、ジミーがこちらを見つめている。「ジミー、ベッドに行きなさい」「トイレに行きたいんだ」「あーあ、ジミー、もう洩らしてるじゃないの！」電話が鳴る。タオルを巻くことすらせず——今さらジミーに隠したってしょうがないじゃない？——電話に出る。「駄目よ、ジャック。駄目だって言ったら駄目」サイレンが、テレビから、警察の手入れの場面で鳴り響く。でも、このチャンネルってラブストーリーだったんじゃなかった？ ひょっとしたら救急車かな。さっさとこれを片づけて、せめてニュースだけでも見たい。「ジミー、その濡れたパジャマを脱いで。あたしが新しいのを探してあげる。あなたもバスタブで暖まった方がいいかも」「赤ん坊がおかしいんだ」と彼は言う。「水に沈んじゃって、ぜんぜん泳いだりしないでじっとしてるんだ」

*

彼女は敷布に寝て上を見上げる。二人は彼女をはたく。何も起こらない。「おめえ、やっちまったぞ！」マークは低い声で言う。「さっさとずらかろう！」小さな子が二人、どんぐりまなこで戸口に立って見ている。マークはジャックにきついまなざしを向ける。「駄目だよ、マーク、まだ小さな子じゃないか…………！」「やるしかねえぜ、じゃないとこっちがお陀仏だ」

*

「ドリー！ なんで！ ドリー、これは違うんだ！」ドリーは上から彼を睨みつける。裂けたガードルを足首にまといつかせている。「わたしが雇った子守りと四人もバスタブにこもって、あなたたちは何をしてたわけ？」彼女は不快そうな声で言う。「早く知りたいものね！」

*

警察のサイレンがむせび泣き、回転灯が点滅する。「悲鳴が聞こえたんだ！」と誰かが叫ぶ。「男の子が二人いた！」「大人を見たわ！」「女が赤ん坊を抱いて走ってた！」「なんてこった！」誰かが叫ぶ。「みんな死んでる！」たくさんの人が駆けてくる。茂みがスポットライトで照らされる。

＊

「ハリー、いったい全体どこに行ってたのよ？」妻が哀れっぽく愚痴る。絨毯に座り込み、愚鈍な目で恨みがましく睨む。「なんでもないんだよ」「おい、ハリー、いったいどうした？」パーティのホスト役から訊ねられる。どういう理由か知りたくもないが、バターを塗りたくっている。「まるで幽霊でも見たみたいな顔だぞ！」グラスはどこに置いてきたんだろう？　みんな笑っている、みんなと言ってもドリーだけは別で、頬を涙が伝っている。「ねえ、ハリー、あの子たちに、あたしを養老院にはやらせないでね？」

＊

十時。お皿も洗い、子供たちは寝かせ、本は読み終え、テレビのニュースを見ている。眠たい。男の声は優しく、あやすようだ。うつらうつら——はっとして目覚める。ベビーシッター？　今、アナウンサーがベビーシッターがなんとか言わなかった？

＊

「ちょっと天気予報を見たいんだけど」とパーティのホストは言い、テレビのチャンネルをくるくる変える。お客はほとんど帰ってしまったが、タッカー夫妻は残ってニュースを見る。ニュースでは、アナウンサーがベビーシッターのことを何か話している。ホストはチャンネルを変える。「四チャンネルのお天気キャスターがいいんだ」と説明する。「ちょっと待って！」とタッカー夫人は言う。「今、ベビーシッターがなんとかって……！」ホストはチャンネルを戻す。「警察はいまだ詳細を発表しておりません」とアナウンサーは言う。「ハリー、早く帰った方がいいんじゃないかしら……」

＊

たまたまドラッグストアから出てきたところで知り合いと行き会う。「おい！　ベビーシッターの話は聞いたか？」とその男は訊ねる。マークはうなり声をだし、ジャックをねめつける。「モク持ってねえか？」と男に訊ねる。

＊

「今、赤ん坊の泣き声が聞こえたわ！」タッカー夫人は悲鳴をあげ、車寄せから芝生を横切って走る。

＊

目が覚めると、タッカー氏に上から覗きこまれていて、驚く。「すいません、うつらうつらしてて！」と大声を出す。「ベビーシッターのニュースは聞いた？」とタッカー夫人は訊ねる。「全部は聞いてませんけど」と起きあがりながら言う。「ひどい話ですわよね」タッカー氏はスポーツとゴルフの結果を見ている。「今、家まで送ってあげるからね」と彼は言う。「あら、すてき！」タッカー夫人はキッチンで大声を出す。「お皿も全部洗ってある！」

＊

「ドリー、なんと言ったらいいかね」パーティのホストはためいきをつき、裂けてバターまみれのガードルの紐を指のあいだでひねる。「お子さんたちは殺されて、旦那さんは行方不明、バスタブには死体が転がっていて、家は荒らされてる。お気の毒に。しかし、なんと言ったらいいかね？」テレビのニュースは終わり、アスピリンのCMがはじまる。「ふん、わたしの知ったこっちゃないわ」と彼女は言う。「深夜映画は何をやってるのかしら」

象が列車に体当たり

Elephant Bangs Train

ウィリアム・コツウィンクル
若島 正訳

真性ボヘミアンの怪作家ウィリアム・コッツウィンクルは、なんとも不思議な人だ。代表作『扇風機男』(サンリオSF文庫での邦題は『バドティーズ大先生のラブ・コーラス』)や、『名探偵カマキリと5つの怪事件』など、いずれも傑作を書く気がまったくないような力の抜きかげんが、コッツウィンクルの不思議な持ち味である。短篇も、これで短篇と呼べるのかしらというようなものばかり。

ロイター発
ナイロビ、ケニア　一九六九年五月二十五日

丘に咲いている黄色い花にさそわれて、ゾウはのぼってみようかという気になった。緑の斜面をのぼっていきながら、花を鼻で引きちぎってのみこんだ。仲間が奇声をあげることもなく草を食べていた。ネコがえさを追っかけて、日の出の前にすずしい木かげで食事をすませ、いまは日当たりのいい崖で昼寝をしている。ゾウは日の出から日の入りまで食べつづけるのが習慣になっていたので、うれしそうに尾っぽをふった。黄色い花はめったにないごちそうなのだ。

むしゃむしゃやりながら丘の上の高原にのぼると、そこにふしぎな道が現われた。広くて、川底みたいに石が敷きつめられている。石のすきまにも花が咲いていたので、それを食べながらふしぎな道にそって進んでいった。いったいこの道を使っているのはどんな動物なんだろう。道の両側にはぴかぴかの骨があり、熱くて、嗅いだことのないにおいで、曲線を描いて森のなかへと消えている。じぶんが知っているジャングルでは、こんなのは見たことがない。

ゾウは仲間からすっかりはなれて、緑のあざやかな葉のほうへとむかっていた。見知らぬ土地の空では黒い翼をした死の鳥が旋回していたが、気にはならなかった。ヒョウを相手にしたこともあるし、なめらかなチーターを串刺しにしてやったこともあるのだ。ライオンとはいさかいをおこしたことはない。野獣の王どうしがけんかをするのはよくないからだ。ゾウは道をどんどん進んで、花や草をほおばった。

とつぜん、サルたちがキーキー叫びはじめた。大きなネコが姿を現わし、草のなかをかけてきたのだ。レイヨウが平原で逃げだした。ゾウは食べるのをやめて、レイヨウがびっくりしたその轟音を遠くに聞いた。それはまるでたくさんのゾウが走っているような音だったが、聞いたことのあるどんな声にも似ていない。ゾウは耳を外にむけ、森のほうを片目で見ながらまた食べつづけた。地面がふるえはじめても、ゾウはあいかわらず食べていた。もう黄色い花もそんなにおいしくなかった。

巨大な影が遠くの森からぬけだしてくるのをゾウは目にした。群れのようだが、見たところからだは一つしかなく、すばやい速さだ。黒煙が森の上空に舞い、サルが「逃げろ!」と叫んでいた。けだかい血筋でなければ、じぶんもそうしていたところかもしれない。もちろん、イヌかジャッカルだったら、文句なしにそうしている。ただ、じぶんは王なのだから選択の余地はない。ゾウは道にじっとしたまま、長い影が近づいてくるのを見守った。

無数の歯を持ち、きらきらとかがやく、巨大なすばやいヘビが森をぬけてやってきた。だれのなわばりだと思ってやがるんだ、とゾウはそいつに面とむかった。そいつの頭は黒く、冷たい無表情な目をして、ばかでかい尾っぽをふっている。

ゆっくりとむかってくるそいつに、ゾウは警告の第一声を発したが、巨大なヘビのたてる音にかき消されてしまった。ほとんどゾウにのしかからんばかりに、そいつは道の骨や花をのみこみながら、どけどけと叫びたてた。そのかんだかい叫び声でゾウの耳はぴくりとしたが、そこをどこうとはしなかった。ジャングルじゅうの何千もの目がじぶんにそそがれているからだ。

ヘビが押してきたので、怒り声をあげてゾウは押しかえしたが、足もとの石がくずれだした。ゾウはうしろにすべり落ち、ヘビのするどくて冷たい歯が足のあいだにわって入ってきて、体勢がくずれた。必死になって牙でヘビにつかまろうとしても、足がささえられない。地面がなくなり、ゾウは倒れて、くるったような声をあげながら、丘をころがり落ちた。

怒りでものも言えないまま、ゾウはやっと立ち上がった。ヘビはもう攻撃をつづけることなく通りすぎていった。そいつは尾っぽをいかにも勝ち誇ったように動かし、そのつんとするようなにおいが空気に満ちて、ゾウの鼻をひりひりさせた。

サルがわめき、オウムがしゃべっていた。そのからかいから逃れようと、ゾウはいそいで広々とした平原に出ていったが、背の高い草むらをぬけるときにもジャッカルの笑い声が追いかけてきて、遠くの崖では、ライオンがあざけるようにうなり声をあげていた。

ゾウは川に行き、水浴びをしてジャングルのからかいを追いはらおうとした。そこでじゃぶじゃぶと水に入っていくと、目の前でカバが水面から顔を出した。ねむそうな目がこっちをばかにしているようだ。

サルがうるさくさわぎたて、ゾウが恥をかいたという話が森に広まった。あたりはそのくるったような叫びだらけだった。静かにしろとゾウが命じても、やつらは頭上の手がとどかないところではねまわり、いじわるそうにしゃべっている。ゾウは耳がひりひりして、早く夜にならないかと思った。そうすれば黒いネコが獲物をさがしてうろつくから、しゃべろうなんてだれもしなくなる。

ゾウはうなだれて緑の土地を進み、崖のほうへとむかった。それがまちがいで、そこにはヒヒがいて、嬌声をあげながらうなずきあっていたのだ。その侮辱に言いかえすことはしなかった。ヒヒになにを言ったところで、腐ったくだものみたいに投げかえされるのがおちだからだ。

ゾウは暗い森のなかに入り、ふきげんそうに草をかじりながら、どうしたものかと考えた。ジャングルじゅうがじぶんの恥を歌っているいま、仲間のところには戻れない。

崖のはしから身を投げて、しかばねをあさるイヌたちに食われたほうがましなのだろうか。ゾウは小さな白い花を口にしてみた。なにもあわてることはない。まだ味わうべきごちそうがあるではないか。

　風の向きが変わり、おぼえのある、ゆたかなにおいが葉のしげみからつたわってきた。ゾウは静かに聞き耳をたて、それからやさしい声で呼んでみた。葉ががさごそして、そのにおいがゾウを包んだ。ゾウは牙で小枝をおしのけた。

　そこには美しいメウシが立っていた。その目はこれまでのいくどとない出会いを語っている。尻のあいだでどでかい勃起がはじまった。ゾウはメウシのまわりをまわって、うしろからのしかかろうとしたが、メウシははっきりとした拒絶のしるしに尾っぽをふった。ゾウは冗談半分でそれなら牙でもとさしだしてみたが、メウシはそれもことわった。後足立ちですてきな泣き声をかなでてみてもじっとしたままで、その視線がまるでネコの爪みたいに食いこんだ。恥をかいたという話はもう伝説になっていたのだ。メウシはのろのろとはなれて、森のなかに消えていった。

　尻のあいだのどでかい勃起はおさまらなかった。川の泥底にでも突っこんでみたらどうだい、とヒヒがすすめた。怒りくるっておたけびをあげながら、ゾウが牙で木々をゆらし、根っこからひきちぎると、ヒヒは跳びはねて逃げ、笑い声をあげた。

　暗い森のなかで、ゾウはうちひしがれて立っていた。どんなメウシが相手になってくれるというんだろう?たぶん年寄りで、頭にこぶができているやつがせいぜいだ。そのとき、遠くで、おぼえのある音が聞こえた。

　その音が大きくなるにつれて、怒りがゆっくり尾っぽから牙へとこみあげた。ゾウはすばやく森をぬけて平原に出た。そこの草むらに、ゾウはふたたびふしぎな道を目にした。長くてぴかぴかの骨があり、ずっと遠くには、巨大な影が森のなかを進んでいる。

　日ざしもかげり、もうひんやりとしていた。地面がゆれ、轟音が大きくなった。空には黒い雲がながれ、その上で死の鳥が旋回している。ヘビが森のなかから現われ、ぎらぎらした目をかがやかせて平原に出てきた。

　ゾウはのしのしとそいつにむかい、ヘビの頭がすっかり見えるところまで来ると、突進した。平原がかすみ、ゾウは頭を下げて突っこんだ。

　ヘビはゾウを見て悲鳴をあげたが、怒りにみなぎったゾウは真正面から頭突きをくらわせた。闇がおとずれて、ネコの目が光った。ヘビはゆらいであとずさりした。ゾウはそいつの腹を牙ではさみ、道から押し出した。ヘビは尾っぽをばたばたさせて絶叫をあげた。ゾウはふらふらしながらしりぞき、ずきずきする頭でもう一度突っこみ、ヘビの目玉に牙を突きたてた。

　ヘビは動かなかった。死んだのだ。ゾウはかちどきをあげて、これみよがしにゆっくりと歩みさった。はらだたしそうにののしる、ヒヒのような声も聞こえたが、なんの言葉かわからないので知らんふりをした。森では黒いひとみのメウシが待っていた。ゾウが近づくと、メウシはゆっくりとうしろをむいて、尻をさしだしてくれた。

スカット・ファーカスと魔性のマライア

Scut Farkas and the Murderous Mariah

ジーン・シェパード

浅倉久志訳

本書でおそらく最もなじみがないはずのジーン・シェパードは、さまざまなメディアで活躍した多芸の人物。長いあいだラジオ番組を担当して有名になる。余技に属する執筆活動では、少年時代の思い出をつづるノスタルジアにあふれたユーモア作品が主で、《プレイボーイ》誌の常連寄稿者としても知られるようになった。おそらく今回が、シェパードの日本での初紹介にあたるはず。

「ジョージ、このおもちゃの馬車は捨てますよ。もうこんなもので遊ぶ年でもないでしょうが。いまのおまえは将軍だし。地下室ではこりまみれにしといてもね。それと、誕生日におまえが買ってもらったあの手斧も、いらなければいっしょに始末しますよ。あんなものを家のなかにぶらさげておきたくないの。騒動の起きるもとだから」

ジョージ・ワシントンの母親が、過ぎ去った歳月というおぼろなもやの彼方から、ふるえを帯びた、古風な声でしゃべっているのが聞こえる気がする。わたしの目の前のケースには、上品で、古めかしく、背中を丸めた感じの馬車がはいっていた。大きなスポークのついた車輪。時代物の赤い塗料が鱗のように剝がれているのまでが見える。説明文にはこうあった――

少年時代のジョージ・ワシントンの持ち物と思われるおもちゃの馬車。この貴重な記念品は、ほぼ確実に本物であると証明された。

ジョージ・ワシントンの小さな赤い馬車！　わたしは驚嘆を味わった。建国の父が大きな車輪の木製おもちゃをひっぱって、未開拓地を歩く場面を想像してみる。十八世紀のオーバーオールがかすかに湿り気をおび、砂の上に十八世紀の子供靴の紐がひきずられながら、全歴史を通じて最も輝かしい革命家への道を歩んでいるところを。

博物館の陳列品のあいだを歩きまわるわたしは、いまや沈思黙考の大渦に巻きこまれ、これまで一度も思いつかなかった新しい考えの鉱脈を掘りおこしていた。

つぎの陳列ケースには、渋い色のビロードにおおわれた台の上に、使い古された傷だらけの木製のコマが飾られている。わたしの子供時代にはスパイクシーと呼ばれた種類で、何世紀ものあいだ、子供の世界におけるおとなとガキを区別してきたコマだ。この腹立たしい考案物のことに疎《うと》い不運な人たちのために説明すると、スパイクシーはコマの形をした、きわめて機能的な木製おもちゃで、その下端は美しく冷酷にとがり、ギラギラ輝く鋼鉄の大釘に似た回転軸で終わっている。

はたとわたしは足をとめた。おのれの目が信じられなかった。目をこらし、きらきら光るガラスケースを透かして、陳列ケース内部のずんぐりしたおもちゃを見つめた。これはただのスパイクシーじゃない。このわたしがむかし出会った、あの不気味なコマの一族と瓜《うり》ふたつだ。陳列品の上に身を乗りだして、説明文を読んだ――

めずらしい手製のコマ。来歴不詳。若き日のトマス・ジェファソンの所持品であったといわれる。

なんとなんと！　トマス・ジェファソン！　理性の時代が生んだ、優雅で完璧な人物。建築家、政治家、ユートピア主義者にして文人。わたしは謙虚にもこう考えた。コマまわしなら、このわたしも二、三の芸当をトムに披露できたかもしれないぞ。早い話、独立宣言は独立宣言、喧嘩ゴマは喧嘩ゴマだ。台の上に、無言で、謎めいて、静かに休息しているコマ。黒ずんだ、趣のある、やや褪せた小豆《あずき》色。いったい、これはどういう名前のコマで、アメリカ流の生き方を定めた男のためにどんな戦いをしたのだろうか。遠い過去にどんなふうに戦い、そしていまも戦うのだろうか。

そのコマを見つめるうちに、先細りのイタリア風スラックスの下で、コマの古傷がうずきはじめた――おぼろげな過去に、スパイクシーの勝負で、競争相手としのぎを削ったときに受けた傷だ。いまでもよくおぼえているのは、ジュニア・キッセルの無駄のない、横手投げのスライス気味のモーション。彼が緑色の紐をひと振りするのといっしょに、黄色のスパイクシーがヒューンと音を立てて、十セント硬貨の上でまわりだす。いっぽう、フリックは——もっとむらっ気で、もっと派手というか——大仰に輪を描くような上手投げのモーションから、スパイクシーを運動場の地面より六十センチも上に投げる。自己顕示的な、わざとぐらついている感じでまわりだしたコマは、二、三度ためらいがちにバウンドしてから、本調子になる。このわたしの得意技は、もっとひそやかな、蛇を思わせる下手投げだった。腰のあたりを起点に、両膝の周囲をめぐって、やや上へ。つぎに鞭のように鋭いフォロー・スルーのあと、コマはすばやく地上に放たれる。フリックの動きは見ていてたのしい。キッセルはきちょうめんで端正。わたしの動きは不気味。

あのころはコマで遊ぶ子供に二種類のタイプがあった。ただコマで遊ぶだけの子供——ディレッタントというか、無計画で、ぞんざいで、見る価値がない。だが、もうひとつの種族にとっては、コマは最も純粋な意味での武器、おのれの意志の延長、才能と攻撃性を示す武器だった。絶対におもちゃではない。わたしはその孤独な種族に属していた。戦いの場のコマは、ただひとつの目的にしか使われない——破壊だ。汗ばみ、緊張した、本物の業《わざ》師の手に握られたコマは、まばたきひとつするあいだに、相手のコマをまっぷたつにできる。

いまも忘れられないのは、わたしのコマが排水溝に転がりこみ、まっぷたつに割れた回復不能の姿で、酔っぱらいのようによろめいた姿だ。相手のスカット・ファーカスは、なめらかで、不気味で、真っ黒な自分のスパイクシーをポケットにおさめ、あともふりかえらずに、すたすた去っていく。そのとき、その場で、わたしのむこう二、三年間の鬱屈した人生行路は、妥協の余地もなく定まった。何時間もひとりで地下室にひきこもり、これまでに知られたあらゆるモーションをひそかに練習したのだ。そこにはめったに見たことがなく、マスターするのが困難な鞭打ち風の動きから、女性的でデリケートな横手投げまでが含まれていた。やがて自己本来の個性的なフォームが、じょじょに固まってきた——ある春の日、わたしは三人の親友の大切なコマを、わずか五分間でつぎつぎにまっぷたつにしていった。これで一流になれるぞ、という自覚がわいた。

だが、ちょっと待てよ。たしかにコマ回しの腕には自信がある。だが、問題はかんじんのコマがないことだ。無教養な目には、コマはコマに見えるだろう——赤いのや、緑のや、青いのがあるだけだ、と。信じがたいことだが、一部の人間にとっては、きっとそうなのにちがいない。無知は祝福かもしれないが、哀れでもある。なにも知らない人間の目には、野球選手の使うバットがすべておなじに見える。だが、これほど真実から遠いものはない。大リーグの選手たちは毎年ケンタッキー州ルイビルまで足を運ぶが、その緊急な目的はただひとつ。よく乾燥した木材を選んで、細心の注意で削り上げ、綿密に重量を計算しつつ、精密に仕上げられたバットを手に入れるためなのだ。それが一流選手と無名選手のあいだに立ちはだかる壁でもある。彼らはその個人的武器を、熱烈な根気強い警戒心で守りつづける。長い冬の夜、国際的に有名なスラッガーたちは暖炉わきにすわり、油でギトギトのポークチョップの骨で、来シーズン用のバットを、注意深く、果てしなく磨きつづけるのだ。ついに開幕の日が訪れると、クリーンアップに指名されたバッターはホームプレートに近づき、個性的な、しかも、人と道具が完全に一体化した動きで空気を切り裂く。たとえばブーグ・パウエルのバットは、トニー・コングリアーロのバットとは、夕暮れと夜明けほどもちがう。どちらもよく似て見えるが、握った感じはまるでちがう。

スカット・ファーカスのコマは、マライアというその名を近隣一帯に鳴りひびかせ、すくなくとも五十からそれ以上の確実な殺しの実績に加えて、半ダースものほぼ確実な噂が流れているだけでなく、致命的な切り傷やえぐり傷を負わせた回数は神のみぞ知る、という評判だった。噂によると、そのコマの旧所有者は、ファーカスの父親だったらしい。無口で鋼のような目つき、ひげの剃りあとが青々として、ひどいしわがれ声の男だ。この父親の経営する屑鉄置き場には、寿命のつきた自動車の朽ちゆく残骸や、錆びるにまかせた列車の車輪が山積みにされている。一部の連中にいわせると、そのコマはじつはコマでなくて、一種の外国製ナイフだという。ふつうのコマほど大きくなく、奇妙にずんぐりした形は発育不良の真っ黒なキノコそっくり、たいていのコマより上半分が大きく、急速にすぼんだダークブルーの下半分は、焼き入れしたサーベルの輝く切っ先に似ている。そのコマは見かけが風変わりなだけではない。回転すると、不快な低い唸りを上げる――とても特徴のある不気味な音で、高くなっては低くなり、まるで遠くから死と破壊をたくらんで接近するフォッカー機の編隊にも似た、奥深い轟音だ。すべての真のプロがそうであるように、ファーカスもよほど腹を立てたときでもないかぎり、めったに自分のコマを他人に見せない。運動場をひそやかに歩きまわるファーカスの尻ポケットは、意味ありげにふくらみ、そこからコマの紐が一本、わずかにのぞいている。ファーカスは、つねに敵意に満ちて歩きまわる、挑戦という名の生き物だった。

ビー玉のプレーヤーとしてのファーカスは、この上品なゲームからとっくに閉め出しを食っていた。スリー・イン・ワンのオイルで軽く磨きあげた、青い鋼鉄のボールベアリングを使い、ハイスティーやスピットシーのゲームをいつもめちゃくちゃにしたあげく、運動場に残されるのは、こっぱみじんにされたコムシーや、高価なアギーの残骸――そして、うち砕かれた希望だった。ファーカスは、その言葉の最も正しい意味で、本気のビー玉をやったといえる。ファーカスのキャノンボールに打ちのめされたアギーは、存在することをやめ、こっぱみじんになった灰の煙といっしょに消えてしまう。

ファーカスの秘密は、武器の選択だけにとどまらなかった。彼は邪眼の持ち主でもあった。だれもが人生で一度か二度は、そんな目を見た経験がある。ほんの一瞬、たとえば地下鉄に乗ったときや、土曜の夜の雑踏する歩道や、オルフィウム劇場のB級映画に出てくる死刑囚監房の鉄格子を透かした暗闇や、爬虫類館の湯気の立つ異臭の彼方で、恐ろしい、血も凍る一瞬に、ちらとそれを見るわけだ。ウォレン・G・ハーディング小学校の運動場で、ファーカスの目がどんな効果を発揮したかを語るのはむずかしい。解剖学的にそんな効果がありえないことは承知しているが、ファーカスの目はまじりけのないシルバーグレーに見え、まばたきひとつせず、その内部には宝石のように硬い輝きがある。幅がせまく、頬骨の高いイタチ顔の、鼻水を垂らした鋭い鼻の上にくっついた両眼は、無数の未成年者のひよわな心に永久の傷痕を残してきた。真夜中に汗びっしょりで悲鳴を上げながら目ざめた子供たちの数は多い。子供たちが見たものは、柵を跳びこえ、ポーチの下をくぐり、車庫を通りぬけて、あの容赦ないイタチ顔に追いかけられる夢だった。その一般的な性質で、肉体的にも精神的にもスカット・ファーカスにいちばん近いものをわたしが見たのは、ある晴れた日の午後、フロリダのドックでのことだ。まだ完全には死んでいない、二、三メートルもあるアオザメの顔だ。スカット・ファーカスは、十歳にして、すでに侮りがたいおとなだった。

わたしが聞いた噂のなかで、葉巻も、紙巻きタバコも、トウモロコシの毛を巻いたタバコもめったに吸わない子供は、ファーカスひとり。ファーカスがやるのは、リンゴ汁に漬けたレッド・ミュール印の嚙みタバコだけだった。教室でも、外でもそうだ。唾を遠くへ飛ばすことにかけては、まちがいなく史上最高の何人かのうちにはいるだろう。教室内ではたいていだれかの髪の毛を狙う。運動場ではたいていインク壺を標的に使い、それに対して公然と抗議する者はめったにいないし、抗議した者は後悔の日々を送ることになる。ファーカスの視線が、教室内のただひとりを除いて、つぎつぎとあらゆる男生徒にメッセージを送りつけるのだ。そのメッセージとは――「この決着は放課後につけてやる」抗議者は運命がきわまったことを知って、たいていはその場でパンツを濡らす。

ファーカスは、クラスメートのだれにも、名字でしか呼びかけなかった。ファーストネームを使うのは、なんとなく仲間意識や弱さのしるしに受けとられ、頑固な好戦主義者という建前が崩れるからだろう。犠牲者の名字のあとには、つねにおなじ文句がくる。「このへなちょこ野郎!」

純粋な残忍性という点で、だれもが知っている彼の唯一の好敵手は、おなじく悪名高いグローヴァー・ディルだった。このふたりはおたがいをきわめて危険な相手と認めあい、暗黙の同盟を結んでいた――ほかの子供たちを完全な支配下におく同盟を。

喧嘩ゴマでのファーカスは、みんなから無敵の名人と認められていた。マライアと、風を切ってスリークォーターから投げおろすファーカスの短い動きの組み合わせは、まさに破壊的だった。ワイルドな速球派投手とおなじで、ファーカスは正確さを犠牲にしても威力を心がける。マライアがぶつかった場合、もはや反撃はやってこない。

ときおり、ウォレン・G・ハーディング小学校での圧倒的なファーカスの評判を聞き伝えて、放課後によその学校から挑戦者が現われることもあった。両者が一騎打ちの構えをとると、両陣営のガキどものあいだに興奮のさざ波が伝わる。ウォレン・G・ハーディング小学校の生徒には、強烈な愛校精神がみなぎっていた。いわばみんなが、「よくてもわるくてもウォレン・G・ハーディング」という考えなのだ――しかし、スカット・ファーカスが、たとえば、聖ペテロ教区小学校や、ジョージ・ロジャーズ・クリーク小学校の挑戦者と対決する場合はちがう。スカット・ファーカスは、その背中にウォレン・G・ハーディング小学校の旗を背負っていない。筋金入りのならず者がすべてそうであるように、彼に見分けのつく唯一の旗の色は血の赤なのだ。もちろん、それは相手の血。

毎週毎週、毎月毎月、スカット・ファーカスとマライアが、インディアナ州ホウマン最高のコマをつぎつぎにぶっこわしていくのを、われわれはなすすべもなく見まもった。それだけではない。死神の大鎌にも似た邪眼ににらまれて、ファーカスの勝利を讃えることを強いられた。まさに〝この上もなく無情な仕打ち〟だ。フリックの背中をぽんとたたいたわたしの口から、こんな唾棄すべき言葉が出てきたのをおぼえている——「ファーカス名人は無敵だよな」フリックはうつろな声で答えた。「……うん」

マライアをポケットにおさめ、唾を吐きちらしながら、ファーカスは体を揺すり、男子便所の薄闇へと歩いていく。なぐる相手を物色中なのだ。すでに多くの刻み目のはいった彼のベルトに、またひとつ刻み目がふえたのだから。

わが仇敵の性格はそういうものだった。わたしはその相手を仮想して、毎日毎日、地下室のボイラーの隣で、芽吹いた技術を育て、研ぎすまし、磨きあげた。なぜそんなことをしたかはいえない。男たちのなかにはエヴェレスト登頂にとりつかれた連中もいれば、酒樽やビーチ・ボールに乗ってナイアガラ瀑布をくだる連中もいる。また、べつの連中は素手でワニと格闘したがる。わたしにわかっているのはこれだけだった——最後に残るのは、ファーカスと自分、それとおがたいのコマだけだろう。

ひとつだけは確実だ——マライアとおなじリングに立つためには、プーラスキー爺さんが駄菓子のケースのなかで、風船ガム入りキャンデーや、棗《なつめ》の飴玉や、蠟製の歯型といっしょにならべているような、しけたコマではだめだ。プーラスキーのコマは喧嘩ゴマじゃない。あれは小さいガキのお遊びゴマ。弱くて、無防備で、よたよたした雑魚《ざこ》だ。女の子だってあんなものは使わない。

「この小さいコマのほかに、もうコマはおいてないの

?」

「コマがほしいのか、ほしくねえのか?」血に染まった肉屋のエプロンをかけたプーラスキー爺さんは、わたしをにらみつけた。奥ではリトアニア系やポーランド系の主婦たちが、スープ用の骨を求めてわめきながら、押しあいへしあいしている。

「ほしいさ。でも、このてのコマなら持ってる」

「じゃ、こっちのきれいな赤いコマはどうだ?」さっさと売りつけようと、爺さんはケースのなかに手をつっこんだ。

「黒いコマはない?」

「ああ、まったくもう! 黒いコマだと! なあ、坊や、おまえの冗談なんぞにつきあっておられん!」

「スカット・ファーカスは持ってるよ」

「スカット・ファーカスの小僧にはこういってやった。二度とうちの店へ寄りつくな。そのけつを蹴飛ばしてやるぞ、とな。やつはこの店で黒いコマなんぞ買ってねえ」

「でも、持ってるよ」

「じゃ、どこで買ったか、あいつに聞けばええ」

明らかに、それは問題外だ。どこでマライアを手に入れたかをファーカスに聞くのは、どこで牙を手に入れたかをキング・コングに聞くようなものだ。そこでわたしは駄菓子屋や、十セント・ストアや、おもちゃ屋を端から順々にまわりはじめた――コマが置いてありそうな店ならどこでもいい。毎日、新聞配達のルートをたどり、鼻をきかせ、さぐりを入れた。ときどきは、有望な挑戦者らしく見えるコマを買いさえしたが、心の底ではわかっていた。どれひとつ、マライアの足もとにも寄りつけない。プーラスキーの店で売っているものよりもましなものもあるが、もっとひどいものもある。これまで見たことも聞いたこともないようなコマ、手のこんだコマや、女っぽいコマや、ごてごて飾りのついたコマも見つけた。春のあいだ、ずっとそれがつづいた。やがて、ある穏やかな夕暮れ、わたしはエルジン自転車――わが人生の誇り――のペダルをゆっくり踏みながら、家路についていた――自転車にくっつけたキツネの尾が無風状態のなかで垂れさがり、心は五光年も遠くにさまよっているとき、思いがけず、わが捜索は終わりを告げたのだ。

　そこはいつもの活動範囲よりすくなくとも六キロは先にある、荒れ果てたおんぼろ共同住宅のかたまった界隈、留置場に近い界隈だった。このあたりでは、入れ替え機関車のたえまない轟音と唸り、モノン貨車の悲鳴や轟音が、週七日、一日二十四時間、たえまなく聞こえる。太陽が明るく輝いていても、ここの空は灰色だ。こんな遠くまで足をのばしたことはめったになかった。異国にいるようだった。わたしはあてどもなくペダルを踏みながら、うらぶれたうす暗い通りや、年とったみすぼらしい自動車のわきを通りすぎ、看板の文字をつぎつぎに読んだ。字の読みかたをおぼえて最初の二、三年の子供は、目につくあらゆるものを注意深く読むものだ。

ビーチ・ナット印タバコ……ブル・ダーラム……フィスク・タイヤ……貸間有り――鉄道員歓迎……小便するべからず……チリ・パーラー、ホット・タマーレ――靴磨き……理髪店……玉突き場……トータル・ヴィクトリー新聞売店と雑貨店……石炭……

　待てよ。**トータル・ヴィクトリー新聞売店と雑貨店**か。その店は陰気な赤煉瓦の建物に左右からはさまれた、暗くて間口のせまい、ちっぽけな店だった。旋盤の上に背をかがめて合い鍵をこしらえる店主が、セルロイドの櫛の販売も兼ねているての、ちっぽけな造りだ。わたしはハンドルを切り、キーッとブレーキをかけて自転車を道路脇にとめ、見捨てられたハドソン・テラプレーン（一九三〇年代にハドソン社が売りだした乗用車）のうしろへおいた。トータル・ヴィクトリーの店の正面には、色褪せた赤い金属製の新聞陳列ケースが、鍵のかかったコカコーラの冷蔵庫によりかかっていた。店の窓は人間の目には透視不可能だった。機関車の煙と、溶鉱炉からの煤と、近くの精製工場からのシンクレア・オイルの微粒子がいりまじり、湿った厚い膜を作っている。コペンハーゲン印の嗅ぎタバコや、機械工の友であるスイート・オールの作業手袋とラーヴァ石鹼の色褪せた広告ポスターが、その目隠しを完全にしている。店内へはいってまる一、二秒間は、なにも見えなかった。それほどに店内はくすんで暗かった。

「なにがほしいんだい、坊や?」うちの近所のポーランド系の奥さん連中のように、黒いショールで頭をすっぽり包んだ婆さんが、鋭い目つきでわたしを見つめた。

「あー……」

「オレンジ・ポップでもほしいのかい、坊や?」婆さんの言葉には、ちょっぴりヨーロッパなまりがあった。

「コマはおいてない?」

「おや、あるわよ、坊や」

婆さんはカウンターの奥へひっこみ、長いあいだ出てこなかった。店内の空気には、キャベツと、ガーリックと、嚙みタバコと、古い衣類のにおいがした。外では、ディーゼル機関車がけたたましく警笛を鳴らし、轟音を上げて中間距離へ遠ざかっていった。

「坊や、これなんかどうだい?」

婆さんは、コマの詰まったダンボール箱をカウンターの上においた。もっと早く気がつくべきだった。婆さんのコマの仕入れ先は、きっとプーラスキー爺さんとおなじだ——どこでも目につく、しけたコマばっかり。

「あのう……あるのはこれだけ?」

「赤いコマはどうだい、坊や?」

「うう……ほかにはないの?」

「ほかに?　どれもみんないいコマだよ、坊や」

「ううん、こんなコマなら持ってるよ。さよなら」

これまで、町なかの小さな駄菓子屋で何度もそうしたように、帰ろうとした。戸口までたどりついたとき——

「ちょいと、坊や。もどっといで」

　なんとなく不安な気分で、わたしは向きを変えた。片足は歩道の上、もう片足はぬるぬるした床の上だが、ケッズの運動靴はエルジン自転車のほうへ飛びだす構えだ。婆さんは、ビーズのカーテンの奥へひっこんだ。つぎに姿を現わしたときは、クエーカー・オーツのダンボール箱をかかえていた。それをカウンターにおき、しなびた手でなかをひっかきまわしはじめる。わたしは待った。きっとヨーヨーでもとりだすんだろう。あれはとんまやまぬけのオモチャ、能なしどもの慰みだ。

　婆さんがその箱からとりだしたのは、輪ゴムや紐のかたまりと、洗濯挟みがふたつ、それにネズミの死骸らしきものだった。入れ換え機関車が、ぜんそく病みのように外気を呼吸している——そのあとに制動手たちのくぐもった罵りが聞こえる。

「あったあった！」婆さんは箱のなかをひっかいた。目的の品物がなかなかつかめないらしい。

「このコマは、だれにでも売るわけじゃないんだよ、坊や」

「ほんとに？」わたしはいつでも逃げだせる構えをとった。

「だけど、坊やがコマをほしがってることはよくわかるさ」婆さんがケッケッケッと笑うと、うっすら生えた白いあごひげがぼうっと光った。缶のなかから出てきたのは、なにか丸いものをつかんだ婆さんの手だった。

　驚き桃の木！　かぎ爪そっくりな婆さんの手の上にあるのは、スカット・ファーカスが持つ恐ろしいマライアの、悪意に満ちた複製だ。なにもかもそっくり——根性も、形も、サイズも、あらゆるものが——ただ、ちがうのは色だけだ。それは磨かれ、すりへって、銀色がかった鈍い白鑞《しろめ》色だった。一度もお目にかかったことのないコマの色。だが、それをいうなら、黒いコマだってマライア以外に見たことがない。

「中古だから、そんなにお高くないよ、坊や」

「いくら？」そうたずねるのが怖かった。

「十セントにしといたげる。これは輸入品だよ、坊や。

ジプシーのコマ」

ツイていた。めったにないことだが、そのときは懐ぐあいがよく、ジーンズのポケットに十二セントもはいっていた。わたしはなるべく落ちついたようすで二枚の白銅貨をとりだし、いまに歴史的発見物となるだろうコマを手に入れた。これまでに見た最高の喧嘩ゴマを、とうとう手に入れたのだ。ぬるぬるして、重くて、しっかりした手ざわり。まるで、そう、短銃身のコルト三八口径スペシャルを握ったように心強い感じ。すでにわたしはそのコマを、ウルフと名づけていた。

「じゃ、幸運を祈るよ、坊や。気をつけな、そいつは性悪女だからね」

外では操車場がつぶやきと唸りをもらし、長い無蓋貨車の列がガタゴトと製鋼所を目ざしていた。わたしはウルフを尻ポケットにしまいこみ、たそがれのなかをクリーヴランド通りめざして、必死にペダルを漕いだ。いよいよ決戦のときが訪れたのだ。それはわかっていた。スカット・ファーカスも、どこかの塒《ねぐら》でそれに気づいたにちがいない。

その夜、夕食のあとで、地下室のおぼろな黄色い電球に照らされながら、わが家の地下世界を支配した、見あげるほど大きなボイラーの隣で、わたしはとっておきの紐をはじめてウルフに巻きつけた。前のひと巻きの隣へ平たく並ぶよう、つぎのひと巻きを強く締めつけるうちに、とうとうウルフは発射準備態勢にはいった。

紐そのものも、真の名人にとってはとても重要だ。わたしが選んだのは緑色の硬い撚り紐で、しっかりコマの側面にからみつく。このての紐は扱いがむずかしいが、いったんなじめば、ほかの追随を許さない。紐の末端につけるありふれた木製のボタンもとっくに卒業して、いまのわたしは母親の裁縫かごからくすねた飾り貝のボタンを使っていた。非常事態に備えて、ドレッサーの引き出しに、もう三個の予備をこっそり隠してある。

うす暗い電球が灰色のコンクリートの床に投げかけ

るおぼろな円。その光の池の中心に目標のマークを刻みつけ、暗闇のなかまでさがった。いつかまたハップモービルを買う日まで父親が壁に吊した腐りかけの古タイヤや、コンクリート・ブロックの壁ぎわに積んである、白カビの生えた何年も前の古新聞の日曜版や、この地下室で一生を送った無数の世代の野ネズミの臭いや、階段下の棚に並ぶ、ほこりだらけのガラス瓶にはいった、ぶどうゼリーといちごジャムの匂い、仕事台の下でとぐろを巻いた撒水用ホースの鋭い――きつくて強い――ゴム臭と、真っ黒な大箱にはいった半トンもの湿った柔らかい石炭の、もっと微妙だがあたり一面にひろがる臭い。そのすべてをまとめあげているのは、空気穴のあいた、鉄蓋つきの下水溝の石鹼くさい湿気だ。この下水は、毎週、うちの家族の排水をミシガン湖へ運んでいる。

ゆっくりと、細心の注意をはらって、わたしはウルフをはじめてコンクリートの床においた。われわれは似たもの同士だ。ちょうどマライアがスカットと似合いであるように。コマの個性には奇妙な点がある。マライアの個性は激しい怒り、その回転を見る不運に見舞われたあらゆる人間の嫌悪と恐怖を買う、肉食性の衝動だ。いっぽう、ウルフは、もっと堅実で、マライアよりかん高いが、ある意味ではそれ以上に恐ろしい音を立ててまわる。マライアは熱い血をたぎらせた野獣。ウルフは冷血な蛇。これはおもしろい対決になりそうだ。

わたしはそのコマを自分の描いたマークの上へ正確に置きなおし、その手ごたえをたしかめ、じょじょに自分を解放し、興奮と自信の高まりを感じつつ、残忍なウルフを馴らしていった。だが、そもそもの始まりからひそかな不安があった。なぜか自分が実はこのコマを所有していないような気がする。最初のうちは、このコマに不慣れなせいだと考え、自分の直感の正しさにまだ気がついていなかった。

それから二週間、夜ごと夜ごと、ウルフとわたしは地下室での練習に励んだ。ファーカスとの対決の日がくるまで、このコマはだれにも見せずにおこう、と決心していた。まだファーカスとの対決準備もできないうちに、むこうがウルフの存在とわたしの計画を聞きつけたら、なにが起こるか知れたものじゃない。しかし、たとえ対決に持ちこんでも、ファーカスをうち負かすことはおろか、引き分けに持ちこむ確率さえ乏しいことはよくわかっていた。ことわざにいう、地獄で雪玉が生きのびるほどの見こみもない。

　みんなの前では二流のコマを使って、わたしは自分の腕前を宣伝しはじめた。やがて、体育館や、講堂や、教室で、その噂がしだいにひろがった。休み時間には、ささやかなファンたちの声援を受け、かわいそうな相手のコマをたたきのめすまでになった。

　ファーカスは、みんなの前でわたしに大恥をかかせて以来、もうわたしのコマの腕前など眼中にもないようだ。しかし、一度だけこんなことがあった。ファーカスがジャック・ロバートスンの腕をうしろにねじあげ、もう片手で肋骨をこづいているそのとき、わたしのオレンジ色のコマが、デルバート・バンパスの黄色いボールベアリング・スピナーのそばへみごとに着地したのを見て、ファーカスはピュッと噛みタバコの汁を吐きかけたのだ。もしかするとその場でわたしに挑戦したかったのかもしれないが、ロバートスンにヤキを入れるほうに手いっぱいだった。ファーカスは、周期的にひとりずつクラスのだれかを選び、腱が切れるほど腕をねじあげる。肩胛骨のまんなかまで手首をねじあげ、犠牲者の顔が灰色になり、目が飛びだし、舌がだらんと垂れるほどの苦痛を与える。そして、こうどなる――「さあいえ、このくそ野郎。いえったら！」

「……ぐらあああくっ！」

「さあ、いえよ！　このくそ野郎」ファーカスは相手の腕を二度ほどねじあげ、自分の膝を犠牲者の尾骶骨《びていこつ》にガツンと当てる。

「早く**いいやがれ！**」

　犠牲者は、無言の冷笑をうかべた人垣――もとガールフレンドもそこにいるにちがいない――を悲しげにながめ、ついにキイキイ声でいう――「ぼくはへなちょこ野郎だ」

「聞こえねえぞ。でっかい声でいえ」

「ぼくはへなちょこ野郎だ！」それを聞くのと同時に、ファーカスは、苦痛にさいなまれた相手を荒っぽく見物人のほうへ突き飛ばす。

「ディルよ、タバコ一本くれ」

そして、ふたりはこっそりと玉突き場めざして去っていく。ファーカスはほぼ六カ月に一度の割りで、クラスのみんなにこのヤキ入れをくりかえす。みんなはこう考えていた――きっと名簿があって、その日がくると、犠牲者の名前にチェックを入れるのだろう。

あれは金曜だった。きょうがその日だ、という気がした。なぜか、こういうことはピンとくる。その前日は夜通し激しく雨が降りつづいた。中西部特有の土砂降りだ。いまのわたしは、パンケーキをおもちゃにしながら、危険の予感が高まるのを感じていた。

「おまえ、聞いてるの？　お母さんが話しかけてるのに」

「あー……なに？」

「こっちが話しかけたときは、ちゃんと聞きなさいよ。耳にポテトでも詰まってるんじゃない？」

いつも母はわたしが話を聞いてないという。足をひきずるという。おかげで気が変になりそうだという。まっすぐに歩きなさいと、いつもどなりつける。

「何度いったらわかるの？　食事中は前かがみになっちゃだめ。胃によくないから」

わたしは椅子の上で縮こまり、母の話を聞くふりをした。

「きょうの午後は早く帰っておいで。いっしょに買い物に行かないとね。もう二度といわせないでよ」

「うん。うん」

『うん』といわないようにって、何度いえばわかるの？」

「……うん」

説教は三時間かそこらつづき、ようやく放免されて、家から出ることができた。ウルフは尻ポケットの底におさまっている。ふたつの二流ゴマは上着の右ポケット。対決の用意はばっちり。

いまにも降りだしそうな空模様のなか、路地を抜け、柵を乗り越え、空き地を横切って、運動場へ向かった。水たまりの泥水をはねあげ、できたばかりの小さい池の水面に、瓶のキャップを投げて遊んだあと、戦場をめざした。つぎのブロックには、おなじ方角へ向かう二、三人の子供がいた。低い灰色のちぎれ雲の下で、どの木も生温かいしずくを垂らしている。真っ昼間なのに、北のミシガン湖の方角では、低く垂れこめた雲の手前に製鋼所の黒ずんだ赤い輝きが見える。

ついに運動場へ到着して、わたしは練りに練った計画を実行に移しはじめた。「おい、キッセル、ちょいと一戦やらかそうか?」

わたしのコマ、オレンジ色の二流ゴマが風を切って飛び、パチンと音を立ててアスファルトの上に着地した。

「どうだい、キッセル?」

わたしはコマをすくいあげて、こんどは学校の階段の上におき、一段ずつ下りてこさせた。このしゃれた芸当は、わが基本的レパートリーのひとつだ。それにあおられたのか、ジュニア・キッセルもポケットからずんぐりした小さい緑のコマを出した。

「まっぷたつにはしない。ちょいとかじるだけさ、キッセル。心配すんな」

二、三人が見物にやってきた。なにか面白いことがありそうなのを嗅ぎつけたのだ。わたしはわざと自分の腕をひけらかした。

「なんなら、おまえに先手をゆずるぜ、キッセル。さあ、くるか――へなちょこ?」誘惑するように、キッセルのインディアン・トレッドのテニス靴のすぐ前でコマをまわした。むこうもこれには抵抗できなかった。きつく唇を噛んだ。

「わかったよ、このうぬぼれ屋。これでも食らえ!」

キッセルの緑のコマは、わたしのコマをわずかにそれて、アスファルトの上でバウンドし、単調な唸りを上げはじめた。わたしはすばやく自分のコマをすくいあげて、紐を巻きつけ、彼にお返しをしてやった。緑のコマは酔っぱらいのように体をかしげ、どぶのなかへ飛びこんだ。

「ごめんよ、キッセル。コントロールがきかなくてな」わたしはコマをポケットにしまいこむと、大声でこういった――「どのみち、ここらにはコマの名人なんていやしないもんな。さあ、ソフトボールでもやろう」

すべてをはじめるのに先だって、野次馬のなかにグローヴァー・ディルがいることはちゃんと確かめてあった。こんな不敬の言葉を吐いた以上、つぎに起きることはただひとつ。なで肩で、猪首で、虎刈りのクルーカットのディルが、すでに学校裏の路地へ消えようとしている。そこはディルとファーカスが葉巻を吸い、嚙みタバコをやり、いろんな陰謀をたくらみ、ヤキ入れの名簿を調べる場所だ。この時点で自分がすくなからず神経質になっていたことは認めるが、ひきかえすには手遅れ。賽《さい》は投げられた。

神経質な手つきで、わたしはポケットからトゥッツィー・ロールのチョコレート・キャンデーをとりだし、苛立ちを隠そうとそれを嚙んだ。思ったとおり、五分とたたないうちに――まだ、ソフトボールのゲームでどっちのチームにはいるかをみんなで決めている最中に――うしろから力まかせに突き飛ばされ、わたしは水たまりのなかへ腹ばいになった。とたんに、野次馬がどっと寄り集まってきた。ぬかるみのなかから見あげると、ファーカスが左手にさりげなくマライアを持ち、脂ぎった黒い紐を投げ縄のように片手でまわしている。その紐が風を切る音がかすかに聞こえた。

「立てったら、このへなちょこ野郎」

ファーカスはすばやくマライアに紐を巻きつけ、空中高く投げ上げてから、落ちてきたコマを手のひらで受けとめた。つかのま、マライアが手のひらの上で調子よくまわっているうちに、それをかぎ爪のような指で包みこんだ。

「早く。立てったら」

のろのろとわたしは立ちあがり、悔い改めたふりをした。

「どうしたんだい、ファーカス？　ぼくがなにをした？　まいったなあ！」まわりの野次馬から、低いクスクス笑いがもれた。この前兆、おなじみの前兆に見おぼえがあるからだ。ひとりの例外もなく、これとおなじ言葉をときどき口にしたことがあるので、他人がその罠に落ちたのを見てうれしいのだろう。

「おまえのコマを出せ」

「ぼくのコマ？」

「**さっさと出せ！**」

雨がぽつりぽつりと落ちて、まわりは刻々とうす暗くなってきた。いまでは野次馬の数がふえ、まもなく周囲には、どっちつかずの顔の並ぶごたまぜの人垣ができた。噂が流れたのだろう。ファーカスがこれからだれかをとっちめるので、見物にこい、と。哀れにも運命のきわまったオレンジ色のコマを、わたしは神経質な手つきでとりだした。ファーカスに狙いをつけられたら、もうこのコマには望みがない。練りに練った計画で、このコマを生贄《いけにえ》に選んだのだから。

「コインで先手を決めようぜ」ファーカスがどなるようにいった。ひややかな目つき。手のひらに乗せているのは、準備のととのったマライアだ。

「はじけよ、ディル。表だ」

ファーカスの親友が、両面とも表の悪名高いコインを灰色の空へはじきあげた。

「表だ。おまえの勝ちだぜ、スカット」ディルがわたしのほうへどなった。

野次馬から不穏なつぶやきが洩れたが、どこに利口者がいるのかをさぐるようにファーカスがそっちをにらむと、とたんにつぶやきが静まった。

「まわせよ、このヘボ」

わたしはオレンジ色のコマに紐をきつく巻きつけ、

アスファルトの上でしっかり両足をふんばった。低く速い下手からのひと振りで、ゆうに五メートル先までコマを投げた。

　ファーカスはなかばうずくまり、よごれた親指にマライアを食いこませ、ボタン代わりの錆びた座金を指のあいだからのぞかせている。その腕が鋭く振りおろされると、紐がパシッと音を立て、黒いマライアがおそいかかった。だが、狙いは二センチばかりはずれた。ふたつのコマがしばらく並んでまわるのを見てから、わたしは急いで前に飛びだし、自分のコマをすくいあげて後退した。目の前には、黒いマライアがヒキガエルのようにうずくまって不機嫌な唸りを上げ、ファーカスは軽蔑もあらわにこっちをながめている。

　わたしはいよいよ決闘の覚悟を決めた。ふたたび腕を振ると、オレンジ色のコマがさっと飛びだした。黒いマライアの急所めがけてまっしぐら。狙いはぴったりで、ファーカスにもそれがわかったのか、のどの奥で低い唸りを上げた。野次馬から興奮のざわめきが上がるなか、オレンジ色のコマは激しくマライアにぶつかった——だが、そこで急に弱々しくよろめき、見物人の足もとのほうへそれていく。マライアはびくともしない。

「もういっぺんだ、このへなちょこ野郎」

　ファーカスはマライアをすくいあげ、わたしのつぎの動きを待った。くるべきものがきた、とわたしはさとった。せっかくのチャンスを逃がしたか。だが、このかわいそうなコマには期待をかけていない。まだ奥の手がある。

　わたしはコマを投げた。するとファーカスは、いつも戦利品をとりあげるときに見せる冷笑的なゆとりと派手な動きを見せて、わたしのコマをまっぷたつにし、あの世へ送りだした。恐ろしい大釘が、濡れたアスファルトの上で薄い水しぶきを散らした。

　伝統的な習慣で、おおぜいの見物人はファーカスの勝利を褒めそやした。

「ワーオ！」

「びっくりしゃっくり！」

「すっげえ！」

「やったあ！」

その他もろもろの嫌味な賛辞。

ファーカスはさりげなくマライアをつまみあげ、わたしに背を向け、ディルをしたがえて歩き去ろうとした。野次馬がふたりの前でふたつに分かれた。いまだ！

わたしは片手をさっと尻ポケットにつっこみ、すばやくウルフをひっぱりだすと、あっというまに紐を巻きつけ、思いきり投げた。かん高いコマのうなりは、歯医者のドリルのように休みなく、その二倍も不快な音で、降りかけた雨を切り裂き、ファーカスをばったりと立ちどまらせた。彼はふりむいて、じっとわたしのコマを見つめた。目がまんまるくなり、ウルフの正体を見きわめたとき、すくなくともほんの一瞬、その顔が青ざめたようだった。われわれの中間で、銀灰色のコマはあざけるように歌っている。わたしは一言もしゃべらなかった。ウルフがすべてをいいつくしていた。

なにかが起きたのを感じとった野次馬が、きゅうにしんとなった。どこか遠い南のほうで雷鳴がとどろき、そして静まった。ファーカスはさりげなくマライアに紐を巻きつけ、無言でそれを投げた。悪意のこもった、上手からの激しく鋭い投げは、ペンキの皮一枚の差でウルフとすれちがった。ふたつのコマが、そのあいだに日もささないほど接しあって回転し、マライアの低い轟音が、ウルフの不気味なかん高い唸りといっしょに、奇怪で怒りに満ちたデュエットを奏でている。

すばやくわたしはウルフをすくいあげ、こんどは渾身の力をこめて、大きな相手を狙った。銀灰色の稲妻のように、ウルフの姿が目の前でぼやけた。それとわかるため息が、野次馬から洩れた。スカットが鋭くマライアを見やる前で、ウルフは絶叫を上げながらとどめの一撃を加えようとした。

信じられない！　ウルフはマライアの上を影のよう

に飛び越え、髪の毛ひとすじの差ですれちがった。ファーカスがケッケッと笑いながら、すばやくマライアをすくいあげ、のどの奥からの笑い声とともに、ウルフにとどめを刺そうと送りだした。これまでにも、スカットがゲームの相手に対して本気で怒ったのを見たことがあるが、こんな表情ははじめてだった。見るのが怖くなり、なかば背を向けようとした——だが、群集の大きなさけびでわかった。信じられないことに、マライアの狙いがはずれたのだ！

こっちの番。生まれてはじめて、わたしの神経は鋼鉄さながらに張りつめた。こんどはかぎりなく慎重に狙いをつけ、さっきよりやや高く、揚力をふやし、より恐ろしい軌道を描くようにコマを投げた。ウルフは舞いあがり、まるで灰色の鷲のように舞いおりてきた。だが、最後のありえない瞬間にくると、空中でわずかにコースを変えたらしく、マライアを軽くかすっただけで、水たまりのなかへ飛びこんだ。

何度も何度も、わたしたちはおたがいに攻撃を仕掛けた。最初はウルフ、つぎはマライア。何度も何度もふたりは相手の急所を狙った。なにか奇妙な現象が起きていることに、ようやくファーカスとわたしが気づき、やがて野次馬もそれに気づいた。信じられないことに、ふたつのコマはおたがいを怖がっているらしい。でなければ、どちらのコマも、なぜか、なんらかのかたちで、謎のジンクスにつきまとわれているらしい。

腕が痛くなってきた。ファーカスは服の袖で鼻をかむあいだだけ手をとめ、ふたたび攻撃にもどった。あたりはいっそう暗くなってきた。ようやくわかってきたのは、この調子だと、どちらも相手を倒せないということだった。ゴミだらけ、泥だらけになった狂気のコマがふたつ、まるで生き物のように跳びはねている——かすり、跳びこえ、おたがいの上を舞い、昔からこれまでどんなコマも見せたためしのない動きを見せている。どちらも相手を憎んでいる。だが、そのくせ、双方が結託しているようにも見える。

ディルは、すべてのヒキガエル野郎にふさわしく、ウルフを妨害するためあらゆる手管を使った。わたしがコマを投げるときには泥を蹴りあげ、二度もわたしを強くこづいて、バランスを崩そうとした。ファーカスはまだ元気だが、しだいに怒りをつのらせ、獰猛になってきた。とうとう傷だらけになった戦場からマライアをつかみあげると、憎悪のこもった恐ろしい目つきでわたしをにらみつけ、低い声でいった。

「よし、このへなちょこ野郎。こんどは〝ぶんどり〟でいこうぜ」

〝ぶんどり〟というのは、自分のコマが相手のコマをコンクリートの上に描いた円の外まで押し出せば、両方のコマが自分のものになるゲームだ。喧嘩ゴマの最終テストともいえる。ファーカスはウルフに対してマライアを賭けてきたのだ。アスファルトと平行に走るコンクリートの歩道に、すばやくディルがいびつな円を描いた。コンクリートの硬い表面は〝ぶんどり〟ゲームにぴったりだった。

「おまえが先だ」とファーカスが命じた。

このゲームのルールでは、相手のコマへじかに当てることは許されない。だから、どちらが先に投げるかはあまり関係がない。ふたつのコマが戦い、円内でおたがいに相手の周囲をまわりながら、最後にどちらか片方が相手を押しだす。

わたしはウルフを投げた――もうほとんどなにも考えなかった。コマは鋭い唸りを上げながら、低い弧を描いて円の中央に着地した。ありったけの力をそのスピンにこめ、思いきり力をこめて紐を引いたのだ。ウルフは、マライアを待ちかまえながら回転した。スパイクが鋭く硬い音を立てる。そこでファーカスもマライアを投げ、いまやふたつのコマは、二センチほどの距離をたもちつつ、唸りを上げた。ふたつのコマはゆっくりと歩き、じょじょに距離を詰め、見物人たちも前ににじりよってきた。近く、さらに近く、そして最後に――カチッ……カチッ……カチッ――ふたつのコマが触れあった。死闘のなかで、まずウルフとつぎにマライア、そしてマライアとつぎにウルフが、カチカチと触れあい、高く低くリズミカルにブーンと唸りを上げ、運命の円周の縁へとにじり寄っていく。どちらが先に外へ出るのか？

しばらくは運命きわまったかに見えたウルフが、そこで態勢を立てなおし、肩でマライアを押しやった。ありえないことだが、ふたつのコマは回転しながらさらにスピードを増すように思えた。どちらも怒りの上に怒りをかきたて、ついにとつぜんの突進でおたがいに激突し、狂おしく、がっきと組みあう、そこで抱擁したまま旋回をつづけ、いっしょに線を越えて、円周の外に出ていった。かすんだ空気のなか、おぼろなふたつのコマの上には雨が降りつづいている。

ファーカスは勝利を感じてさけんだ――「**おまえのコマが出たぞ！**」

彼は前に飛びだした。ふたつのコマはまだ戦いつづけながら、いっしょに縁石から転落して排水溝にはまり、増水した溝のなかでカチカチ、ブーンと狂おしい音を立てながら、泥と泡を雄鶏の尾そっくりに跳ねあげている。わたしはウルフを守ろうと、急いで駆けよった。

だしぬけにすべてが終わった。死闘をつづけるふたつのコマは、がっきと組みあったまま排水溝の奥へ姿を消し、あとには濁流の深い唸りだけ。ふたつのコマは影も形もない。コマがこんな芸当を演じるのを見たものは、これまでだれひとりいないはずだ！

ファーカスは蒼白な顔になり、怒りに目を燃え立たせ、排水溝の鉄格子ごしに雨水の激流を見つめた。それから無言で立ちあがり、ディルをしたがえて、雨のなかを通りの先へと歩きだした。わたしはさとった。もう二度とウルフには会えない。だが、なぜかわかっているのは、ウルフもマライアもまだくたばっていないことだった。ふたつのコマは戦いつづけるだろう。どこから自分がそれを知ったのかはわからないが、とにかくわたしにはそれがわかったし、いまもわかる。

野次馬は散らばって、三々五々に分かれた。ウォレン・G・ハーディング小学校の喧嘩ゴマ全盛時代は、ここに終わりを告げた。その二、三週間後、わたしは自転車で町の反対側まで遠征し、あのトータル・ヴィクトリーの店を探してみた。それから何カ月かあとで、一度あの店を見つけたような気がしたが、よく見ると、そこは剝製の動物や揺り椅子を売る店だった。それからもしばらくのあいだ、わたしは捜索をつづけた。だが、あの店は二度と見つからなかった。

浜辺にて

By the Seashore

R・A・ラファティ
浅倉久志訳

わたしが中学で初めて英語を勉強したとき、最初にやらされたのが発音練習だった。その例文の一つで、今でも憶えているのが、"She sells seashells by the seashore."（彼女は浜辺で貝殻を売っています）という早口言葉。各自練習してみていただきたい。えっ、この短篇には無関係な話じゃないかって？　どうせ、ラファティの作品について何を言ってみたところで、無意味だからいいじゃありませんか。

オリヴァー・ミューレックスの一生でいちばん重要な事件は、四歳のとき、ある貝を見つけたことだった。ピカピカ、キラキラ光る貝を、うすぼんやりしたこの坊やが見つけたのだ。その貝はオリヴァーの頭よりも大きく（オリヴァー坊やは人並みはずれた頭でっかちなのだが）、外套膜におおわれた空洞から外をのぞくふたつの目は、オリヴァーの目よりもキラキラ輝いて、利発そうだった。オリヴァーの目も、その貝の目も、おなじようにつぶらで漆黒に輝き、生き生きとふざけているようにも見えるし、まったく死んでいるようにも見えた――いったいどっちなのか、こういうキラキラ輝く漆黒のものは見当がつきにくいのだ。

よく晴れた朝で、その大きな貝は浜辺でいちばんキラキラ光り輝く存在だったから、だれも見逃すはずはない。だが、ジョージも、ヘクターも、オーガストも、メアリーも、キャサリンも、ヘレンも、そろってそれを見逃した。この六人はオリヴァーよりも年上で、オリヴァーよりもいい目をしていたのに。この子供たちは、キラキラ光る美しい貝を見つけようと目を皿にしながら、一列横隊で砂浜の上を進んでおり、幼いオリヴァーは、ぼんやりした頭とぼんやりした目つきで、そのあとを追っていたのに。「どうしてみんな、口もきかないちっちゃな貝ばっかり拾ってるの？　こんなにでっかい、りっぱな貝があるのにさ？」と、オリヴァーはみんなのうしろからどなった。ふりむいてその貝に目をやったみんなは、ポカンと棒立ちになった。たしかに棒立ちになるほどのしろものだ――どうしてあれを見落としたのか？（まず最初、その貝は完全に気の合う相手の目にしか見えない。いったん見つか

ると、そのあとはどんな優秀な人間の目にも見えるようになる）

「ほんとはぼくも見えなかったさ。この貝が口笛を吹かなきゃね」とオリヴァー。

「これはヘブライ帯貝だ」とジョージがさけんだ。

「世界のこのへんじゃ見つからない貝だぜ」

「ちがう。これはオンガク帯貝よ」とメアリーが反対した。

「ぼくはウミノカミ帯貝だと思うな」とヘクターが推測を述べた。

「なんならヘレン帯貝といいたいとこだけど」とヘレンがいった。「でも、ちがうよね。これは帯貝じゃない。これは芋貝よ。アルファベット芋貝」

さて、この子供たちは、その夏の浜辺でもいちばん利口な部類だったから、幼いオリヴァーをべつにすれば、みんな帯貝と芋貝の区別ぐらいはつくはずだった。どうしてこの子供たちのなかでそんなに意見のちがいが起きたのか？

「ヘレンのいうとおりだ。これは芋貝」とオーガストがいった。「だけど、アルファベット芋貝じゃない。これはバーセルミ芋貝。でっかいやつだ」

「これはプリンス芋貝」キャサリンがきっぱりといってのけた。しかし、どの子もまちがっていた。それは猛毒を持つチリガク（地理学）芋貝だった。しかも、並みのより三倍も大きいやつだ。どうしてこんなに目のいい子供たちが、これほどの伝説的な宝物を見つけられなかったのだろう？

それからの成長の歳月で、オリヴァーの身近にはつねにその芋貝があった。彼はよくそれに耳をくっつけては、これまで貝がらに耳をくっつけたおおぜいの人びととおなじように、はるかな物音に聞きいった。だが、どんな芋貝からも本物の海鳴りは聞こえない。遠くの波音も、大きな海鳴りも聞こえない。法螺《ほら》貝や、壺貝や、帆立貝とはちがい、そもそもそういう形にできてないからだ。ふつうの子安貝や、二枚貝や、唐冠《とうかむり》貝ともちがう。芋貝から聞こえるのは、むしろ間欠的な鋭い音で、遠くの音ではない。芋貝から聞こえるのは轟きでなく、カチカチという音だ。

「ほかの貝は遠くからのメッセージをでっかい音で伝えるのよ」一度ヘレンがそういったことがある。「でも、芋貝の音は電信機みたい」たしかに、芋貝のカチカチという小刻みな音は、電信機の音にちょっと似ている。


　小さい男の子は、よくパンダやクマのぬいぐるみで遊ぶ。だが、オリヴァー・ミューレックスにとっては、その大きな貝が友だちで、おもちゃで、保護者でもあった。オリヴァーはそれを抱いて眠った――どこへ行くにも連れていった。というより、それをたよりにしていた。なにかの質問をされると、まずその大きな芋貝を耳に当てがって、じっと聞きいる――それからちゃんと質問に答える。もしなにかの理由で、手近にその貝がらがないときは、どんな質問にもちゃんと答えられないらしい。


　ときにはその貝のそばの床やテーブルの上に、小さいよごれや粉塵のようなものが散らかっていることがある。

「ちょっと。なんだか知らないけど、そのゴミ、掃除するわよ」いつだったか、母親のミューレックス夫人が掃除機のノズルを近づけて、そういったことがある。

「だめだめ――そのままにしといてよ――また貝のなかへもどっていくから」とオリヴァーは抗議した。「日なたぼっこに出てきただけさ」すると、小さいよごれや、粉塵や、綿毛や、しみや、そんなものが、大きな芋貝のなかへ退却していった。

「あらまあ、生きてるのね！」母親はさけんだ。

「だれだってそうじゃない？」とオリヴァーがたずねた。

「やっぱりこれはアルファベット芋貝よ。わたしが前にいったとおり」とヘレンが断定した。「あのちっちゃな、ちょろちょろ動くものは、貝の外へ落っこちたアルファベットの文字。そのたんびに芋貝は文字をもう一度吸いこんで、消化する。そしたら、つぎに外へ出てくるときはちがう文字になってるのよ」

ヘレンはまだそれをアルファベット芋貝だと信じこんでいた。だが、ちがう。それは恐ろしいチリガク芋貝だった。貝のなかからこぼれ落ちたり、外へ出てきてあたりを駆けまわるように見えるものは――あとでまたなかへ飲みこまれるわけだが――チリガク芋貝から出てきた小さい大陸や海かもしれない。それとも、もっといろいろな種類のものかもしれない。だが、もしそれがアルファベットだとすれば（そう、なかにはそういうものもある）、ヘレンが考えるよりもはるかに複雑なアルファベットだった。

ある一家族の子供たちが、そろいもそろって利口だとはかぎらない。七人のうち六人が利口なら、りっぱなものだ。たとえ少々知恵遅れのように見えても、この家族には大きな頭と奇妙な目をしたオリヴァーを養うだけの余裕があった。しかも、たいていの場合、オリヴァーはうまくやっていた。自分の貝を持っているときは、いつもうまくやっていた。だが、小学校のある学年になって、彼は教室へ貝を持ちこむことを禁止された。すると、どの科目もさんざんな成績になった。

「オリヴァー君がかかえている問題は、知能の欠陥だと思いますね」と担任教師はオリヴァーの父親に知らせた。「知能の欠陥は、たいていの場合、頭脳に見つかるものです」

「そりゃまあ、足に見つかるなんてことはないでしょうな」とオリヴァーの父親は答えた。しかし、いちおう心理学者に相談して、うすぼんやりした息子を頭のてっぺんから足のつま先まで診察してもらうことにした。

「このお子さんの場合は、統合失調症ではないようです」と検査を終わった心理学者はいった。「このお子さんには、ふたつの同心円的な人格がある。専門的にいえば、中核人格と外套人格が――そして、その両者が分離しているんです。オリヴァー君の場合、外套人格、つまり、外側の人格は遅鈍です。中核人格はなかなか聡明ですが、それはなにかべつの媒体を使わないかぎり、外界と接触できません。いま、オリヴァー君の無意識は、その媒体のなかに位置し、知能もそれに結びついているように思えます。ところで、あそこの貝は、精神的になかなかうまくバランスがとれていますな。あれが息子さんでなくて残念。オリヴァー君がそれほど愛着を持っている媒体について、なにかお心当たりは？」

「あそこの貝です。あの子があれを手に入れたのはずいぶん前のことでした。あれを始末したほうがいいんでしょうか？」

「それはあなたにおまかせします。こういう場合、イエスと答えるお父さんはおおぜいいますが、ノーと答えるお父さんもそれとおなじぐらいに多い。もし、あの貝を始末すれば、お子さんは死ぬでしょう。だが、それで問題は解決します――問題児がいなくなるわけですから」

ミューレックス氏はため息をつき、その問題を考えた。決断の必要な問題は、まだほかにまる一日分もかかえているし、決断を夜に持ちこむのは気が進まない。

「答えはノーです」ようやく彼はそう答えた。「貝も残し、あの子も残す。どちらもいい話の種《たね》です。あのふたつに似たものは、ほかのだれも持ってないですからね」

たしかに、どちらもよく似ていた。オリヴァーとその貝は、どちらも頭が大きく、ぎょろ目で、どちらも物静かで、人の話をよく聞いた。

教室へ大きな貝の持ちこみを許されてからのオリヴァーは、成績がぐっと向上した。

ある晩、ひとりの男がミューレックス家を訪ねてきた。その男の趣味は貝類学、つまり、貝の研究だった。男は貝のことを話題にした。ポケットに入れてきた包みから貝がらをいくつもとりだし、それについて説明した。やがて、男はオリヴァーの大きな貝に気づき、あやうく後内転筋（貝でいえば貝柱）の断裂を起こしそうになった。

「これはチリガク芋貝だ！」と男は絶叫した。「しかも、巨大種だ！　それに生きている！」

「わたしはプリンス芋貝だと思うけど」とキャサリンがいった。

「いや、いや、これはチリガク芋貝で、しかも生きている！」

「そうだね、前からわたしもあれは生きていると思ってたよ」と父親のミューレックス氏がいった。

「しかし、ご存じない？　これは恐ろしいチリガク芋貝の巨大種ですよ」

「うん、そうだろうね。こんな貝はほかのだれも持ってない」とミューレックス氏。

「いったいどこで飼ってるんです？」と貝類学者がまくしたてた。「餌はなにを？」

「いや、完全な放し飼いなんだが、あんまり動きまわらないようだ。それと、餌はいっさいやってない。あの貝は息子のオリヴァーのものでね。あの子はよくあれを耳に当てては、音を聞いている」

「ハラハラゾクゾク腹足類《ふくそくるい》！　へたをすると、息子さんは耳をまるごと食いちぎられるかも！」

「そんなことは一度もなかった」

「しかし、あの貝には猛毒がある。刺されて死んだ人はおおぜいいる」

「うちの家族が刺されたって話は聞かないな。家内にたずねてみようか。いや、待てよ、その必要はない。うちの家族であの貝に刺されて死んだものはひとりもない。いま思いだしたよ、家族のだれも死んでないことを」

貝類学の趣味を持つ男は、その後あまりミューレックス家に姿を見せなくなった。あの大きな貝が怖かったのだ。


ある日、小学校の歯科医が、オリヴァーの口内で発生中の奇妙な現象に関する報告を受けとった。

「小さい蟹《かに》の群れが、息子さんの歯を食い荒らしてるんですよ――顕微鏡でしか見えないようなマイクロ蟹が」その歯科医は（神経質な男だったが）ミューレックス氏にそう知らせた。

「マイクロ蟹なんて初耳ですな」ミューレックス氏はいった。「ほんとにそれを見たんですか？　ちゃんとお調べになった？」

「いやいや。見てはいません。どうしたら見えるというんですか？　しかし、息子さんの歯は、まるでマイクロ蟹の群れにかじられたように見える。ところで、近くわたしは休暇をとる予定です。来週、旅行に出ます」

「あの子の歯はどんどんわるくなってるんですか？」ミューレックス氏は歯科医にたずねた。

「いや、そこがふしぎでね」と歯科医は答えた。「わるくなってはいません。たしかにエナメル質はマイクロ蟹にかじられて、どんどん消えています。しかし、そのエナメル質がべつのなにか、一種の貝がらに似た物質に置きかえられているんですよ」

「へえ。それじゃどうってことはないわけだ」とミューレックス氏。

「わたしは来週から休暇をとる予定でした。でも、だれかに連絡して、いますぐ休暇をとることにします」と歯科医はいった。

歯科医は辞去したが、そのまま職場へも自宅へも帰らなかった。その後に判明した情報によると、彼はまず歯科学を捨て、つぎに生命をも捨てたらしい。

しかし、幼いオリヴァーは成長した、というか、生育をとげた。いまではほとんど頭だけになり、小さい胴体はほんの付属器官にすぎなくなった。オリヴァーと巨大な貝は、日に日によく似かよってきた。

「まったく、あんたたちのどっちがオリヴァーだか、ときどき見わけがつかなくなるわね」ある日、ヘレン・ミューレックスがそういった。彼女はこの家の兄弟姉妹のだれよりも、オリヴァーとその貝が好きだった。

「どっちがあんたなのよ？」と彼女はきいた。

「ぼくだよ」

オリヴァー・チリガク芋貝がにやりと笑った。

「ぼくだよ」

オリヴァー・ミューレックスがにやりと笑った。

オリヴァー・ミューレックスは学校を卒業し、家業につくことになった。ミューレックス（「ミューレックス」は法螺貝の意味）一族は、世界最大の規模を持つ、通信事業の最大手なのだ。オリヴァーのオフィスは、父親のオフィスのすぐそばにあった。彼にはあまり期待がかかっていなかった。いまもオリヴァーはうすぼんやりした少年に見えるが、ただ、かなりひんぱんにこんなことが起きた。つまり、ほかのみんなが最低一週間かそれ以上考えないと答えを出せない問題に、オリヴァーが即答を出せる。いや、ともかく、オリヴァーか、例の貝が即答を出せるのだ。オリヴァーと例の貝は、外見だけでなく、声まで似かよってきて、父親の心境としては、どちらが答えたにしてもかまわないようなものだった――その答えが迅速かつ正確であるかぎりは。そして、つねに答えはその両方の条件を満たしていた。

「オリヴァーにガールフレンドができたわ」ある日、ヘレンが笑いながらいった。「彼女はもうじき結婚するつもりだって」

「どうやってあいつがガールフレンドを？」兄のヘクターがふしぎそうにたずねた。

「そう。どうしてそんなことが？」ミューレックス氏も知りたがった。

「つまり、うちが大金持ちだからよ」とヘレンが指摘した。

「おや、いまの若い世代が金に関心があるとは知らなかった」とミューレックス氏。

「それに、なんといっても彼女はブレンダ・フランシスだしね」とヘレン。

「ああ、なるほど――たしかに彼女は金銭に関心があるらしい」とミューレックス氏。「奇妙だな、最近の若い女性にそういう逆行的な特質が現われたとは」

ブレンダ・フランシスはミューレックス社の女性社員だった。

ブレンダ・フランシスが頭でっかちのオリヴァーに接近したのは、この若者にくっついてくるだろう財産目当てだが、財産にくっついてくるよぶんなおまけはほしくなかった。だが、いまやオリヴァーは、ブレンダ・フランシスの明らかな関心に刺激されて、人生初の目ざめを体験したらしい。彼女と話しこむときのオリヴァーは、ちょっぴりきざっぽく、詩的になるようだった。話題はたいてい例の大きな貝のことだったが。

「知ってるかい、この貝が生まれたのは、ぼくらがこれを見つけた海や浜辺じゃないんだよ」とオリヴァーはいった。「こいつの話だと、うんと北にあるモイル海からやってきたんだって」

「あの大目玉の貝の話なんか！」ブレンダ・フランシスは文句をいった。「あれって、まるで生きてるみたい。男に色目を使われるのはべつにいやじゃないけど、貝に色目を使われるのはごめんだわ。それにモイル海なんて、あるわけないじゃん。そんな名前、聞いたこともない。うんと北にある海といったら、北極海だけよ」

「そうかな。でも、こいつの話だと、うんと北にあるんだって」オリヴァーは貝がらに耳をくっつけたままでいった（そんなふうに頭をくっつけあってると、どっちの耳がどっちの貝の音を聞いてるのかわからなくなると、前にヘレンがいったことがある）。「うんと、うんと北――それにもひとつ〝うんと〟がついたかもね。北極海より、うんと、うんと先なんだ」

「北極海より先へは行けないわよ」とブレンダ・フランシスが主張した。「北といえば、そこが北の果て」

「ちがうよ。モイル海はもっと遠くだ、とこいつがいってる」オリヴァーは貝の囁きとくすぐりを彼女に伝えた。「たぶん、モイル海っていうのは世界の外にあるんだよ」

「ああ、つるつる頭の禿げナマコ！」とブレンダ・フランシスは毒づいた。どうも彼女の思うように物事が運んでいかない。オリヴァーの頭のなかのたわごとは、お金という魅力的な展望をいまにも相殺しそうだった。

「こいつに家来がいるのを知ってる？」とオリヴァーはたずねた。「とっても小さい家来が」

「ノミみたいな？」

「蟹みたいな。あいつらはほんとの蟹なんだよ。目にみえないほど小さい蟹、顕微鏡でなきゃ見えないほど小さいシオマネキ。名前はジェラシムス・ノタリイとか、注釈蟹とかいうらしいよ——わけは知らないけどね。ふだんその蟹は、この貝の口や胃のなかで暮らしてて、ひまなときだけ外へ出てくる。こいつのために、うんとたくさんの仕事をしてるんだぜ。書類作成をぜんぶやってくれるし、とても便利なんだ。ぼくもずっと練習してるんだけど、まだあいつらをうまく使いこなせない」

「ああ、バイキンだらけの大エゾバイ！」ブレンダ・フランシスは唾を飛ばしながらさけんだ。

「ねえ、知ってる？　昔のギリシア人は芋貝にワインを詰めて船で運んだんだって」とオリヴァーがいった。「それは貝がらの内側が、外側よりもずっと大きいからなんだ。ギリシア人は半ダースほどの芋貝をアンフォラという大きな壺へ入れて、ワインに慣れさせたんだって。慣れたところで貝を壺から出したあと、どの芋貝にも壺で一杯分か二杯分、ときには三杯分もワインをつぎこんだ。芋貝は、貝がらのなかにたくさん通路があって、いくらワインを入れてもだいじょうぶなんだよ。ギリシア人はワインを詰めた芋貝をたくさん船に積みこんで、世界中へ送りだした。芋貝を使うと、おなじ船にほかの方法でワインを積むより、三倍もたくさんのワインを積めたんだって」

「アル中の貝がら、わたしたちに必要なものはそれだわ」ブレンダ・フランシスは投げやりにつぶやいた。

「貝に聞いてみよう」とオリヴァーはいった。ふたりは、いや、オリヴァーと芋貝は、頭をくっつけあった。

「むこうはこういってる。芋貝はめったにアル中にならないって」オリヴァーはこうつけたした。「ワインはあってもなくてもおんなじだって」

「結婚したら、こんなばかばかしい話はやめてもらいますからね」ブレンダ・フランシスはいった。「とにかく、いったいどこからそんな話を仕入れるの？」

「この貝から。もひとつ教えてあげようか。貝の研究をしてる学生たちが勉強するギリシアのフリーズや浅浮き彫りなんだけど――あれは自然にできたもので、彫ったものじゃないんだって。それに、あれはべつにギリシアのものでもない。どこか地球とはべつの世界の生き物の絵で、それがギリシア人に似てるだけなんだ。第一、あれは人間が描いた絵じゃない。地球人によく似た海藻が描いた絵なんだよ。それであの謎が解けるかもね」

「オリヴァー、結婚したらいろんな計画があるのよ」ブレンダ・フランシスはきっぱりといった。「その計画を言葉で伝えるのはとてもむずかしい。前から思ってたんだけど、半時間のむつみあいのほうが、永遠の話しあいよりもずっと値打ちがある。さあ、いっしょにきて。あのまぬけな海の老いぼれをべつにすれば、わたしたちは水入らずだわ」

「ママに聞いてくるよ」とオリヴァーはいった。「そのむつみあいとかいうもののことで、なにか問題があるらしい。ぼくの場合は絶対にありえない、とみんなが信じてた問題が。だから、いまからママに聞いてくる」

「あなたのお母さんは、ピーチ・ビーチの伯母さんに会いにいってるわよ」とブレンダ・フランシスはいった。「お父さんは、キャット・アイランドで魚釣り。ジョージとヘクターとオーガストは、みんな営業で出張中。メアリーとキャサリンとヘレンは、それぞれどこかの政治集会に出席してる。家族全員が同時にこの町を留守にしたのはこれがはじめて。あなたが淋しいだろうと思って、ここへきてあげたのよ」

「あの貝といっしょなら、淋しいなんて思ったことがないよ。ねえ、むつみあいって、ほんとにうまくいくのかな?」

「わたしも半信半疑。だけど、やってみる価値はあるんじゃない?」ブレンダ・フランシスはいった。「わたしから見たあなたは、この町でいちばん有望な当たりくじ。ほかのどこで見つかる? こんなにどっさりお金のくっついた、こんなに柔らかな頭が?」

「ぼくらは前に一度、本で誘惑のシーンを読んだことがあるんだけど」とオリヴァーはいった。「なんだかおかしくて、たのしかったな」

「ぼくらって?」

「あの貝とこのぼく」

「わたしたちが結婚したら、その〝ぼくら〟って呼びかたを変えてもらわないと」とブレンダ・フランシスはいった。「でも、貝がどうやって本を読むわけ?」

「目で読むんだよ。みんなとおんなじ。それに、注釈蟹たちも貝に手助けするし。貝にいわせると、あいつの生まれた世界では、もっと誘惑シーンがおもしろいんだって。誘惑者たちは、大きな月が満月になったあと、最初の満ち潮のときに集まるんだ。男たちが集まるのは潮だまりの片側——そこでリーダーが口笛を吹くと、みんなが自分の白子を水のなかへ出す。そしたら、塩だまりの反対側に集まった女の貝たちが(これは地球語だよ——あそこじゃ、だれもそんな言葉は使わない)自分の腹子を水のなかへ出す。それから女の貝のリーダーが返事の口笛を吹く。これが誘惑のシーンなんだ。空にふたつの月が出てれば、もっといい。モイル海では月がふたつ昇るんだって」

「こっちへきてよ、オリヴァー」とブレンダ・フランシスはいった。「もしそうしたけりゃ、口笛を吹いたっていい。でも、いまみたいな海のむだ話はやめてちょうだい」頭でっかちで短足のオリヴァーを小脇にかかえこむと、誘惑室にしようと目星をつけておいた小部屋まで彼を運んでいった。すると、大きな貝もいっしょについてきた。

「どうしてあいつは足がないのに歩けるの?」とブレンダ・フランシスはたずねた。

「歩いてるんじゃない。動いてるんだ。ぼくもあのまねをして動けるよ」

「まさかあいつ、いっしょにベッドへもぐりこむ気じゃないわね、オリヴァー？」

「もぐりこむさ。でも、一回目を見学するだけだって。追っぱらっちゃだめ」

「わかったわよ。でも、いっときますけどね。結婚したら、いろいろ様変わりすることになるんだから」

ブレンダ・フランシスは準備をすませ、明かりを消した。だが、五秒と経たないうちに、彼女はぐちをこぼしはじめた。

「なぜきゅうにベッドがこんなにぬるぬるしてきたのよ？」

「貝はそのほうが好きなんだよ。海のことを思いだせるから」

「痛いっ！　コソコソ歩きのざらざらザリガニ！――嚙みつかれた！　これは虫？」

「ちがう、ちがう――小さい蟹だよ」オリヴァーは彼女に教えた。「でも貝にいわせると、蟹は嫌いな人間しか嚙まないんだって」

「もう！　いますぐベッドの外へおっぽりだしてやる」

「無理だよ。目に見えないほど小さいし、一度嚙みついたら放さないし。それに、蟹はここにいなくちゃいけないんだ」

「どうして？」

「注釈蟹だからさ。メモをとってるんだよ」

ブレンダ・フランシスはベッドを飛びだすと、わけがわからず、怒り狂いながらその家をあとにした。

「なにがこの町いちばんの当たりくじよ、まったく！」と彼女はいった。「ほかにも町がないわけじゃなし。どこかの町に、きっといるはずよ。大金持ちの家に生まれた、まぬけなカモが――ベッドのなかまで海を持ちこんだりしない坊やが」

あとでわかったが、ブレンダ・フランシスは怒り狂ってその町をあとにしたらしい。

「いまのはあの本に出ていたのよりもずっと期待はずれの濡れ場だったな」大きな貝と、蟹に似た取り巻きたちは意思を伝えあった。「モイル海でわれわれがやってる方法のほうが、はるかにましだ」

オリヴァーの童貞は守られた。そもそも、彼の行くべき方向はべつにあったのだ。


通信業界でもうひとつ、最大手の一族の地位を占めた、別世界の大富豪が、ミューレックス氏の自宅を訪ねてきた。

「こういうかたちで到着されるとは夢にも思いませんでした」とミューレックス氏はいった。どうやって相手が到着したのか、見当もつかなかった——その相手は、いきなりそこに出現したのだ。

「いや、乗り物を待つのも気がきかないからね。スピードがのろすぎる。だから、自分で自分を運んできたのです」と客は答えた。実業界の巨頭と巨頭は対面した。ミューレックス氏は、自分と自分の一族がこの著名な珍客に好印象を与えることを願った。オリヴァーを隠しておこうかとも考えたが、もしそうしていたなら、それは大きなまちがいだったろう。

「こちらの方はすばらしい骨相ですな」と訪問者はいった。「すばらしい。わたしの故郷の生まれといってもいいほどだ」

「息子のオリヴァーです」とミューレックス氏はごきげんで答えた。

「それに、そこにいる息子さんの友だち」と訪問者はつづけた。「誓ってもよろしいが、彼はわたしと同郷ですよ」

「どうやら誤解があるようですね」とミューレックス氏はいった。「あちらは貝がらですが」

「貝がらとはなんですか?」と訪問者はたずねた。

「では、地球の海は貝から生まれたとでも? なんとふしぎな。しかし、地球人ミューレックス、あなたはまちがっておられる。あれはわたしの故郷の生まれです。彼に関する書類をお持ちですか?」

「書類だなんて存じません。その書類にはどんなことが書いてあるんですか？」

「つまり、あなたが彼にとって適正な交換をおこなったかどうかです。こういうささいな問題で、世界と世界のあいだにトラブルを起こしたくはない、そうでしょう？」

「教えてもらえますか、その〝適正な交換〟とは、いったいどういう――」ミューレックス氏は、相手に礼を失しまいとつとめた。

「ああ、それは帰りぎわにお教えしましょう」と訪問中の巨頭はいった。「おたがいになにかの同意は得られると思いますよ」この訪問者の得意技はコミュニケーションだった。ミューレックス氏だけでなく、ジョージ、メアリー、ヘクター、キャサリン、オーガスト、ヘレン、それにオリヴァーまでを、おなじ話題で同時に会話へひきいれたものだ。そして、一同が仰天するほどのスピードで、同時に数多くの契約を結んだ。彼はミューレックス一族よりも多数のパテントを管理している上に、その一部はおたがいに重複していた。ふたりの巨頭は非対立的領域同意契約を結び、訪問者はその複雑な取り決めでミューレックス一族全員をちょっぴり煙に巻いたようだった。

「あら、いまそこをきれいに拭きますから！」話の途中で、会議とディナー両用のテーブルの上に、小さいしみや粉塵が散らばっているのを見て、ミューレックス夫人がそういった――そうしたよごれが散らばっているのは、おもに訪問者の周囲だった。

「いや、いや、どうかこのままで」と訪問者はいった。「わたしは彼らの会話をたのしんでおります。実をいうと、彼らはわたしの世界の注釈者《ノタリィ》にそっくりでしてな」そのあとはミューレックス一族から見ても、取引は調子よく進行をはじめたようだった。さっきまではうまくしてやられている印象があったのだが。

訪問者は、別世界の流儀でハンサムだった。歯はないが、骨質の上くちばしと下くちばしであらゆるものを嚙みくだいた。ミューレックス一族にとっては少々硬すぎる感じのステーキだけでなく、骨も、それに皿までも。「釉薬《うわぐすり》をかけて焼き上げた粘土ですな。われわれもこれを使っておりますよ。食事に風味が加わるので」訪問者はボリボリと皿を咀嚼しながらそういった。「それと、あなたがたはこれに模様や色をつけておられる。われわれも、ときどきクッキーにそれとおなじことをやります」

「とても貴重な陶器でしたのに」ミューレックス夫人の口調は、もうすこしで苦情に聞こえそうだった。

「そう、貴重で、珍味で、美しい」と訪問者は答えた。

「さて、それでは契約書と同意書の仕上げとまいりましょうか?」

　待機していた速記者たちがめいめいの機械といっしょにはいってきた。ブレンダ・フランシスの姿はそのなかになかった——彼女はミューレックス社を辞めて、この町を去ったのだ。速記者たちは契約書と同意書をダクテュロイ触知機で書きとりはじめた。

「では、時間と翻訳の手間をはぶくため、こちらはすべての作業を故郷の言葉のままで、故郷の世界からきた速記者に預けることにします」と訪問中の巨頭はいった。

「ああ、あそこにいるのは速記者じゃないですよ。どれほどあなたの故郷の世界の速記者たちによく似ていても」ミューレックス氏はいまの状況を整理しようとした。「あれはわれわれが海の貝と呼んでいるものです」

　しかし、訪問中の巨頭は、生まれ故郷の言葉で貝に話しかけた。すると、貝は笛のような音を立てた。目に見えないほど小さい注釈蟹たちが、しみや粉塵や雲そっくりに貝がらのなかへ飛びこみ、作業準備にとりかかった。訪問中の巨頭は、早口の別世界語で話しかけた。くちばしがいまにも貝にくっつきそうだった。

「あのう、そのチリガク芋貝は——それが正しい名前だそうですが——非常な猛毒を持っているそうですよ」ミューレックス氏は訪問者に警告を与えようとした。

「この連中は、自分たちの嫌いな相手しか殺しません」訪問者はそういって、仕事をつづけた。

注釈蟹たちは、書類作成の仕事をみごとにやってのけた。まもなく仕上がった契約書と同意書が、外套膜におおわれた貝がらの空洞から出てきた。そして、すべてのビジネスが、ひとつの幸福な輝きのなかで完結した。

「これでいい」すべての書類の相互署名が終わると、訪問中の巨頭はいたく満足したようすでそういった。それから小さいくちばしを使って、この家の女主人であるミューレックス夫人の頬の皮膚を、ごく小さなくさび形にかじりとった。それが彼の生まれた世界でのお別れの風習なのだ。

「さて、それではわが故郷からきた同胞との〝適正な交換〟を」と巨頭はいった。「わたしはいつも思うんですよ。こうした交換は満足のいく、実り多いものだ、と」

巨頭は袋を持っていた。彼はその袋に短足で頭でっかちのオリヴァーを詰めこんだ。

「ちょっと、それは適正な交換とはいえない」ミューレックス氏は抗議した。「たしかにすこし風変わりな姿ではあるが、それはわたしの息子のオリヴァーです」

「じゃ、じゅうぶんに適正な交換ですよ」と相手は答えた。訪問者は乗り物を待ってはいなかった。それではスピードがのろすぎる。訪問者は自分で自分を運んだ。そして、彼とオリヴァーの姿は消えた。


ということで、ミューレックス一族が消えた息子または弟を思いだすようすがは、あの大きな貝、つまり、チリガク芋貝だけになった。それはほんとうにあの訪問者の世界からきたものだろうか？　チリガク芋貝の真実の地理をだれが知っているというのか？

オリヴァーは世界のはるか、はるかな北にあるモイル海の海岸にすわっていた。そこは寒い極北の地ではなかった。別世界の北の果てにある暖かくて日当たりのいい海岸だった。そして、オリヴァーはまるでそこが故郷であるかのようにすわっていた。

オリヴァーにとって、宇宙空間の急激な変化はなかった。全人生をつうじてのゆっくりした変化があるだけで、それはけっして大きな改変ではなかった。彼の内部には大きな改変の必要がなかったのだ。

オリヴァーはきらきらとまぶしく輝いた。日当たりのいい朝のその海岸で、いちばん輝かしい存在だった。彼には大きな頭と小さな胴体があった。外套膜の空洞からとびだすふたつのきらきらした漆黒の目もあった。いまのオリヴァーはまるで海貝、それも特別な、一流の貝がらそっくりだった。(だが、この世界では、そんな用語は使わない。貝がら? モイル海はひとつの貝から生まれたのだろうか?)そこへ、鋭い目をしたこの土地の主要種族の子供が六人、日当たりのいい砂浜を一列横隊で進んできた。そして、みんなよりもずっと小柄な第七の子供が、ぼんやりした頭、ぼんやりした目で、そのあとからついてきた。大きな月はほとんど沈んだが、低い空にはまだ銀貨のように、小さい月がかかっていた。太陽はすべてを圧倒する金色の輝きだった。

鋭い目をした子供たちは、きらきら光る浜辺の標本を探しまわり、それを見つけていた。そして、子供たちのすぐ行く手にあるのは、あのほとんど伝説的な宝物、めったに見つからないオリヴァー芋貝だった。

他の惑星にも死は存在するのか？

Is There Death on Other Planets?

ジョン・スラデック
柳下毅一郎訳

異色作家短篇集で新しいアンソロジーを編むとすれば、どうしてもはずせないのが、この一つ前に置いたラファティ。そして、ラファティを入れれば、どうしても勢いで入れたくなるのがこのスラデックだ。知性をマッドなユーモアで包んだ作風は、そういうぐあいに表現すればラファティに似ていることになるが、不思議なことにこの二人の作品はまったく似ていない。なぜだろう。

地球にだって帰れたのに、と、夜霧の中を急ぎながらピーターは思った。カリフォルニアまでヒッチハイクで帰って、蛍光灯に照らされたでっかいドライヴィンでコーラを飲めてたはずなのに。

街灯の下に来るたびにピーターは立ち止まり、後ろを振り返った。かならずサングラスをかけた背の低い男がいた。かならず、ひとつ前の街灯のところに。

惑星ランプキンの首都センターヴィルのどぶにはありとあらゆるゴミが詰まっている。ほんの数時間前までは、とピーターは考えた、おれもあのゴミの一部だった。そして今は？　今やおれはスパイだ。合衆国政府のエージェントだ。

「おれがスパイ？　ここランプキンで？　そんなの無理だ！　そもそもスパイらしく見えやしない。おれはただの宇宙乞食なんだ。ほれ、服は宇宙船の帆を縫い合わせて作ったもんだ。ベルトにしてるのはタール塗りのロープだ」

緑色の帽子をかぶった男は、溜息をついた。「きみならできるとも。偉大なn重スパイのヴァルデミールは『何よりもまず、スパイは他の誰かに見えなければならない』と言っている」顔は緑色の帽子のつばに隠れていた。ピーターに見えるのは乱杭歯の下顎だけだった。「計画を教えよう。ランプキンは合衆国に戦争を仕掛けようとしており、攻撃の準備もできている。あと必要なのは、コンピュータからの命令だけだ。卜《ぼく》占《せん》で星回りが良しとなれば、奴らは大量のミサイルをぶちこんで、地球合衆国を火の玉に変えてしまうだろう。

きみの任務はコンピュータをプログラムする道具を手に入れることだ。小さな機械なので、この手提げ鞄に隠せるだろう。ロケット・ターミナルのエイドリアンという男まで届けてくれればいい。わたしと同じような緑の帽子をかぶって、絵葉書のスタンドをやっている男だ。わかったかね?」

「でも、どこで手に入れればいいんだ? それにどうやって?」

「道具は戦争省の金庫に保管されている」男はピーターに煙草の箱を手渡した。「これは本当はタイムマシンなんだ。きみはただ自分を未来に投影して、未来の自分が金庫を開けるところを見て、数字のコンビネーションを覚えるだけでいい。それから現在に戻ってきて、金庫を開ける。わかったか?」

「なんだかどっかにパラドックスがあるような気がする」ピーターは無精髭の伸びた顎をさすりながら呟いた。「でも続けてくれ。それを届けたあとはどうなるんだ?」

「その道具を手に入れれば——ちなみにブツはレアな昔のビニール・レコードに似ているそうだ——それを使って向こうのコンピュータを再プログラムできる。コンピュータに戦争はもう終わり、合衆国が勝利したと信じ込ますんだ。ただちに我々の軍隊が上陸する。訓練された観光客部隊が後につづき、反抗的なランプキン人どもを懲らしめる」男は舌で乱杭歯を舐めまわし、期待感を表明した。「ともあれ、そろそろ行きたまえ。あまり時間はないぞ」

サングラスの小男はまだ後をつけてきていた。前方に看板が見えた。「〈アニーの地球サイド・バー〉家から遠く離れたあなたの家——付け払い禁止」ピーターはありがたやと薄暗く、嫌な臭いがする酒場に飛び込んだ。このうらぶれた避難所のことならよく知っている——それに、そこの愛らしき女主人のことも!

アニーはピーターのテーブルにやってきて、かがみこんだ。黒髪がピーターの頬を撫でた。しなやかな雪花石膏の喉は語られざる感情に蠢き、彼女はハスキーに囁いた。「付けはナシよ」

「アニー、匿《かくま》ってくれ」

だが、ダメだ、もう遅すぎた！　煙草の箱を握りしめると、例の小男にここで追いつかれるところが見えた。溜息をつくと、ピーターはビールを一杯注文し、かのエキゾチックな世界、地球の動物相についてアニーに語った。

「さらに動物の幽霊もいる。たとえば〝バンシープ〟だ。イオニア地方を夜、一人で歩いていると、突然、恐ろしい鳴き声が聞こえる。メエエエエエ。白く大きなものが暗闇からあらわれる——」

「その話は前にも聞いたわ」そのとき、イタチのような顔をした小男が店に入ってきて、隣のテーブルに座った。男はサングラスをはずしたが、その目はピーターが手にしている手提げ鞄にぴたりと張りついて離れなかった。

「じゃあ、ホッキョウフグマはどうだい？　そいつはアイオワの森を血をしたたらせながら徘徊する熊の霊なんだ。その魂は自分の身体には戻りたくても戻れない、寝ているあいだに誰かに殺されてしまったからなんだ。冬眠中にね。アイルランドを徘徊して——」

「アイオワって言ったわよ」

「アイルランドだよ、もちろん。冬眠《ハイバネイト》中、熊の魂はみんなアイルランドへ行くんだよ。だからアイルランドのことはラテン語でヒベルニアと呼ぶ」

小男は光線銃を抜いた。そうするとピーターが知っていたとおり。「その手提げ鞄には何が入っている？」男は台本通りに訊ねた。

「ただの古いビニール盤レコードだよ」必死の一手だが、指し間違いだった。

「それはアンドリュー・シスターズの歌う《アップル・ブロッサム・タイム》か？　それならば、おまえを逮捕する——」

手提げ鞄を握る手に力をこめ、ピーターは失神した。

　気がつくとまばゆい部屋におり、同じくまばゆいブロンド女がイタチ顔の男と言い争っていた。娘はノコギリをふりまわしながら叫んだ。「これしか方法はないわ！　鞄はどうしても壊れない物質からできているし、こいつはどうしても離そうとしないんだもの」

「むむふう。きみの言うとおりかもしれないねえ。しかし、たんに身体検査して、鞄の鍵を持っていないか確かめればいいんじゃないかね？」

「身体検査？　げええ！　こんな汚らわしい生き物に触れるなんてまっぴらだわ」娘は女らしく身震いして答えた。

「おれは起きてるぞ！」とピーターは叫んだ。「今、鞄を開けるから、許してくれ」

「フケツくん、妙な真似をするんじゃないぞ」と男は怒鳴りつけた。「ロバータ、油断するなよ。ノコギリを構えてるんだ」

　鍵を開けるふりをしながら、ピーターは時間を止めた。「ヒヨコ男の話はしたっけかな？　東アイスランドではヒヨスの花が咲き、月が大きな辛味卵のように輝くころ、農民たちはみな戸締まりを厳重に……」

　目にもとまらぬ動きでピーターは起きあがり、窓から飛び出した。

　驚いたことにピーターは同じ部屋に戻っていた。

「何が起こったんだ？」とピーターは訊ねた。ロバータがもう一度ノコギリの狙いをつけなおす。

「ここから逃げることはできない」フェレット顔の男はクックックッと笑った。「どこにも逃げる場所などないという単純な理由でだ。むむふう。いいかね。我々がいるのは方向付けをされなおした宇宙で、その果てはこの部屋の壁だ。外なんか存在しないんだよ」

　ブロンド女がさらに身を寄せ、麝香《じゃこう》の臭いを放った。

「だいたい、逃げる必要なんてないのよ。あたしと一緒にいる方がいいでしょ？――いつまでもずっと」

「本当にここが閉じた宇宙なら、何を飲み食いすればいいんだ？」ピーターは用心深く訊ねた。

「愛さえあれば生きていけるわ。鞄を離して、あたしにキスしてちょうだい」

「御免だね。おまえにはどうもおかしなところがあるな、女。たとえば、どうも歯が本物くさすぎる。それに麝香の香りだ。雪花石膏の首にあるたったひとつの毛穴から流れ出ているようだ」

　そのとき、ロバータは全身から高電圧の危険なコロナを放射しはじめた。

「ロボットか！」ピーターは飛びすさった。「そんなことだろうと思った。誰彼かまわずダーリンと呼ぶのはロボットだけだ」

　女は腕を伸ばし、ピーターを追って部屋の中をよろめき歩いた。「……ダーリン……」と呟いた。逃げ道をすべて塞がれ、火花を放つ百万ボルトの腕が迫ってくる刹那、ピーターは奇妙なかたちの仏像につまずき、すると部屋が消え失せた！

　気がつくと目もくらむ真っ白な照明の前に座らされており、黒い影がまわりを動き回っていた。

「きみは何者だ？　ここで何をしている？　いったい何が――むむふう――手提げ鞄に入ってる？」とフェレットの声が、おそろしいエコーの効果つきで訊ねた。ピーターは返事をしなかった。

「きみには愛すべき彼女がいるねえ。あの愛らしさに傷がついたら残念なことだねえ……」

「そんなことはさせんぞ！」ピーターは叫び、立ち上がろうとした。

「させないって？　きみの名前は？」

「おれの名前はランプルシュティルツキン――」何かが側頭部で炸裂し、強烈な打撃をくらってベルが鳴り星がくるくると舞った。

　ベルも星も本物だった。宇宙船の操縦席で、前方に小惑星群の警報が鳴り響いていた。なぜ船は自動的に進路変更しないんだろう？　とピーターは疑問に思った。

　その答えは操縦席にかがみこんでいる黒い影で、そいつがハンドルをそのままのコースに固定していたのだ。そいつは振り返ってピーターを横目で睨んだ。野蛮な顔に小さな目が輝き、狂った、残酷な笑顔が浮かんでいた。

「今すぐその手提げ鞄をよこさない限り――むむふう――二人とも死んでしまうぞ」小男は高笑いした。

「死ぬと言えば」とピーターは言った。「西インド諸島には不死動物がいるって聞いたことがある。絶体絶命しないいんだ」

思わず聞き入った顔に向かってピーターは巧みに手提げ鞄を振った。イタチは床に叩きのめされ、船は方向を変えはじめた――だが遅すぎる！　すでに小惑星はそこにおり、船殻を食い破ってジリジリと押し入ってくる。

ただちにピーターはギアをバックに入れ、光速度で後退した。宇宙の反対側までひとっ飛びしたピーターの船は、光速度で前進していた船の反成分と衝突した。ぽん！　物質と反物質が衝突し、光と反光を放って消滅した。ずううん！　ピーターは光速度で脇によけたが、残留物質がネバネバのエイリアンになって追ってくる。どろどろの塊から、二本の小さなアンテナが突き出している。

「おれさまの大顎の感触を味わわせてやるぜ。むむふう！」エイリアンは考えを投げてきた。

「おたくもいずれ考え直すよ」ピーターの心は切り返した。「おれはきさまなんかよりずっと恐ろしい敵に追われたことだってあるんだ」

「ほほう？　手提げ鞄を置いて、そのことを話してみないか？」

ピーターは逃げ足は落とさず、物語をつむぎはじめた。インドにいたころに、重々しく走る巨大だけどそこにはいない獣に追われたことがある――キョゾウだ！

だがネバネバのエイリアンは獲物との距離をどんどん縮めてくる！　路傍に不活性な物質の塊があるのを見つけ、ピーターはその隅に隠れて不器用なエイリアンをやり過ごした。

「ふーっ！」ピーターは不活性物質の塊を見やった。よく見ると、その物質は実際には最新モデルの高速自動車だった。ピーターは車に飛び乗り、道路に飛び出した。

リア・ミラーに光点があらわれ、だんだん大きくなってタクシーになった。「後をつけてくるな」ピーターは暗い声で言った。ピーターはスピードをあげたが、タクシーは近づいてくる。今では運転手の尖った鼻と小さく輝く目まで見えていた。タクシーを振り切るのは絶対に無理だとピーターにはわかっていた。そいつはホバークラフトの偽装だったからだ。

そしてまっすぐ正面にはヘアピン・カーブがあった。この印象的な名前は、ここでは崖からヘアピンを落としても底に落ちる音が聞こえないことからついたのだ。よく女性がボビーピンを深淵に投げこみ、その音を聞こうとじっと耳を傾ける姿が見られた。事実、まさに今も、一人の女が崖っぷちに立ち、断崖より髪飾りの道具をなげうち、地面との衝突を確かめようとしていた。美しいとび色の髪からピンを抜くと、谷の下へと放擲し、耳を澄ましてその衝突音を聞こうとするが果たせない。彼女はトレンチコートを着ていた。

タクシーに横に並ばれると、ピーターはハンドルを急に切り、ブレーキを踏み込んで停まった。タクシーは宙に飛び出し、転がりながら崖を落ちて、最後には爆発して炎をあげた。

「乗ってくかい？」ピーターは女に流し目を送って言った。一言も発さず、女はピーターの腕の中に飛び込んで、すすり泣きながら燃えるように熱い唇を合わせた。

アクセルを踏みこみ、ピーターはラジオのスイッチを入れた。

「――地域によっては曇りでしょう。本日最大のニュースです。本日午後ギロチンにより処刑される予定だった死刑囚、犯罪者ピーター・オヘア、またの名をジャン・ピエール・ラパンが脱走しました。警察によれば、悪名高き手提げ鞄泥棒は、今朝、警察による尋問の最中に脱走したとのことです。オヘアは並行宇宙あるいは他の次元、はたまたパリの下水溝に隠れているものと思われます」

　グラヴ・コンパートメントがぽんと開いて、オコジョのような小男が醜いオートマチック・ピストルを構えて出てきた。

「むむふう。いい子だから、その手提げ鞄を渡してくれるかな?」小さく輝く目は飢えたように鞄に吸い付けられていた。「もちろん、ご褒美をあげるよ――死というかたちでね」

「イッカクダコの話はしたっけかな?」とピーターは訊ねた。「アイダホにいる不思議な生き物で、一角獣の胴体でタコの頭をしている。狂ったように走り回るけどまったく無害で、人から煩わしく思われることもなく、でかくてたるんだ頭を振って――」

「動物のジョークになんか興味はない」と男は冷たく言い放った。「このグレタとおれとは天才的に変異して、丹念な訓練を受けたキツネだ。正確に言えばおれがキツネで、グレタがメギツネだ。おれたちの子供が子狐なのか孤児なのかわからんが。彼女がおまえの車を止め、その間におれがグラヴ・コンパートメントの中に隠れる。どうだ、狡猾だろう?」

「メギツネか!」ピーターは叫んだ。「この、いたずらっ娘《ミンクス》め!」ピーターがグレタの頬をつねると、指に噛みつかれた。「あいてっ。それで思い出したが、昔イランでノミのサーカスをやっていたアラブ人に会ったことがある。きみも名前くらいは聞いたことがあるだろ? 千一匹蚤大行進って? 知らない? ともかく、ある日、蚤が一匹逃げてしまった。アラブ人はちゃんと確かめようと、一匹ずつ数えることにした。蚤が一匹、蚤が二匹、蚤が三匹……」

　ピーターはダッシュボードから電線を二本引きだした。蚤の話で気を逸らしながら、その二本をガソリンタンクまで引っ張った。一セント銅貨と一ペニー亜鉛貨をポケットからつまみだすと、紙切れに唾を吐いて、硬貨のあいだにはさんだ。

「蚤が九百九十八匹、蚤が九百九十九匹……」二本の電線を硬貨に接触させると、ピーターは車から飛び出した。背中に熱波を感じ、次の瞬間、遠くで轟音が轟いて、自動車は炎の柱になった。

「古い手だが、硬貨電池にはずれはないな」とピーターは呟き、かつてカンザスシティーだったところから立ち上る煙を見つめた。小麦畑を食い尽くし、この星を支配するために。イナゴの巨大な群れが上を飛びすぎていった。

ピーターは反重力機械に飛びこみ、耳紋でロックを解除した。上昇をはじめたとき、船室にいるのが自分一人ではないことに気づいた。落ち着け、と考えながら、何事もなかったかのように巨大なスチーム・バルブの調整を続けていた。そうしながらも、誰かに見張られているのを感じていた――あるいは何かに。ピーターは振り向いた。

そして息をのんだ。恐怖の胞子生命体が獲物を探し、こちらへ転がってくる。

「むむふう」とそいつは吠えた。

逃げる時間はなかった。すでに胞子生物が伸ばした偽足が彼を捕らえようとしていた。ピーターの全生涯が走馬燈のように目の前を通り過ぎていった。それから、いまだ偽足に捕らわれぬうちに、ピーターは自分が送れたかも知れない人生について考えはじめた。

仔牛に縄を投げる。看板を読む。自分の車で商売する、と苦々しく考えた。ホットドッグを食べ、包み紙を丸めてグランド・キャニオンに放りなげる。妻と子供をホーム・ムービーに撮る。いやそれを言うなら妻と子が。

恐怖の胞子生物はピーターを取り囲み、消化特有のパターンに変化しはじめた。分裂プロセスをはじめたのだ。ピーターは二人の自分自身に分裂し、それぞれがさらに分裂した。じきに胞子の中は数十万人の小さなピーターだらけになった。

ピーターは群集心理というものを心得ていた。それは本来的に、喧嘩っ早くて傲慢、我がままで不満たらたらなものである。群衆は略奪と放火が好きだ。欲求不満に陥ると暴発するが、それまでは概して臆病なものである。自分の中にもそうした資質があるのを、ピーターははっきり自覚していた。

略奪できそうなものは何もなく、燃やせるのは胞子生物の偽胃だけだった。たいまつを握った群衆は胞子生物に火をつけ、胞子はすぐに一同を砂漠へと吐きもどした。

長いあいだ閉じこめられていたピーターは欲求不満で彷徨していた。彼の大群は手にした手提げ鞄を投げ捨ててさまよい、メソメソ泣きながら、臆病者にふさわしい死を迎えようとしていた。だが中には投げ捨てられた鞄を集め、大きな山を作っている者もいた。やがて手提げ鞄の山を略奪すべきか燃やすべきかで口論がはじまり、じきに殴り合いの喧嘩になった。

拳とたいまつが雨あられと降る中で敵と味方を見分けるのはむずかしい。味方が味方を殺し、敵が敵に火をつけ、陽が落ちて狂気に幕が下りるまでつづいた。最後の一人はかつての同盟者の燃えさしをまくらに眠りについた。

名札には〈メリッサ・フォーブス〉と書いてあった。プラチナ・ブロンドの髪を長く伸ばし、白衣は柔らかな胸と腰にぴったり貼りついていた。彼女に揺り起こされたのだ。

「先生、起きてください。まだ仕事があります」

「ふむむ？　ああ、そうか。フロミンジャー方程式で寝てしまったのか。まあ、無理もないかな？」彼はにっこりと笑い、メリッサは息を呑んだ。ピーター・オヘア博士は自分の歪んだ笑みが持つ力をよく知っている。「で、どうなってる？」

「わたしたちは宇宙の破壊を食い止めなければなりません」彼女はしわがれた声で言った。「ふたつの並行宇宙がコースを逸れました。ふたつはまもなく衝突し、爆発して純粋なエネルギーのしずくになってしまうでしょう。それを避けるには――」

「まさかきみは――？」ピーターは息をのみ、急いで白衣の袖に腕を通した。つねに手から離さない手提げ鞄が邪魔にならないように、片袖は切り落とされている。

「ええ、先生。出口を見つけられるのはあなただけです」

計算尺でてばやく計算して、ピーターはその方法を見つけた。「二人それぞれ別の宇宙の過去に戻る。そこでふたつの宇宙がぶつかり合わないように必要な修正を加える。残念ながら一度行ったら、もう戻ってくることはできない」

「それなら言っておきたいことがあります」彼女はすすり泣いた。「先生、愛してます」明るい涙が頬をつたい、手に握った試験管に落ちてはねた。

「それはつまり――？」ピーターは息をのみ、彼女を腕にかき抱いた。

「いいえ」と彼を押し返した。「ダーリン、時間がないわ。思い出のよすがに何かもらえればそれで充分――その手提げ鞄とか」

ピーターはこみあげる思いを隠そうと顔を背け、その拍子に、研究室には三面しか壁がないことに気づいた！　四つ目の壁があるはずだった場所は真っ暗な真空であり、敵意もあらわな目が爛々と輝いていた。ならば、これは罠だったのだ。ランプキン警察ときたら、巧妙なコンビネーション・ムーブと心理ドラマのヴァリエーションを無限に取りそろえてる！

手近な銃をひっつかみ、ピーターは群衆の真ん中に向けてぶっ放した。「暴君に死を！」と叫ぶと、舞台の出口を目指して走った。

「万事快調、と」とピーターは言い、武器をポケットにしまった。「だが、この地獄からどうやって脱出したものか？」

今はじめて、絶え間ない太鼓の音が止まったのに気づいた。どうやら、あの野蛮人どもはなにやら悪戯を仕掛けてくるつもりらしい。

茂みから白人男があらわれた、ふくらんだ白いローブを身にまとい、放蕩者の雰囲気を漂わせていた。

「ひょっとしてあなたは白人酋長ですか?」とピーターは訊ねた。

「我が名はヴェルギリウス。きみをこの地獄から連れ出すために来た」

「大ダンテの幽霊にかけて! この場所はなんという名なのですか、おお、偉大なマントヴァ人よ!」

詩人は一瞬戸惑ったように見えた。「ええと、たぶん〝落胆の沼〟だと思うな。さあ、巡礼者よ、その重荷はわたしが預かろう」

「これでもくれてやる」とピーターは叫び、ヴェルギリウスに鉛弾を八発ぶちこんだ。詩人は正体をあらわし、這々《ほうほう》の体で逃げ去った。

エイドリアンはロケット・ターミナルの裏路地に縛られて転がされていた。縄を解いているあいだに、ピーターが顛末を説明した。

「今説明してやるから、そのあいだに手首を揉んで血行をよくするんだ。おれも縛られて、目隠しをされた。そのまま別の惑星に運ばれたんだが、宇宙船が何度角を曲がったか数えておいたので、ここまで帰ってこられたんだ。敵はサーボ・メカニズムの悪辣なギャング団だった。古いビニール・レコードはたんなる目くらましだった。奴らが本当に欲しかったのは手提げ鞄そのものだった」

「手提げ鞄?」

「アンチーク品で、数百万ドルの価値がある。オーナーは自分自身から盗みだして、保険金をせしめようとしたんだ。だが、おれには確信はなかった。だからレコードは隠しておいた」

「さすがですね、ボス。どこに隠したんですか?」

「木は森に隠せと言うだろう――〈アニーの古レコー

ド〉店さ」

「そうだったのか！　でも、彼が本物のヴェルギリウスではないってわかったのは？」

「〝落胆の沼〟と言ったときにすでに馬脚をあらわしていたのさ。いいかい、ウィリアム・フォークナーがその名前を発明したのは現実のジョン・バニヤンが死んだ何年もあとだったんだよ。そこさえわかってしまえば、あとは簡単だ」

ピーターはエイドリアンの緑の帽子の型を直してから手渡した。帽子の位置を整えるあいだ、手鏡を持っていてやった。それからピーターは銃を装塡しなおし、鉛弾を八発ぶちこんだ。

まあ、これがスパイ稼業というもんだ、とピーターは思った。善人は早死にする。金は決してもうからないが、スリルはある。アルクトゥールス人の宇宙海賊が暴れ出したと思ったら、次の週には何物かが海からあらわれてロサンジェルスをひとかじりする。

だが、いずれは地球が懐かしくなることだろう。ランプキンはついに戦端を開いた。いまごろ地球は火の玉になっているはずである。

含み笑いしながら、ピーターはドアを押し開けて〈アニーの地球サイド・バー〉に入っていった。

狼の一族

His Own Kind

トーマス・M・ディッシュ
若島 正訳

かつて、SF作家でテリー・カーという名アンソロジストがいた。彼の仕事でいちばん主なものは、一九七二年に始まって彼が亡くなる八七年まで続いた、年間SF傑作選の編集だろう。実にバランスの取れたセレクションは、いつでも安心して読める質の高さだった。そのテリー・カーが編んだものに、*New Worlds of Fantasy* という三巻本の名アンソロジーがある。ディッシュの「狼の一族」はそこに掲載された作品である。

狼でも人間でもないわたくしは、おそらくアーレス・ペラジアンについて語る唯一の資格を持っているのではないでしょうか。それに、わたくしにも二重の本性が備わっておりますので、彼の物語の中で、ただの人間の語り手だと見落とすかもしれない点にも共感できます。おまけに、わたくしは彼をどちらの部分でもよくよく知っております。その理由さえあれば、彼の物語を語ってもかまわないのではありませんか。

　わたくしの名前はダフネと申します。もちろん、本名ではございません。誰に会っても自分の本当の名前を明かすという現代の習慣は、わたくしの目からすると品がなくて、少なからず危険です。ダフネというのはすてきな名前ですし、どう見ても作り話だと思われそうなものにうってつけで、わたくしの置かれた立場を暗示してもいます――わたくしは木の精《ハマドライアド》なのです。それも英国の。

　おおかたの読者なら、木の精が語り手をつとめることに偏見をお感じになるかもしれません。文章には気まぐれという蜜がたっぷり塗ってあるのではないか、つまりは筋の通らない物語になるのではないか、きっとそうお思いになるでしょう。たしかにそのとおりだったかもしれない時代もございました。しかし新古典主義復興の時期に、わたくしたちの多くが英国に移植されて、木の妖精の知的水準が格段に向上いたしました。英国で冬を過ごすとなると、少しは本でも読まないと仕方がないものでございます。

　前置きが長すぎましたわね！　それではアーレスのことをお話しいたしましょう。

　アーレスが生まれたのはクリスマスイヴのことでし

た（こういうことにお詳しい読者なら、きっとご想像のとおりに）。両親はジョージとリディアのペラジアン夫妻で、二人の山小屋はウィルトシャーの美しい谷間にあり、ちょうどわたくしの視界に入っていたのです。ジョージはエドマンド・ハミルトン卿の領地で猟場の番人をしていて、息子のアーレスもいつかは父親の仕事を継ぐことになっていました。なにしろこれは、父親の職業というものが息子の世襲する一部であった時代の話なのです。だとするとわたくしの年齢はいくつになるのか、考えるだけでもうんざりいたします。

アーレスは健康で、元気のいい子供で、ほとんど汎神信仰のように外で遊ぶことが大好きでした。父親は、わたくしに負けないくらいアーレスをかわいがり、母親も、いかにも母親らしく、愛情こめて育てていました。わたくしが今でも憶えておりますのは、彼が六歳になった春のある日のことです。彼は芽をふきだしたわたくしの小枝が作る斑《まだら》模様の日陰に坐り、父親に作り方を教えてもらったパンの笛で遊んでいました。わたくしは音楽が大好きで、それにアーレスがもうその頃から笛の吹き方がとても上手だったものですから、実を言うとわたくしは彼にちょっとした魔法をかけてやったのです。彼はお天気がいい日には必ず戻ってきて、わたくしのために笛を吹いてくれました。わたくしはもう彼が成人するときのことを待ち望むようになっていました——人前に姿を現わしたのは、遠い昔のことだったのです。あれは王政復古期のこと、マイルズ・エリオット卿と不運な体験をして——でも、それはまた別の話。

とはいえ、いくら六歳でもアーレスのことを、薔薇色のほっぺたをして、自然をおとなしく眺めるのが好きで、バロック風教会の聖歌隊で歌っている童子みたいに描くのは、たぶん誤解を招くでしょう。アーレスは軟弱なバードウォッチャーや植物学者なんかではけっしてありませんでした（植物学者なんて大嫌い！）。あの子は小さな野生の獣だったのです。カエルやヘビといった他の動物には情け容赦なく、リスやウサギに罠を仕掛けるし、エドマンド卿が領地に飼っている牡鹿の跡を追うのも達者でした（ただし、まだ銃は持たせてもらえませんでしたが）。彼のパチンコ玉の餌食になって、どれだけコマドリやツグミやヒバリが枝から落とされたか、わたくしの枝だけをとってみても数え切れないほどです。彼はまったく父親譲りの息子なのでした。

しかし考えてみれば、まったくそうとも言い切れません。ある秋の日に、わたくしが目撃したものを父親が見たとしたら、きっと困惑したことでしょう。アーレスは、罠にかけたウサギのまだ生きている体にかがみこみ、悲鳴をあげている口をふさぎながら、やわらかな毛のはえた喉笛に彼の乳歯を沈み込ませていたのです。それを見ていると、わたくしの幹の奥深くで、太古の記憶の痕跡がうずきだしました。若さにみちあふれた、自由奔放なふるまいじゃないの、わたくしはそう思ってうなずきました。

その翌年は、暦の七年と九年の周期が一致する稀な年でした。わたくしの若いころには、この現象はあまねく知られていたものです。（国王かその身代わりが殺されるという、神に生贄を捧げる儀式が執り行なわれるのも、いつも決まってそのときです。たとえば、トマス・ベケットがカンタベリー大聖堂で斬殺されたのも一一七〇年で、暦の二つの周期が交わる年でした。その暦はいったいどうなってしまったのでしょうか？）しかしそれも、すっかり廃れてしまいました。魔法の法則を、人間は無視できても、自然はそういうわけにはまいりません。その年、聖金曜日の午後に、アーレス・ペラジアンは狼に変身したのでございます。

彼は聖金曜日の礼拝から戻ってくるところで、わたくしが立っている丘のふもとをぐるりとめぐる、とけたばかりの雪と泥がまじった小道を歩いていました。そのときばったりと倒れて両手をついたのを見て、足をすべらせたのだろうとわたくしは思いました。彼は立ち上がろうともせず、数分のあいだ泥の小道でもがいているだけでした。とうとうわたくしは、それがもうアーレスではないのを見て取りました――少なくとも七歳になる少年アーレスではなく、冬化粧の網にからめとられた狼の子供だったのです。幼いアーレスが狼男だったのに気づいて、わたくしはひどく不幸せな思いになりました。木の精は、相手が人間ならその前に姿を現わしてもかまいません――でも狼男だったら？　そんなことは考えられません。狼男は狼か人間を友達にするもので、他の半人にはけっして見向きもしないのですから。

狼はすばやく駆けて禁猟地に姿を消し、わたくしも読書に戻りました。ギボンの書物で、わたくしはこの数年、生霊にまで化けて出現したことが数度ありましたが、そのめったにない機会にエドマンド卿の荘園屋敷から拝借してきたものでした。しかしどうしても注意力が散漫になるのです。このときばかりは、アーレスが変身した子供の狼のことを思わずにはいられませんでした。そして今、狼は森から戻ってきて、殺したばかりのウサギを口にくわえておりました。アーレスの仕掛けた罠が、まだウサギの前足をしっかりと捕らえていました。

はじめのうちは落胆したものの、わたくしは新しいアーレスを好意的な目で眺めるようになっていました（いくぶん変わりはしても、結局のところ彼はやはりアーレスだったのです）。英国に生き残っている狼はそんなに多くはありません。前世紀にわたくしが見たのは二匹だけです。でもわたくしの目には、アーレスがかわいい少年だったように、かわいい子供の狼だと映りました。健康でたくましく、毛並みも赤みこそさしてはいませんが、つやつやして立派だったのです。彼はウサギをうまそうにたいらげると、骨をわたくしの根のそばに埋め（その骨も今ではすっかり腐乱しています）、甲高い子供の声で、狼の遠吠えの練習を始めました。かわいそうに、とわたくしは思ったものです。人間の男の子でいるときには、彼は英国の少年としては申し分なく幸せでいられます。それなのに、狼になれば、孤独で、誰からも理解されることのない、はぐれものになりはしないでしょうか。

　聖金曜日の日没時に、少年に戻ったアーレスは裸の姿で目をさまして、身ぶるいし、わたくしの幹にからだを寄せてきました。ちょうどそのとき、彼の父親が谷間の小屋から足を踏み出して、わたくしのいる丘のふもとをめぐる小道を歩き出したのです。父親は息子の名前を呼んでいました。そこでわたくしは思わず、アーレスの前では守ってきた沈黙をつい破ってしまいました。「あなたの衣服は、小道の、樺の木のそばよ、急いで」彼はすっかりあわてふためいていたので、木に話しかけられたのが不思議なことだとは気づきもせずに（考えてみれば、朴念仁ならともかく、それはそんなに異常なことではないのです）、わたくしの忠告に従いました。父親に見つけられたとき、彼はふたたび着衣の状態で、まだふるえていて、不器用に脱いだときにひどく破けてしまった冬物の服と上着には泥がこびりついていました。その晩と翌日には、きっと厳しいお仕置きを受けたに違いありません。でも復活祭の日曜日には、ありがたいことに、ジョージ、リディア（新調で、趣味の悪い帽子をかぶっていました）、それにアーレスが、一家揃って復活祭の礼拝に出かけるところを目にすることができたのです。金曜日の出来事を両親に説明するのに、アーレスはどんな作り話をでっちあげたのだろう、とわたくしは思いました。自分自身にどうやって言い聞かせたんだろう、とも思いました。あれやこれやと思いめぐらせて――キリスト教徒でなければ、日曜はとても退屈なものですから。

　どうやら彼は事の次第を理解していたようです。それというのも、子供らしい利口さで、アーレスは狼憑《ライカンス》き《ロピー》から生じるばつの悪い場面を避けていたからです。（狼憑《ライカンスロピー》きとはなんとも醜い言葉ですが、英語は超自然現象を表現する語彙があまりにも乏しすぎます。狼《ライ》憑《カンスロピー》きだなんて！　まるで病気みたいに聞こえるではありませんか。それに比べて、木の精《ハマドライアド》という言葉のほうは、わたくしも気に入っています）。満月の夜になると、アーレスは裸で部屋の窓から抜け出して森に駆け込み、数分後にそこから現われたときには別の姿、すなわち狼になっているのです。彼はひとたび獲物をつかまえると、賢くも必ずわたくしのところにやってきます。狼のときでも少年のときでも、彼は狩りが上手でしたので、わたくしたちはそうした夜の大半を一緒に過ごしました。わたくしがざわざわとそよぎ、アーレスが子供っぽく月に向かって吠えたてるのですが、それが災いの種にしかならないことは、ちょっとでも考えてみればわかることですのに。

年が過ぎ（月が過ぎと言ったほうがいいでしょうか。わたくしもアーレスと同じように、月の満ち欠けで時を測るようになっていました）、アーレスはハンサムな青年に、そしてたくましくてすてきな狼に成長していました。その違いはうわべだけのものです。アーレスが十八歳のときに、ジョージ・ペラジアンが気管支の病に感染して、わたくしの視界もとどかない、教区の墓地に埋葬されました。葬儀の後で、アーレスはわたくしのもとに来てくれました。最近では、わたくしの魔法もだんだん効かなくなって、人間の姿のアーレスを見ることは少なくなっていたのです。

「死んじゃったよ」とアーレスは言って、泣き出しました。

「これからあなたが番人になるのよ」とわたくしはそっと言いました。あまりにも小さな声だったので、聞こえなかったのではないかと思ったほどです。

でも彼にはちゃんと聞こえていました。「これからぼくが番人なんだ」と彼は言いました。

その日から、アーレスは以前よりもよく会いにくるようになりましたが、もう一人ではありませんでした。リンダ・フィールライトという、エドマンド卿の小作人の一人の末娘が一緒だったのです。わたくしは生まれつき嫉妬心というものを持っておりませんが、それでもリンダはアーレスには不釣り合いだと思ったことを告白しなければなりません。たしかに、彼女は野卑な魅力を持ち合わせ、女らしさが色づきはじめたころで、見た目にもアーレスを恋していましたし、アーレスのほうも彼女に恋をしていました。あろうことか、彼はわたくしの枝の下で彼女に求婚したのです！　わたくしは結婚なんて考えただけでもぞっとしますが、それはただ単にわたくしが木の精だからかもしれません。次に二人が戻ってきたときには、アーレスが慣習のおぞましい力によってすっかりおとなしくなったわけではないことを知りました――助けを借りれば、リンダとて同様なのも。情熱とはすてきなものです。そこでわたくしはこのカップルに（というのは、二人は結ばれる決意をしていたからです）、祝福を与えることにして、アーレスの愛情を得る権利を喜んで譲りました。その晩、二人の婚約を告げられたリンダの両親は、英国人らしく、婚礼の日取りを一年後に定めました。念には念を入れて！　この件に関するアーレスの意見は、こっそり打ち明けてくれたところでは、わたくしの意見とほぼ一致していました。もっとも、わたくしよりもはるかに雄弁に語ってくれたのですが。英国人はこういう事柄になるとうまい言葉を持っているものです。我慢しなさいとわたくしは忠告してやりました。

　アーレスがリンダと連れ添っていたちょうどその同じころに、月に一度、夜に姿を見せるもう片方のアーレスもまた、連れ添いを見つけていました。ああやって吠えていたのがようやく功を奏したのでしょうか。彼らも激しく愛し合っていましたが、こちらは結婚を口にすることもありません。どうやら狼というものは、そうした取り決めに定型がないらしいのです。いずれにしても、動物園を除けばおそらく英国でただ一匹の牝狼なので、リンダみたいに貞節の誓いを取りつける必要がなかったのです。翌年の六月、アーレスは四匹のかわいい狼の父親になりました。そして九月に、アーレスとリンダは結婚しました。

　アーレスが狼としてウィルトシャーの丘を徘徊した十年以上にわたり、彼は獲物をウサギや、キジや、他の小動物だけにしておくことで、近くにいる人間たちの目からうまく逃れていました。夏の満月の夜、夜中にうろうろしていた人間によって、遠くから何度か目撃されたことがあったのも事実です。しかし、狼は英国南部ではめったに見かけないので、野犬なんだろうといつも思われていました。それでも、六匹の一家となると、そう簡単に人目を避けられるものではありません。アーレスが獲物を探すのは月に一度でしたが、彼の連れ添いは毎晩でした——自分と、四匹の子供のために餌が必要なのです。奇妙な犬が目撃されることは頻繁になりました。牝狼がまだ満ちてはいない月に向かって寂しそうに吠える声が、荘園屋敷やその外でもさまざまな憶測を生んだものですが、猟場番人の小屋ではけっして口にされなかったのです。深夜、リンダを父親のもとへ送りとどけた後で、アーレスは森を徘徊して、牝狼や、子狼のうちの一匹を見かけることがよくありました。子狼たちはすっかり成長して（なんと早いこと！）、母狼の後についていき、獲物をとる掟やその掟の破り方を学んでいました。何かの本能のせいか、牝狼はアーレスの例に倣い、近くの農家で飼っている動物（羊とか家禽）や、エドマンド卿の鹿にはけっして手出しをしませんでしたが、子狼は、だらしないのかそれともただ腹がへっていたり運が悪かったただけなのか、はっきりと羊肉を好むようになりました。そしてまもなく、アーレスのまわりでは狼の噂が語られだしたのでございます。

「狼だって！」とアーレスはさげすんだように言います。「ウィルトシャーに狼なんているものか」

食い荒らされた羊の死骸が証拠として運び込まれると、「たしかに、狼だな」とアーレスも不機嫌そうに言いました。

「なんとかしてちょうだいよ、あなた。みんなが噂してるわよ」ある夕暮れのこと、二人がわたくしの枝の下で休んでいるときに、リンダがこう持ちかけました。

「そのうちに」

「狩猟隊を結成しようかって話してるわ。あなたが家でじっとして、銃でも磨いているときに、農夫の一人が狼に殺されたとしたら、あなた、恥をかくんじゃないの」

アーレスはほとんど満月になりかかっている月を見つめました。「そのうちに」彼にはそうとしか言えませんでした。

満月の夜、なんとしてでも狼をやっつけたいという農夫の一団が、猟銃やライフルを装備して、猟場番人の小屋にやってきました。先頭に立っているのは、新しくアーレスの義父となったフィールライトです。主人は狼を撃ち殺しに行った、とリンダに説明されて、すっかりお株を奪われた一行はアーレスを見つけに（あるいは、できることなら狼を見つけに）森の中へと入っていきました。

一方、アーレスはと言うと、お気に入りの密会場所で牝狼との逢瀬を楽しんでいるところでした。いつものとおり牝狼は、言葉にならない言葉で、なかなか会いに来てくれないことをなじり、アーレスは牝狼をなんとか説得しようとして、羊肉のことで子狼を諭してやってくれと言っておりました。そのとき、夜のしじまが猟銃の銃声で破られたのです。二匹の狼は耳をぴくりと立てました。そしてほんの数分後に、二匹の懸念の対象が禁猟地から姿を現わしました。ふるえてはいてもすまし顔で、小羊の匂いをぷんぷんさせています。若い四匹の子狼は、月に照らされた丘を駆けのぼり、両親に合流しました。

アーレスには子狼たちを叱る余裕がありませんでした。それに、叱ったところでどうなるものでもないと思いはじめていました。息子たちは野放図でしつけもされず、父狼をうやまうことなどなかったのです。しかし叱る余裕もなく、その瞬間にまた銃弾が夜空を切り裂き、アーレスは左の臀部に鋭い痛みが走ったのを感じました。傷口をなめてみると、もうそこは治っていました。散弾が肉体を貫通しても、痕跡すら残っていないのです。狼男だとこういう得なこともあるのですね。

六匹の狼はわたくしの丘から駆けだして、暗い森のなかに姿を消しました。わたくしはその夜にまだ何度も銃声を耳にしましたが、アーレスと妻子たちの姿を見ることはなく、狼狩りも失敗に終わりました。

翌日、アーレスはリンダとわたくしの葉陰で落ちあいました。もっとも、葉もわたくしから急速に離れていく季節でしたけれども。リンダはご機嫌斜めで、アーレスはむっつりしていました。

「うちのお父さんが！」とリンダは何度も繰り返しました。「うちのお父さんが！　それなのに、あなたはどこにいたの？」

「言っただろ――ぼくも狼狩りに出かけてたって」

「だったら、あなたのライフルが薪小屋にあったのはどういうわけ？」

「あれはもう使っていない古い銃さ」

「そんなこと、信じられるわけないでしょ。あなたがどこにいたのか、当てたげる――《赤い駒鳥》亭の新米女給と一緒にいたのよ」

「――！」

「あたしには、もうそんな口はきかないでね、あなた。考えてもみてよ！――うちのお父さんが！」

「怪我をしたわけじゃない、ですって！」リンダは声をあげた。「狼に倒されたのに、なんてことを！」

アーレスはにっこり笑いました。「いかにももっともらしく聞こえる話じゃないか。お父さんは狼に鹿弾を山ほど撃ち込んだ。弾筒をまるまる三本使ったという話だ。それなのに、狼に飛びかかられて仰向けに倒されながら、その狼はそれ以上なにもしなかったって言うんだろ。他の話を聞かせてくれよ」

「あなた、お父さんを嘘つきよわばりするの？」

「狼狩りに出かける前に、たぶん《赤い駒鳥》亭に寄ったんじゃないかって言ってるだけさ。どっちにしろ、狩りなんて農夫には縁がないからな」

「ともかく、あなたも狼狩りに本気になったほうがいいんじゃないの、そうでないとあたし実家に帰りますからね、いいこと」

「言っただろ――今晩もう一度、出かけてみるって」

「お父さんも一緒についていくわ」

「お父さんお父さんって、いいかげんにしてくれよ！」

「今じゃあなたのお父さんでもあるんだし、口のききかたに気をつけたらどうなの」

「——！」

リンダはぞっとしたようなわざとらしいそぶりで、頭をふってみせました。実を言うと、そういう汚い言葉はよくよく聞き慣れていたのです——父親から。

この物語が悲劇的な結末に至る前に、アーレスのふるまいについて一言申し述べておきたいと思います。もしかするとすでに明らかかもしれませんが、読者の方々にはこの点に留意していただきたいのです。ここに至るまでアーレスは、人間としても狼としても、きわめて模範的で英国的にふるまっておりました。狼は狂ったような行動をするという話はよく耳にしますが、アーレスにかぎってはけっしてそのようなことはございませんでした。餌食にするのも、猟場番人として、餌食にしてもかまわないとわかっている動物だけでした。人間を襲ったこともございません。義理の父親は取るに足りない例外で、それですらちっとも傷つけたわけではないのです。人間アーレスが狼アーレスの一家を追いたてねばならないという、この一見すると解決しようがないジレンマを生んだのは、社会のせい——人間社会と狼社会のせいなのでした。わたくしは、一所にいわば根を下ろしているために、社会的なつきあいをする必要性を感じたことがないのを、ありがたいことだといつも思ってきました。可動性というものが諸悪の（根ではなく）源なのです。

というわけで、その日の夜、欠けてはいてもまだ明るい月の下で、フィールライトと他の農夫たち数人とともに、アーレスは狼狩りに出かけました。いつもだと狩りをするときのアーレスは上機嫌なのですが、今夜ばかりは憂鬱な表情で、足取りも重く、ふるまいも投げやりでした。昨夜狼を追いたてた丘のてっぺんに向かおうとフィールライトが主張したのに対して、アーレスはうまく反論することもできませんでした。

牝狼はそこで待っていました。待っていたというのではなく、わたくしと一緒にそこにいて、アーレスが来てくれたらいいのにと願うのが癖になっていただけなのです。アーレスと牝狼は一瞬お互いに見つめ合いました。牝狼にはそれが狼のアーレスだとわかりました。

「撃て！」とフィールライトが叫びます。

牝狼はゆったりとした足取りでアーレスに近づいていきました。他の者たちは眼中になく、先日の狼狩りの夜にそうしたように、アーレスと一緒なら安全だというそぶりを見せていたのです。アーレスがライフルをかまえるとき、目に涙が浮かんでいたのをわたくしは見ました。牝狼はもう数ヤードのところまで近づいていました。

「撃て！」

「やめて！」とわたくしは叫びましたが、アーレスにはその声はとどきませんでした。とどいていたとしても、彼は聞き入れなかったのです。

ライフルが発砲されました。アーレスの腕前は、いつもどおり正確でした。空中にふっ飛ばされ、地面にくずれ落ちた牝狼の体はぐったりしていました。やめておけという農夫の声や、重苦しい空気に響きわたる銃声を気にもかけずに、アーレスはときたまの連れ添いの骸《むくろ》に急いで駆け寄りました。

人間らしさがわずかしか残っていない悲嘆の声をアーレスがあげているとき、この一部始終を目撃していた子狼たち（といっても、もうすっかり成長して、子狼ではなくなっていました）は、母狼を殺した男に襲いかかっていきました。雨あられとふる弾丸や鹿弾が命中しても、傷一つつけずにからだを突き抜けていくばかりで、ほとんど速度を落とすことなく子狼たちはアーレスに近づき、飛びかかりました——最初の一匹は喉笛に、残りはつかみかかったところに。そして父親の肉体に牙を立て、変身していない手足を引き裂いたのです。農夫たちはその場から飛んで逃げ、わたくしだけがじっとその光景を見守っておりました。四匹の若い狼が去り、二匹の死骸の上にわたくしは哀れみの葉を落としました。そしてあたり一帯を月の光が包み込みました。

　この物語を結ぶにあたって、教訓めいたものを付けることをお許しくださいませ。おもしろいお話には教訓などいらないと聞いておりますが、わたくしは古くさいので、体験したことをふりかえり、現実という生の素材に原理を求めたくなるのでございます。一つのものの中に二つの本性が拮抗するときには、きっと悪いほうが良いほうを支配するとしたもの。己の血族をほろぼし、そしてついには己の血族によってほろぼされるのが、人狼のつねに変わらぬ悲劇なのでした。

眠れる美女ポリー・チャームズ

Polly Charms, The Sleeping Woman

アヴラム・デイヴィッドスン
古屋美登里訳

奇想作家アヴラム・デイヴィッドスンが書き続けたシリーズ物の一つに、架空の王国を舞台にした、エステルハージ博士を主人公にする連作がある。いずれも、この作者にしか書けないたぐいの、珍妙無類な作品ばかりで、一九七五年には連作集として一本にまとめられ、さらには一九九〇年に短篇を追加した決定版が出ている。これまで、日本ではこのシリーズはまだ一篇しか翻訳紹介されていない。

観光客にとって、スキュティア-パンノニア-トランスバルカニア三重帝国の偉大な首都ベラには、見逃してはならない素晴らしい観光名所がたくさんあり、案内するガイドにも事欠かない。あいにく観光客に時間がなくてまわれる名所は三カ所のみ、ガイドにはいささかの経験があるとなれば、いかなる状況でもさっさと見てまわるに格好の場所が三つある。

ひとつは、言うまでもなく壮大なプライヴェート・パークだが、もちろん、このパークのもっとも壮大な点は、いまはもう私有地《プライヴェート》ではないことである。イグナッツ・ルイ皇帝兼国王が、世捨て人の狂王メイジミリアンから王位を継いで最初にしたのが、プライヴェート・パークを一般公開にすることだった。このパークはみごとな造園設計だが、これは大衆にとってのキャビアに等しく、一般大衆がこの公園に押し寄せるのはひとえに世界一のメリー・ゴーラウンドに乗るためである。そのうえ、彼らはニュー・モデル大通りを走る乗り物を眺めるほうを好む。この大通りは先見の明があるイグナッツ・ルイが、最近になってようやく「自動車《モーター・カー》」として知られるようになった乗り物の専用道路として、「馬を怖がらせずに、あるいは馬に脅かされずに実験をおこなうために」（と、かしこくも現皇帝は語ったが）建設したものである。驚くほど短期間のうちに、午後の三時から四時のあいだにニュー・モデル大通りを少なくともきっかり三周するのが自動車の持ち主全員の習慣になった（蒸気、電気、ナフサ、他のどんな動力であれ、それで動く乗り物はすべて、この大通りに向かうときも大通りから引き上げるときも馬に牽引されなければならないという規則は、いまはもう実施されていない）。

ふたつめの名所、そこを見ずしてベラを立ち去ることなかれ、と言われる名所はイタリア橋である。イタリア橋は、いまではベラの青く美しきイスタール川にかかる唯一の橋ではなくなったが、その優雅な放物線を描く十一個のアーチを見ればいつでも気持ちが晴れ晴れする。この橋を設計したのはレオナルド・ダ・ヴィンチだという伝説があるが、いまだ立証を見ていない。しかし、もちろん、観光客が引き寄せられるのはその橋の構造や伝説のせいではなく、橋の中ほどの大理石の飾り板に記された（イタリア橋のこの場所から／前帝国の詩人／イズコ・ヴァルナは／美しき踊り子グレッチェルにふられ／身を投げた。／残されたのはかの有名な胸をかきむしられるような詩／「さらば、ベラよ」／優れた言葉の動きを学者たちは忘れることはない／）出来事が起きた現場だからであり、そこにはたいてい供花かなにかが添えられている。有名な故ポップオフ嬢は、まさにそこに供える小さな花束を長年観光客に売って慎ましい生活を送った。買い手がなかなかつかないときは、徳高きポップオフ嬢はヴァルナの詩を身振りを交えて暗唱したという。

見逃してはならない三つめの名所は、トルコ通り三十三番地である。もちろん、「トルコ人が行き詰まって引き返した場所」と呼ばれている場所だ（トルコ人が行き詰まって引き返したのは、手押し車が溢れかえっていて馬を先に進められなかったためだが、この機知に富んだ名句ができたのは、塩漬け鱈、櫛、糸巻きを売る青空市場が通りに沿ってあった昔のことである）。だが、それから長い時間が経った。第十一回トルコ戦争のもっとも卑劣な行為が三十三番地の出窓の下で繰り広げられたとは考えにくい。当時のこの場所は古い城壁の百メートルほど外にあったからである。問題の「トルコ人」とは、言うまでもなく悪名高い卑劣なムラド、またの名を「ちびのムラド」のことである。まさしくこの場所でそのトルコ人の命運は尽きた。『オットマン年代記』によれば、「神を増やした奴と非難された！　と叫びながら、勇ましいムラド王子は軍馬に拍車を入れたが、哀れなるかな王子は落馬し、透き通るその首を折った……」という。グラゴール文字で書かれた記録には、ムラドの実際の言葉は「だれがこんなばかげた罪を着せた？　そいつを串刺しにしてやる！」だと記されているが、まさにそう叫んだ瞬間、ムラド自身が、勇猛果敢なイリュリア人の傭兵の石弓の矢に射貫《いぬ》かれた。しかし、そんなことにはもはやなんの意味もない。

抜身の剣を携えた制服姿の衛兵が、舗道に設えたムラドの倒れた場所を示す御影石の板のそばを行き来しているが、観光客がその衛兵を公務員だと思うのは無理もないことである。だが実際は公務員ではない。「一八五八年の和平」の時期に通過した法律では、次の条件を満たす者にかぎり、抜身の剣を携えた私設の衛兵を雇う権利が認められている。つまり、衛兵の雇い主は、少なくとも五代続いた貴族、科学分野で五つ以上の学位を取得した者、帝国二パーセント金貨基金に十万ダカット以上を預金している者でなければならない。

スキュティア－パンノニア－トランスバルカニア三重帝国中でこの条件を満たすのはただひとり。言うまでもなく、法学博士、医学博士、哲学博士、文学博士、科学博士その他多くの博士号を持つ、エンゲルベルト・エステルハージその人である。そしてこの衛兵こそ博士の雇った兵士であり、警邏《けいら》しているのは博士の自宅、トルコ通り三十三番地である。

晩秋半ばのある日、厚手の灰色の背広に灰色の山高帽という、市警の私服刑事の制服そのものといったいでたちの体格のいい男が衛兵に近づき、くいっと眉を上げた。衛兵は剣を挙げて敬礼した。訪問者は頷き、扉を押し開けて三十三番地の中に入った。ノックしたり、呼び鈴を押したりする小市民的な手間は一切いらなかった。玄関の中では日勤の守衛レムコックが椅子から立ち上がり、挨拶をした。

「これは、警視殿」

「エステルハージ博士に私が来たと伝えてくれ」

「警視殿のご到着をお待ちかねです。そのままお入りください。召使いにコーヒーをお持ちするよう申しつけますので」

訪問者は、守衛の最初の言葉を聞いてかすかに驚きの色を見せたが、最後の言葉を聞いてわずかに笑みをこぼした。「教えてくれ、レムコック。おまえのご主人はすべてをお見通しなのか?」

頑丈な体つきをした白髪の従僕は一瞬言葉に詰まったが、すぐに気さくな口調で言った。「ええ、警視殿。すべてお見通しですよ」従僕はもう一度頭を下げ、その場を離れた。

訪問者は重い足取りで、ガス灯の光に照らされて鮮やかさが増したように見える血色の絨毯の敷かれた階段を上がっていった。この絨毯は、九三年の大火災でひどく損傷したため、気の毒なアルメニア商人の非公式組合から恵贈されたもので、かつては値段もつけられないほど高価だったイスファハーン製絨毯をつなぎ合わせてできている。

「思い出のよすがに」と組合の代弁者は言った。

エステルハージの返事は「後悔のよすがよりましです」というものだった。

そのエステルハージが声をかけた。「ようこそ、ローベイツ警視総監。ご存知のように、いつでも大歓迎というわけではありません。私があることに熱中しているときに別のことを持ちかけていらっしゃることもありますからねえ。しかし、イギリス人のお嬢さんのポリー・チャームズのことなら、いささか興味を抱いておりますよ」

ローベイツは瞬き、銀の額に納められた現皇帝の署名入りのキャビネ判写真に敬意のこもった一瞥を投げ、話の口切りに何を話すか考えてから、ようやく三番目の話題に決めた。

「こちらの守衛は正直という点では躾がよろしいですな」とローベイツは言った。「あっさり『警視殿』と言って挨拶する。名門出の警官ではない者に対する幾分の皮肉をこめた言い方と隠しきれない軽蔑の眼差しをもって。ある種の家の使用人からはときどきそういう待遇を受けますよ。言うまでもありませんがね。私の父が肉屋だったことはだれもが知っていることですし、あの守衛の父親がオックスフォード市場で死骸を運んでいたこともだれもが知っている」

エステルハージは手をさっと振ってその話題を退けた。「使用人というものは俗物なものです。お気にならさぬよう。ナポレオン軍の元帥のひとりが、旧体制の生き残りに『おまえには祖先がいない』と言われてなんと答えたか覚えていますか？　『私を見るがいい。私が祖先だ』と言ったのです」

ローベイツの分厚い唇が声を出さずにゆっくりとその言葉を繰り返した。そして頷くと、ポケットから小さなメモ帳を取り出し、その言葉を書き留めた。それから勢いよく顔を上げた。「ところで、博士。私がポリー・チャームズの件で来たことをどうしてご存知なのか教えてください」彼の視線は額に納められたもう一枚の写真のところで止まった。それは有名な新聞画家クランチの諷刺画で、針のごとき鼻に、買い物籠さながら両側に突きだした眉毛の、尋常ならざる長身瘦軀の人物が描かれていた。エステルハージがこれを見たとき——ましてや、額に入れてだれにでも見えるようここに飾ったとき——どうやってその怒りを抑えたのだろう、とローベイツは考え、いたたまれない思いがした。

「それはですね、キャロル・フランコス」エステルハージはいかにも優しげに話し出した。「いいですか、私は印刷所で刷り上がったばかりの新聞を手に入れています。それはつまり、《インテリジェンサー》の午後の早刷りは十一時にここに届けられるということです。むろん、《インテリジェンサー》で金の新価格の重要性をまとめた記事や、ブルガリア軍の動向を述べた社説が読みたいわけではありませんよ。啓蒙されたくて読んでいるわけではなく、娯楽のために読んでいるわけです。この――展示会と言うことにしましょうかね――展示会のことは耳にしていましたので、《インテリジェンサー》が届くとすぐに半ページの『小さな話題』欄を開けて……ほらね……」

ローベイツは頷いた。彼も、何かを耳にしていようがしていまいが関係なく、《インテリジェンサー》を手にした瞬間に半ページの『小さな話題』欄を開く。しかもローベイツは一度すでにその欄を開き、二度までも読んでいたにもかかわらず、エステルハージが机の上に広げた新聞を覗き込んだだけではなく、拡大鏡まで取り出したのだった（ローベイツは内気なあまり眼鏡をかけられなかった。眼鏡は弱虫の証、あるいは気障《きざ》な証と見なす階層の出だった）。

興味を惹かれる小さな科学展示物

古いゴールドビーター《金箔師》ズ・アーケードで開かれている小さな展示物を見に行って、われわれの好奇心は充分に満たされた。すでに名を馳せているポリー・チャームズ、三十年前に深い眠りについてから一度も目を覚まさないイギリス娘に会うことができたからである。事実、彼女はパリ包囲の激しい銃撃戦の間も眠り続けていた。悲劇のイギリス美女、ポリー・チャームズ嬢は三十年前と同じ姿のまま深い催眠状態にあるが、動物磁気の原理によって投げかけられた質問を理解し、眠ったままその質問に答えることができるという。しかも、わずかな入場料にさらにわずかな料金を加えるだけで、魅力的なフランスの歌が聴けるのである。

ローベイツは毛の生えた太い指でそのページを軽く叩いた。「この記事についてですがね、博士」彼は重々しい口調で言った。「これはちょっと、どうですかね――どこだったたっけかな――最近のこの手の安新聞にはなんとも不出来なインクと活字が使われていて……ちょっと拡大鏡を……おお、あったぞ、そうそう、ここです。この部分。『事実、彼女はパリ包囲の激しい銃撃戦の間も眠り続けていた』というところ、私はどうも印刷ミスではないかと思うのです。ここのところはですな……ああ……つまりこんなふうになるべきではありませんか。『事実、彼女はパリ包囲の激しい銃撃戦の間もずっと眠り続けていた』というふうに。いかがです？」

エステルハージは目を上げた。その灰色の目がきらりと輝いた。「もちろんです。あなたのおっしゃるとおりですよ、キャロル・フランコス。実にお偉い」

ローベイツ警視総監は顔を赤らめ、やっとのことで困惑げな笑みを浮かべた。

「それで、この記事を読んで時計を見たわけです。計算したところ、《インテリジェンサー》があなたのお手元に届くのが十一時二十分、この記事を読み終わるのが十一時半。そしてここにおいでになるのが十二時十分。で、これは誘拐事件ですか？」

ローベイツは首を横に振った。「まさか。あなたを煙に巻こうなどとは思いませんよ。あなたは私のことをよくご存知だ。私以上にご存知だ。私はサーカスの出し物に目がないんですよ。余興や手品、科学的な見世物、奇妙な仕掛け、おかしな動物、幽霊屋敷……といったものにはね」

エステルハージは指を二回パチンと鳴らした。その瞬間、博士の従者が帽子とコートと手袋とステッキを抱えて現われた。三重帝国広しといえども（いや、どこであろうとも）、山ジプシーの凶暴な種族を従者にしている者など他にひとりもいない。実際、だれひとり考えもつかないことだろう。ぎらぎら輝く目に、もじゃもじゃの髪、反抗的な顔つきをした、自由に餓えた雰囲気をまき散らしている男が、コートと帽子と手袋とステッキを抱えてたちまち音もなく現われるなど？　だれにわかる？

「ありがとう、ヘレック」とエステルハージが言った。彼とヘレックにだけはわかっていた。

「いいですか、警視総監、だから私がいるのですよ」

「そうですね、博士」警視総監は言った。「そうだと思っていました」

ふたりは満足そうに笑いながら、階段を下りていった。

少なくとも金箔師のひとりは古いアーケードでまだ仕事をしていた。その証拠にリズミカルな槌を打つ音が聞こえていたが、ほとんどの金箔師は新しい場所に移ってしまっていた。かつての作業場は雑多なものを入れる倉庫として使われていた。婦人服の仕立屋の格好をした占い師がいた。魚の目医のところの窓には「前」と「後」を示す石膏の鋳型が置いてあり、「前」のほうは痛風病みの人喰い鬼の足そのもので、「後」のほうはプリマ・バレリーナの足そっくりだった。そしてようやく、すでに塗料が剝がれ落ちているが、安っぽい色で「科学の小部屋」と書かれた木の看板の下に、劇場の入口に似せた小さな入口があるのを見つけた。ポスターが貼られるべきところには、ゴシック体、アヴァール文字、グラゴール体（スロヴァキア文字）、ローマ字、さらにヴロックス文字――古い諺に「塗料を無駄にする方法は五万《ごまん》とあるが、その第一は看板をヴロックス文字で描くことだ」というのがあるにもかかわらず――で書かれた張り紙が貼られていた。ヴロックス人の識字率は高くはないかもしれないが、書いておくに如《し》くは無《な》し、と思った人物がいたわけである。

その人物が、手作りの松葉杖をついたむさ苦しい男ではないのは確かだった。その男は松葉杖で最後の張り紙を指しながら「豚とヴロックス人を掛け合わせたらなんになるかわかるかい？」と言った。そして自分でその質問に答えて「不潔な豚だよ」と言い、笑いが起きるのを待った。

「消え失せろ」とローベイツは素っ気なく言った。浮浪者は逃げるように去った。

フランス語で書かれた張り紙もあった。

ポリー・チャームズ
眠れる美女
質問に応じる！
この世のものとは思えない！

三十年間眠り続ける美女
三十年を寝て過ごすイギリス人女性！！！
尋常ならざる光景！

美女の答えは生者の世界からのものか
はたまた死者の世界からのものか？？？？
その目で！　確かめよ！

などなど。

髪を染めて昔ながらのビロードの赤いドレスを着た、切符売り場の太った老婆は、おもねるような笑みを浮かべた。

「許可証を」ローベイツがそう言って手を差し出した。

慌ただしく頷いた老婆は、針金に渡された洗濯ばさみに挟まっている無数の紙切れに手を伸ばし、その中から一枚を抜き取ってじっと見てから元に戻し、別のを引き抜いてちらっと見て何度も頷き、それを窓口から手渡した。

「大変けっこう、グリゴーさん」と言ってローベイツはそれを彼女に返した。そして「切符を二枚」と言うと硬貨をカウンターに置いた。

グリゴーは今度は頷かずに慌ただしく首を振って硬貨を押し返し、抜け目のない笑みを浮かべた。「ご招待ですよ、高貴な方。料金はいりません。だめ、だめ、これは――」

ローベイツの顔は、グリゴーのドレスと同じくらい赤くなった。「切符だ！」唸るように彼は言った。「金を受け取るんだ、この金を――」

今度は彼女も硬貨を受け取って慌てて切符を差し出した。相変わらず抜け目のない笑みを浮かべてはいるが、いまは首をゆっくり左右に振って、入場料を払うことが耐えられないほど異常な行動ででもあるかのように当惑した顔つきになっていた。「ようこそ、いらっしゃいました」甘えたような彼女の声は、ふたりが埃にまみれた短い廊下を進んでいくにつれて聞こえなくなった。「高貴な生まれの人は……法を守る……ありがたいことだ……」

展示室の中で揺らめいている五、六本のガス灯のうち、覆いのあるものは一本だけで、少なくとも別の二本はうまく作動しておらず、通りを荷馬車が通るたびに炎が不安定に大きくなったり小さくなったりした。その明かりが充分に行きわたらなかったので、中は薄暗かった。薄暗闇の中から静かな声が聞こえてきた。

「切符《ビィエ》は？　切符は？」

進み出てきたこの男を創造主は高潔な姿に作り給うたが、別の何かが胡散臭い姿に変えてしまっていた。顔が大きく、顔立ちは基本的に美しく、長く白い頬髭はきれいに刈り揃えられているので縺れてはいなかったが、頭部には側面の毛はおろか毛は一本も生えていなかった。頭を傾げたまま男は切符を受け取り、薄青い目の端から窺うようにふたりを見た。エステルハージはほとんど無意識に、ゆっくりと手を伸ばし、指先を男の頭頂部に置いてその表面をかすかに撫でた……ほんの一瞬。

それからやけどをしたかのように手を引っこめた。

「骨相学者か」男は英語で鷹揚に、軽蔑した口ぶりで呟いた。

「あえて申しあげれば」エステルハージは、これも英語で言った。

すると恐ろしい変化が男の顔に現われた。憔悴した、高潔ぶった表情が溶けるように消えて、顔が歪んでぴくぴく震えだしたのである。一、二度、口が開いて閉ざされた。それから男は「どうぞお入りください、お二方。もうすぐ始まります」とひどいフランス語と訛の強いドイツ語を混じえて言った。それから「この時代のもっとも驚くべき現象のひとつです……」ともう一度英語で囁いた。そして倒れ伏さんばかりに背中を丸めて頭を下げると、体を捻るような気にさわる歩き方で去っていった。

ローベイツが訝しげな表情でエステルハージに向き直ると、彼の同伴者の顔は蒼ざめ引きつり、顎がぐいと前に押し出されてがくりと落ち、恐ろしい戦慄を味わっているかのような――ほかの者なら実際に味わっていただろう――歪んだ顔つきになるのを――薄暗く、とぎれがちな明かりの中でも――つぶさに見てとれたので、驚くと同時に心配になった。

しかし、一瞬にして博士の表情と雰囲気は元に戻った。ただ彼には珍しいことに、絹のハンカチーフを胸ポケットからさっと取り出して顔を拭い、たちまちそれをポケットに戻した。ローベイツが何か言い出す前に、かぼそい薄気味悪い声が蓄音機から流れてきて、その場が「科学的な色合い」を帯びた。間もなく、昼休みを利用してやってきたらしい大半が事務員だと思われる新しい入場者たちが、部屋にどやどや入ってきた。いきなり始まった騒々しいお喋りに遮られながらも、蓄音機から流れているのはフランス語の歌だということがわかった。奇妙で不思議な歌詞であり、不思議で奇妙な声だった。

Curieux scrutateur de la nature entière,
J'ay connu du grand tout le principe et la fin.
J'ay vu l'or en puissance au fond de sa minière,
J'ay saisi sa matière et surprise son levain.

自然のすべてを好奇の目で見る者として
私は高見よりすべての根源と終わりを知った
私は鉱脈の奥にある金の中にその力を見た
私はその本質をつかみ、その種をとらえた

その言葉を理解していたのは明らかに二、三人にすぎなかったが、どういうわけかそこにいる全員が心動かされた。なに故に苦しんでいるのかわからず、なにが言いたいのか定かではなく、そのうえ声は奇妙でこの世のものとは思われず、初期の蓄音機の状態で聴くとむしろグロテスクだったが、神秘的で美しい効果をもたらしていた。

J'expliquay par quel art l'âme aux flancs d'une mère,
Fait sa maison, l'emporte, et comment un pépin
Mis contre un grain de blé, sous l'humide poussière,
L'un plante et l'autre cep, sont le pain et le vin.

私は説いた　母の腹に宿った魂がどのような技をもって
家族をつくり、勝利をおさめるかを。そして、いかに種子が
一粒の麦とともにおかれると、湿った塵の下で
ひとつは根を下ろし、ひとつは葡萄の株となり、パンとワインになるかを

ローベイツは同伴者の脇腹をちょいと突っつき、しゃがれ声で言った。「これはなんです?」

「神秘のひとつですな。あるいは錬金術、サン・ジェルマン伯爵のソネット……もし彼が……生きていたら、……少なくとも二百歳になっています」エステルハージは低い声で言った。

再び、その——子どもの声のように高く清明で、男のように力強い——声は、繰り返しのところを歌った。

Rien n'était, Dieu voulut, rien devint quelque chose,
J'en doutais, je cherchay sur quoi l'univers pose,
Rien gardait l'équilibre et servait de soutien.

何もなかった　神は望み、無は何かになった
私は疑った　私は世界の礎たるものを探した
均衡を保つものもなく、支えるものもなかった

警視総監は驚きの声を挙げた。「わかりましたよ! 何年か前に聴いたことがあります。イタリアの歌い手で——」

「——そうです——」

「その歌い手は、……なんていったかな……あ……あの――」

「カストラート。そうです」

再び最後に、男とも女とも定かではないその声は壮麗に高く舞い上がった。蓄音機のぐにゃりと曲がった大きな円錐形のスピーカーからのひずみをものともせずに。

Enfin, avec les poids de l'éloge et du bâme,
Je pesay l'éternel, il appela mon âme,
Je mourus, j'adoray, je ne savais plus rien……

最後に、賛美と非難の錘で
私は永遠をはかりにかけた　彼は私の魂を呼び
私は死んだ　私は崇めていた　何もわからなくなった
……

歌が終わり、あたりに満ちた静寂を破ったのは、別の、もっと人間的な声、エステルハージもローベイッもよく知っている声だった。それはドアティの声、政治的亡命をして長年ベラに住んでいる男の声だった。ときどき、古めかしいコーヒーハウスで、あるいは強い酒を出す食堂でこの男の姿を見ることがあった。男はときどき書き物をしていた。自分の本を書いていると説明するときもあれば、何も言わないときもあったが、夢見るような様子でゆっくりペンを走らせていた。紙ではなくグラスだけを前に置き、そのグラスの中をあるいはその向こうを、とろんとした目で見ていることもあった。ドアティという男は長身で猫背で、分厚いガラスの入った眼鏡をかけ、ときどき声をださずに唇だけを動かした。その唇が驚くほど色鮮やかでふっくらしているため、男の灰色の顔を台無しにしていた。自分のことを公然と「翻訳家、通訳、ガイド」と言っていたが、確かにいまはひとつ目とふたつ目の仕事に精を出していた。

「みなさん」と彼はいつものように英語で話し出した。「ようこそ、みなさん……この科学展示会の興業主ムルガトロイドさんはこうおっしゃっています。みなさんのご愛顧と思いやりと温かなおもてなしにとても感謝しています、三重帝国の言葉を上手に話せないのがとても残念です……」彼はそこで一呼吸置き、習慣に従って言っているという空しい欺瞞の重みに屈したように軽くお辞儀をした。いずれにせよ、彼はこの何十年間というもの、繰り返しそう言ってきたのだ。彼はわざとらしくため息をつくと、額に手を当てて体を伸ばし、興業主からもらったものを取り出した。それはパンフレットか小冊子のようなものだった。「ええと……そう……眠れる謎の女ポリー・チャームズについてアカデミーフランセーズとソルボンヌ大学によって書かれた大部な本には、興味深い事実が記載されています。この科学展示会の展示物、つまり永遠に若さを失わないイギリス人女性、ポリーと呼ばれるミス・メアリー・チャームズが生まれたのは――」

彼が単調な話し方で進めていた説明は、不快感を露わにした数人の抗議の声に遮られ、その中から明瞭な声が聞こえた。「もういいよ、先生（これは当てこすりだった）、そういったくだらない説明は、午後一杯を楽しく過ごそうっていう紳士のみなさんのために取っておいてくれ。さあ、さっさと見せてもらおうじゃないか……」

ローベイッツは注意を引こうとしてかなり大きな咳をした。声の主は躊躇いを見せたものの、そして口調はいささかなりとも穏やかに、悪意の漉されたものになりはしたが、そのまま言い続けた。おれたちは労働者なので時間がない、このシャームズ嬢を見るために料金を払ったんだから、すぐに彼女を見せるか、料金を払い戻すかのどっちかにしてくれ、と。「フランスのソルボンヌの話は、のんびりと待っていられる人たちに聴かせてやってくれよ」

ドアティは肩をすくめ、身をかがめてムルガトロイドに話しかけると、ムルガトロイドも肩をすくめ、グリゴーに手振りで合図をした。グリゴーは肩をすくめもせずに、命令に従うことに満足しており、他人はそうは考えないなどとは露ほども思っていないのがわかる笑みを浮かべて忙《せわ》しなく頷くと、ちょこまかとした足取りで部屋の隅にいき、半分見えている引き紐を引っ張った。倒産して久しい売薬会社の名前だけが目立つ汚れた古カーテンが、ちらちら揺れ続けるガス灯の明かりの中でぎこちなく動いては止まり、動いては止まりしながら上がっていった。

ムルガトロイドはカーテンが上がりきらないうちに前に進み出て、唇を舌で湿らせてから話しだし、次に英語に切り替えると、通訳をしているドアティを置き去りにして話し続けた。

「ちょうど三十年前のことでしたよ、お集まりのみなさん、そう、まさにきっかり三十年前のその日——」

しかし、果てしなく続きそうな軽薄で無意味な彼のお喋りは、何度も繰り返されてきたことが傍目にもあきらかだった。さらに外に貼られたちらしに消えかかった文字でしつこいほど書かれていた「三十年」という言葉も、いまではもはや形式的かつ象徴的な意味合いでしかないこともあきらかだった。もしかしたら彼が、あるいは別の人物が、この仕事に就いたときにポリー・チャームズに三十年の長きにわたる眠りを授けたのかもしれない。もしくは、こう考えるのは身の毛もよだつことだが、ムルガトロイドは、実際は三十年よりはるかに長い歳月を「三十年」と言い続けているのかもしれない。「ポリーと呼ばれるこの若きメアリー・チャームズは、十五歳のときに母親と数人の家族といっしょに……」

彼の声がだんだと小さくなって、しまいには聞きとれなくなったのは、わざわざここにやってきた者たちの数人がカーテンの中を見ようと彼を押しやったからである。その静寂の中でドアティは通訳を続けていた……聞いている者がいてもいなくても。

エステルハージはどういうわけか、ここで目にするものは棺か棺に類するものだと思っていた。ところが実際に彼が目にしたのは、乳母車に似たものだった。もちろん、乳母車よりはるかに大きく、ちらりと見た限りでは中に入っているのはとてつもなく大量の――。

「……有名な催眠学者レオナルド・デ・エントホイッスルは」というムルガトロイドの声が再び聞こえてきたのは、最初の驚嘆の声が鎮まった後だった。ムルガトロイドの目が動き、エステルハージの目と合った。イギリス人の目はすぐに閉じ、また開き、閉じ、開きを繰り返したあと、絶望したように逸らされた。エステルハージの視線の先には乳母車があり、彼が目にしたのはそこに溢れている、いや少なくとも溢れんばかりに見える大量の髪の毛だった。艶やかな長い金茶色の髪。いくつもの三つ編みの渦巻き。たっぷりした髪。山のように膨大な量の髪。しかもあちこちにリボンがつけられていた。さらに、いまもその髪は伸びているようだった。

そして、その髪に埋もれるように、乳母車の頭のところにある枕で心持ち高くなっている顔があった。人間の顔。紛れもなく若い女の顔が。

「触ってもかまわないかね？　その、彼女に」

その質問にムルガトロイドは呻いた。

「ひとりずつ、そっとですよ」とドアティが言った。

「そっと……そっと！」

人々の指が躊躇いがちに触れた。掌で頬に触れた者もいた。別の手が近づき、その様子から、あるいはその手の持ち主の様子から察するに、その手は顔ではないところに下ろされようとした。そこでローベイツは怒りの唸り声を上げて男の手首をつかんだ。荒々しく。男は刃向かうような唸り声を発し、なおも続けようとしたが、ローベイツが歯を剥き出すようにして唸ったのでそれ以上我を立てることはなかった。だれかが娘の手を探り出し、それを高々と持ち上げた。これまで手というものを見たことがなかったかのように。

そこでエステルハージが言った。「もういいでしょう。充分です」彼が近づいていったので、見物客はその場を離れた。彼は聴診器を取り出した。人々から、おおお、という声があがった。

「あれは学者だ」だれかが言った。するとその相手が

「そのとおり」と答えたが、ふたりのどちらかが学者という言葉にどんな意味をこめようと、双方ともそれを正確に理解してはいなかっただろう。

　娘が身につけている衣類がいつ、どこで、だれの手で作られたかを知っている者はひとりもいなかった。確かに、何年にもわたって作られてきたらしく、いわば、さまざまな種類のものが何層にも重ねられている状態だった。本当にこの娘は眠っているのだろうかという疑問を抱く者がときどき現われると、寝間着の格好にさせられた。そういうことが何度かあった。そして別のときには、芝居に使われるような派手な衣装が役に立った。とりわけ酒場の歌手が身につけるような類の衣装を着せるとうまくいった。田舎の演芸場にいる時代遅れの風変わりな考え方をする仕立屋が、歌い手とはこういう服を好むと思いこんで作ったような服、しかもその歌い手もさらに風変わり、というような……。

　絹の服もあれば、木綿の服もあり、モスリン、レース、造花、ルーシュ、刺繡の施されたゴア、ガセット、刺繡つきのヨークもあった。

　娘の目は完全に閉じかかっていた。片方の瞼がかすかに上がっていて、ある角度から見れば、そこに薄く光る細い線が見えた。この時代の「眠る人」は、眠っている子どものように頰が紅潮したりしない。顔色はいいが、目立つほどではない。唇はほんのりしたピンク色だった。片方の耳に小さな金の環《リング》があった。もう片方の耳は髪に隠されていた。

「髪は」ムルガトロイドが言った。「髪は伸び続けているんですよ！」彼はそう言いながら歓喜に似た感情を味わっているようだった。

　エステルハージは首を横に振った。「脈はありますな。しかし、非常に、非常に軽微です」見物客はため息をついた。エステルハージはイヤーチップを外してローベイイツ警視総監に聴診器を渡した。警視総監は大変に誇らしげに、尊大さの増した手つきでそれを——てこずりながら——つけた。しばらくして彼は——とてもゆっくり――二度頷いた。見物客は再びため息をついた。

「質問はありませんか？　どなたか、ポリー・チャームズに何か尋ねたいことはありませんか？　あ、ちょっとお待ちください。彼女の食事の時間になりました」ムルガトロイドが手慣れた大袈裟な手つきで取り出したのは、二本の瓶とグラス、そして曇りの浮いた使い古された、しかし紛れもない銀のスプーンだった。「この神秘の美女メアリーに固形物を与えるという試みはすべて失敗しました。粥ですら受けつけません。それで、キリスト教国一の内科医である彼女の担当医の助言にしたがいまして――」そこで彼は振り返ると、見物客のひとり、めかし込んだ老人に向かってお辞儀をした。客の何人かが近くの小売店のおやじだと言うのが聞こえた。「そこの方、この液体の味と匂いがどんなものか確かめてくださいますかな。これがどんなものか、正直な忌憚のないご意見をお聞かせいただきたいものです」

その男はにやりと笑い、匂いを嗅ぎ、一口飲んだ。唇を舐めた。「ああ、これはトカイだ。雄牛の血のトカイだな」そしてもっと飲みたい素振りをした。笑い声とばか笑いと冷やかす声が飛び交った。もう一本の瓶には水が入っていると言った。ムルガトロイドは儀式張った仕草でグラスの中にワインと水を半分ずつ入れた。彼はひょっとしたら秘薬を作る錬金術師なのかもしれない。「さあさ、よろしいですか。お急ぎの方もいらっしゃるので、さて……ご質問はありませんか？」

忍び笑いと冷やかしの声、前に押し出される人、後《しり》込《ご》みする人。するとさっきのめかし込んだ男が、鎖と紋章を見せびらかしながら懐中時計をちらりと見て言った。「よろしい。ひとつ質問してから帰ろう。よろしいかな、お嬢さん、フランチェクとはだれです？　いまどこにいます？」

ムルガトロイドは彼女の唇にスプーンをもっていくと、実にゆっくりした動作で、その顔を少しだけ持ち上げた。「ひとさじだけだよ、ポリー。美味しいものをひとさじ。この父なるムルガトロイドを喜ばせておくれ」つやつやした無毛の頭を傾けた姿は、まさしく病床の子どもを気遣う父親そのものだった。ゆっくりとかすかに唇が開かれた。スプーンが歯並びのきれいな下の歯に当たってカチリと鳴った。スプーンが引き抜かれた。

「そうだよ、ポリー。いい子だ。父さんはとても嬉しいよ。さあ、もしよければ質問に答えておくれ。『フランチェクとはだれだね？　いまどこにいる？』」

唇が再び開かれた。かすかな、とてもかすかなため息が聞こえた。そして十六、七歳の女の子が幼な子の声を真似ているような声で、そしてわざとらしい気取った口調で、ポリー・チャームズは言った。

「おお、兄さん。ぼくはアメリカにいるよ。伯父さんのところに」

全員が振り返ってめかし込んだ男を見た。男はさっきから片手を腰に当てて、どうせからかわれるのがおちだという表情をしていた。ところが、いまはまったくそうではなかった。なぜならその答えを知っていたからだ。その表情はかき消えた。男は息を呑んだ。

「おい、モーリス。どうなんだよ？」男たちが返事を求めた。

「ああ……そりゃあ……確かに、フランチェクはおれの弟だ。家出をした。二十五年前に。あいつのことはそれ以来噂ひとつ聞いていない――」

「それで、伯父さんは？　アメリカにいるのか？」

モーリスは唖然としたままのろのろと頷いた。「アメリカに伯父がひとりいた。いまも生きているかもしれん。よくわからんが――」

肩に置かれた手を振り払うと、両手で顔を覆い、よろめきながら出ていった。

返答は不明確だった。ひとりが言った。「しかし、だからってなんの証明にもなっていない……いまのところは……」

すると別のひとりが――先ほど、説明をはしょるよう声高に命じた男だったかもしれない――が声を上げた。「ふふん、お嬢さん。おれは、あんたはいかさまだと思っている。よくできたいかさまだ。いいかい、この国の人間の半分はフランチェクという兄弟がいるし、アメリカに住んでいる伯父がいるんだよ！　じゃあ、この質問に答えられるか？　いまおれの手の中にあるものを当ててみろ。コートのポケットにあるものだ」

もうひとすくいのワインと水が飲まされた。

期待に満ちた沈黙が押し寄せたが、今回の質問者はあからさまにせせら笑っていた。

答えが出た。

「あなたが脱衣所で盗んだ真珠の柄《え》のついたナイフ……」

さて、その男はまだらの浮いた激怒した顔で、眠る女を凝視しながら、ポケットから手を出したり入れたりしている。ローベイツがいきなり飛び出していき、不意に異常な悲鳴があがる。何かが地面に落ちる。いまやすっかり蒼白となった男にローベイツが怒鳴る。「それを出せ！　さもないと……！」男は片手をつかまれている。そして見物客は立ちつくしたまま息を呑む。

「真珠の柄のナイフだ！」

「なんてことだ、ああ――」

「――何年も前からあいつを知っているが、悪い男では――」

すると別の男が両手で顔を覆ったまま進み出てきて、いったん後ずさりしてから目を凝らし、まわりを睨みつけながら、羞恥と反抗心とがないまぜになった様子で顔を歪めた。「聞いてくれ……いいか。つまり――おれは知りたいんだ。おれの女房は……誠実な女なのだろうか。まさか……おれを裏切ったりは――」男は言葉を続けられないが、笑う者はひとりもいない。男の広がった鼻孔から荒々しい息遣いが聞こえてくる。

スプーンをひとすくい。答えが出る。

「とても立派な方です……でもあなたにはもったいな

さすぎます……」

男はだれとも顔を合わせようとはしない。前屈みになり、うなだれて、荒々しく息をしている。

その質問が終わって、ワインがなくなった。あるいは、その逆かもしれない。

ムルガトロイドがスプーンを置くと、見物客は急にぼんやりとし、だれもかれもが突然ひとりの男を見つめた。だれひとりとしてそれまでに一度も見ていなかった相手を。その男は「それで、教授、フランスの歌はどうなりました？」と言う。てらてら光る赤い頬のこぎれいな老紳士は、現王在位五年目のデザインの服を着ていて、（「十の路線を乗り換えて、貸し馬車に乗っていく」という諺にあるとおりの）どの家庭でも牛を飼っているような田舎に住み、免許書き換えのたびに十年に一度街の中心部にやってきて、そのついでに、ちょっとしたお楽しみを味わいたいが、女房（タンタ・ミナという名かもしれない）にはいかがわしい場所で楽しんだとは口が裂けても言えないので「科学展示会」に来ているような二流の公証人そっくりだった。

「フランスの歌が聴けるのではなかったかな？」と彼は落ち着いた声で言った。

ムルガトロイドは、ドアティの囁き声を聞いて、擦り切れた緑色の別珍で覆われた木の盆を取り出し、半ダカット金貨をその上にこっそり置くと、むしろその金貨の行方を案じてじっと見つめた。「ほんのわずかな追加料金でけっこうです」と彼は言ってまわりを見つめる。「フランス語による美しい歌を神秘の美女ポリー・チャームズが歌います――」

見物客は帰り支度を始め……あるいは少なくとも、木の盆から身を遠ざけようとした。空中からきらきら光る一枚の金貨が回転しながら、まさに半ダカット金貨の真上に落ちてきて、心地よい音を響かせる。ムルガトロイドがほとんどむきになって目を上げると、そこには彼を見返しているエステルハージがいた。「それでやってもらいたい」とエステルハージが言う。

ムルガトロイドはその金を消す。そして眠る美女に身をかがめ、右手を取ってそっと撫でる。「歌をうたってくれるかね？　ポリーや」彼は、不安に押しつぶされそうな声で言う。

「その昔、マダムから教わったあの素敵なフランスの歌だよ……どうだい？」そして、歌が聞こえてこないので、彼は咳払いをして震えながら歌い出した。「ほら、ポリー、『Je vous envoye un bouquet ……』」

じっと観察していたエステルハージは、蒼白い、血の気のない喉がかすかに震えるのを見た。けばけばしい衣装の胸のあたりがかすかに持ち上がる。口が開かれる。息を吸い込む音がはっきり聞こえる。そして彼女は歌い出す。眠れる美女ポリー・チャームズが歌を歌う。

Je vous envoye un bouquet que ma main
Vient de trier de ces fleurs epanie:
Qui ne les eust à ce vespre cuiellies,
Cheutes à terre elles fussent demain.

先ほど蓄音機から流れていた去勢された男（きっと最後のカストラートのひとりだろう）が歌うフランス語の歌を通訳するようドアティに求める者はひとりもいなかった。それで彼も通訳しなかったが、今回もだれも彼に通訳を求めない。しかしその灰色の顔色を少しも変えずに、灰色の唇を動かしてドアティは訳し始めた。「『あなたにきれいな花束を贈りましょう。わたしがこの手で咲き乱れる花から摘んだばかりのものを。この夕べに花を摘む人がなければ、この花は人知れず地に落ちてしまったことでしょう』」

それでもムルガトロイドは青白い手をそっと撫でていた。そして再び、不気味な幼な子のような声が歌を奏でた。

Cela vous soit un example certain
Que vos beautez, bien qu'elles soient fleuries,

En peu de temps cherront toutes fletries,
Et comme fleurs perriront tout soudain.

『これが確かなたとえとなるでしょう』」ドアティが続けた。『あなたの美しさは花開いていますが、まもなく完全に色褪せて、萎びた花のように地に落ちてしまうでしょう』」

静寂。

荷車が通りを通っていく。ガス灯の火が大きく小さく揺れる。息を吐き出す音と、咳払いが聞こえる。足を動かすざわめきがする。

「いやはや」公証人の老人が言う。「素晴らしかった。まことに」温かな笑みを浮かべて近づいてきて、いまや空になった木の盆に大きな銅貨を落とす。彼はにこやかに頷きながらその場を離れる。この見物は彼にとって手持ちの銅貨よりはるかに価値あるものだった。今夜、ザワークラウトと大蒜ソーセージ入りのポテト・シチューを食べながらタンタ・ミナにこの出来事をすべて話すだろう。実際、十年後に彼が、そしてその妻が生きていたら、そのときもまだこの出来事のことを話しているはずだ。そして妻のタンタ・ミナも、話の同じところで「まあ、なんてこと、まさか！」とか「ああ、信じられない！」といった合いの手を交互に入れて驚いているだろう。

ある者は帰り、ある者は残った。

「公演は終わりですね」とエステルハージが言う。

「終わりました。いい午後でしたね」とローベイツ。

グリゴーが相変わらず不安そうな顔つきでふたりを呼び止める。「五時半にも公演がありますよ、お二方。それに八時からも、十時からも！」

ローベイツが、どうします？と言いたげな目つきでエステルハージを見るが、エステルハージはムルガトロイドを見ている。「私は医学博士で、名誉宮廷内科医です」とエステルハージは言う。「お許しをいただければ診察をしたいのですが、そちらの——」彼は身振りで示す（ドアティは、目を泳がすようにして、すぐにエステルハージの英語をアヴァール語に通訳しはじめたが、これはひょっとしたらいま求められてはいないことだと感じたようで、次第にその声は聞こえなくなった)。

ムルガトロイドは唇と口髭の下の部分を舐める。鼻の頭さえ舐めそうなほどだ。「いいえ」と彼が言う。

「いいえ、だめです……」

「そしてこの方は」エステルハージは落ち着いて言う。

「警視総監です」

ムルガトロイドが警視総監を見ると、警視総監が見返す。ムルガトロイドがドアティを見ると、ドアティは目をそらす。そしてムルガトロイドはグリゴーを目で探す。

しかしグリゴーはすでに立ち去っていた。姿が消えていた。

エステルハージの日記からの抜粋——

「……クエリー・ロイターズによれば、英国の催眠学者にしてペテン師レオナルド・エントホイッスル(個人百科事典を参照のこと)が、公演会中に卒中によって死亡した正確な日時は……」

「その女性のかかとあるいは足の裏にたこがあった形跡は見あたらず……老人によく見られる筋肉組織の退行はないが、……」

「ムルガトロイドがしぶしぶ認めたところによれば、廃棄物の排出はめったになく、清潔に保ち……」

「ローベイツが、この催眠状態から娘を覚醒させるために催眠術を使ったらどうかと躊躇いがちに言ったところ、ムルガトロイドの返答は狂おしいほどのものだった。メモ——アメリカの作家E・A・ポーの『ヴァルドマアル氏の病症の真相』を再読すること。この話には、瀕死の男を催眠状態にさせて瀕死状態を存続(まさに存続であって蘇生ではない)させるという事実の詳細が述べられている。催眠を解く、あるいは存続を打ちきることでヴァルドマアルは完全に死に、肉体はたちまち腐敗物と化す。この話が完璧な虚構であれ事実であれ、現状を維持することは不可能。同じ作家の別の作品（『マリー・ロジェの謎』？）では半事実とされている」

「明白なこと――チャームズという娘の安寧が優先される」

「提案――電池を使用することを考慮、しかしもし――」

先ほどから、下の狭い通りに駆けつけてくる靴音が響いていた。嗄れた苦しそうな声……。ほどなく夜勤の守衛エメルマンが入ってきた。彼はいつも口数が少ない。「ゴールドビーターズ・アーケードが火事です」と言った。エステルハージが驚きの声をあげて、診察鞄のところに急ぐと、守衛は「ローベイツ総監からのお言伝《ことづて》です」と言い添えた。件《くだん》のジプシーが、床から湧き出たかのように現われた（実際、この男は主人の寝室の扉の前でいつも寝ているのである）が、エステルハージはコートと帽子を振り払い、ただ一言「蒸気だ……」と言った。彼は黙って走っていくヘレックの後について、アパートメントを抜け、裏の階段を下り、自動車がしまってある馬屋に行ってそれに飛び乗った。引退した鉄道技師で車の維持を任されているシュウィーベルは、いつでも走り出せるように蒸気を高めておくよう命じられていて、それをしくじったことがなかった。彼は軽く会釈をしてから、馬屋の扉を引き開けた。低いシューという音とともに、エステルハージの運転する車は夜の中へと走り出した。ヘレックは通行人に道を開けるよう警告するために、すでに大きな青銅製のハンドベルを鳴らし始めていた。

ローベイツは「私はサーカスの出し物に目がないんですよ。余興や手品、科学的な見世物、奇妙な仕掛け、おかしな動物、幽霊屋敷……といったものにはね」と言っていたが、そこに「火事」を付け加えたのかもしれない。

車に合った色の大きな三頭の馬が横に並んで曳く新型の消防車が三台、「ボナパルト敗北通り」（一般的には「ボナパルト通り」と呼ばれる）に次々と到着し、いまにも消火作業が始められるところで、ホースがアーケード内に引き入れられていた。近隣の夜警たちが消防車が到着する前からすでにバケツリレーで水を運んでいたが、いまもこの古いが機能的な革の入れ物を手から手へと運んでいるところだった。一陣の突風に煽られた炎と火の粉が、頭上高く吹きあがり、暗い夜空のはるか上へまっすぐに舞いあがった。同時にアーケードの通路から充満していた煙の匂いを一掃していく。

隅の方に、太った体にまとった赤いビロードのドレスをはためかせて、グリゴーが蹲《うずくま》っていた。手を口に押し当て、口からは絶え間なく悲鳴が漏れている。

「お終いだ！　お終いだ！　カーテンに、あのろくでもないガス灯の火が！　あのろくでもないガス灯の火が、カーテンに！　お終いだ！　お終いだ！　お終いだ！」

消火ホースがいっせいに波打ち、のたうち、水が勢いよくほとばしり出た。煙が黒く変わり、蒸気の雲が立ち上がった。エステルハージは喉が詰まるのを感じ、気がつけばジプシーのヘレックの力強い腕に抱えられて運ばれているところだった。エステルハージはすぐに声を上げた。「私は大丈夫だ！　下ろしてくれ」目を開けると、不安そうな面もちのローベイツの顔がそこにあった。ローベイツはエステルハージが立って、しっかりと意識が戻ったのを確認すると、ボナパルト通りの舗道に横たわる二体の死骸を無言で示した。

ムルガトロイド。そしてポリー・チャームズ。

（後にローベイツは、こう訊くことになる。「あの英国人の頭を指で撫でたとき、いったいなにがわかったのです？」するとエステルハージはこう答えた。「とても人には話せないことですよ」）

エステルハージはふたりの遺体のそばに身を投げ出した。しかし、電池を持たずに来たことを声高に呪っても、あらゆる手段――強心剤、注射、塩化アンモニウム――を講じても、ふたりが息を吹き返すことはなかった。

ローベイッツがゆっくりと十字を切った。そして重苦しい口調で言った。「これで、ふたりともここよりましな世界に行けたわけです。この哀れな女、その人生――長い眠りを人生と呼べるのならですが。そしてこの悪い男、いろいろなことをしてきたんでしょうな、しかも人生の大半で――しかしその罪もこれで贖《あがな》われた。彼女の身を安全な場所に移そうと引きずっていき、自分の命を犠牲にしてでも彼女を守ろうとしたところ、彼女の髪に火がついて――」

確かにとてつもなく膨大な量の髪の大半は燃えてなくなっていた――たっぷりした山のようなあの長い髪、ムルガトロイドが朝な夕なに何時間もかけてブラシや櫛で梳かし、リボンで結んだり三つ編みにしたりし、少なくとも夜にはリボンを解かれていた、あの素晴らしい、とてつもなく大量の薄茶色の髪は燃えてなくなり、いがぐり頭の少年のようにほんのわずかしか残っていなかった。その頭部は薄暗い炎の照り返しの中で、髪に移った火を消した水の滴に濡れそぼり、全体がきらきらと光っていた。娘の顔は相変わらず穏やかだった。ピンク色の唇も軽く開けられていた。しかし彼女が話したかったはずのことは、それがどんなことであれ、永久に知られることはないのである。

そしてムルガトロイドだ。死がようやく訪れて、少なくとも潜伏生活と恐怖心からは解放された。人目を忍ぶような表情はすっかり消えていた。その顔はいまようやく本来の高潔なものに戻ったようだった。

「彼があの娘を身動きできないようにして、食い物にしていたとあなたは思っているかもしれないが、少なくとも命を賭けて娘を救おうとしたのですから……」

そばにやってきていた夜警のひとりが一歩踏み出して、恭しくお辞儀をした。「警視総監殿、ちょっとよろしいですか」と夜警は言った。「ところが、そうではないのです」

「なにがそうではないのだね？」ローベイッツが苛立たしそうに言った。

夜警は恭しい態度のまま、しかしきっぱりと言った。

「ですから、あの哀れな紳士が可哀想な娘さんを救おうとして死んだということがです。そうではありません、警視総監殿、そして博士。それがまったく反対なのです。あの紳士を救い出そうとしたのは彼女のほうなのです。ええ、そうですとも。紳士の叫び声を聞きましたよ。ああ、まったく、何と言ったらいいか、なんともむごたらしい叫び声でした。われわれはふたりを救い出したくても、中に入っていかれませんでした。われわれが右往左往しているところに、彼女が出て来たんです。彼女が炎の中から、あの紳士を抱えたり引きずったりしながらやってきたんですよ。そしてあの髪がすべて燃え尽き、ふたりはわれわれの足元に崩れ落ちました。それでわれわれが水をかけたんです……そういうことです」熱弁に疲れ果てた彼は、そう言って締めくくった。

「なんだって？　そんなことがあるものか！　いい加減なことを言うな！」ローベイツは言った。

エステルハージは首を横に振りながら低い声で呟いた。「こうして、いかに速く神話が作られ、伝説が始まっていくことか……ああ！　まさか！」

衝撃のあまり声をなくしたエステルハージは、身振りだけでローベイツに伝えた。彼はその場に跪いたまま、無言で眠れる美女ポリー・チャームズの足を指差していた。足は小さくほっそりしていた。いつものように素足だった。ローベイツは指し示されたものを見て衝撃を受けた。これまでの経験をもってしても、そのようなものを目にするとは思いもよらなかった。死んだ娘の素足には深い切り傷ができ、引き裂かれ、血にまみれて赤く染まっていた。

新アンソロジーを編むにあたって

若島正

旧版の異色作家短篇集は、一九六〇年十二月にロアルド・ダール『キス・キス』からシリーズ刊行が開始され、一九六五年八月のダール・他『壜づめの女房』で、約五年にわたる全三期十八巻が完結した。この名シリーズの意義は、いくら強調しても足りないほどである。異色作家短篇集によって、短篇を読む楽しみを初めて知った読者も多いはずで、実はわたしもその一人だ。今回、新装版刊行にあたって、新しくアンソロジー三冊を編集する仕事を担当することになった。異色作家短篇集を読んで育ったという実感を持つわたしにとって、こんなに嬉しいことはない。ここで、旧版の最終巻『壜づめの女房』についてついて簡単な紹介をしながら、新アンソロジー三冊についてもその編集方針を明らかにしておきたい。

『壜づめの女房』は、次に掲げる短篇十六作を収録したものだった。

レイ・ブラッドベリ「夜」
ジョン・チーヴァー「非常識なラジオ」

ウィリアム・サンソム「めったにいない女」
デイヴィッド・アリグザンダー「呪われた者」
ゴア・ヴィダル「駒鳥」
マイクル・フェッシャー「壜づめの女房」
ロバート・トラウト「破滅の日」
ビル・ヴィナブル「剽窃」
L・A・G・ストロング「崩れる」
J・T・マッキントッシュ「プレイバック」
ディラン・トーマス「二階の老婆」
マルセル・エイメ「変身」
ジュリアス・ファースト「わが友マートン」
ロード・ダンセイニ「災いを交換する店」
アンソニイ・バウチャー「私の幽霊」
ロアルド・ダール「マダム・ロゼット」

実のところ、このリストを眺めても、あまりはっきりした編集方針は浮かんでこない。まず、作家の集め方が混成チームであること。ジョン・チーヴァー、ゴア・ヴィダル、ディラン・トーマスはふつう純文学の領域に入れられる作家であり、それも現在ではみなビッグ・ネームとして扱われる。それに対して、ほとんど名前を知られていないマイナーな作家も数人混じっている。最初と最後にブラッドベリとダールが置かれていて、しかも著者名を「ダール・他」としているところから想像すると、少なくとも当時の読者層にとってはこの二人が最も著名度が高く、それを売りにしようとしたのではないか（ちなみに、表題作になっている「壜づめの女房」は、ダールの作品ではないのでご注意を）。収録されている作品の質も、今の目で見るとかなり出来不出来があるように見受けられる。

　巻末に付けられた解説（ただし、執筆者は「S」という署名があるだけで、誰だかわからない）によれば、収録された作品のほとんどは日本版《エラリイ・クイーンズ・ミステリ・マガジン》にかつて掲載されたものだという。実際には、同誌から再録されたものは、十六篇中十一篇で、さらに《ヒッチコック・マガジン》から採られたものが二篇。この二誌の、およそ五年分のバックナンバーを繰ることによって編まれたのが『壜づめの女房』という最終巻だった、と考えていいだろう。

　今回の復刊で、この『壜づめの女房』をどう扱うかは悩ましいところだった。そのままそっくり復刊するか、現在でも再読可能な作品だけを残して新アンソロジーの中に混ぜるか、それともすべて捨ててしまうか。たしかに、未練がある作品も数篇あったが、編集部との協議で、結局すべて捨てることにした。作品の内容と訳文が、思ったよりも年輪を刻んでしまっているように見えたからである。ただ、ウィリアム・サンソムだけは、第十九巻として予定しているイギリス篇に別の作品を収録した。

　そこで、新しいアンソロジーを一から作り直すことになったわけだが、まずいくつかの基本的な編集方針を立ててみた。

　第一には、これまでの十七巻の路線を継承して、シリーズ全体としても違和感のない巻を編むこと。

これは当然の話だが、おさえておかなければならない点はいろいろある。異色作家短篇集の功績の一つには、既存のジャンルの枠を気にせずに、短篇のおもしろさを見直すということがあったのではないかとわたしは思う。SFやミステリといったエンターテインメントを基調にしながら、たとえばユーモア作家のサーバーを入れてみたりするといった、風通しのよさが異色作家短篇集の美点なのだ。そこで、新アンソロジーもそれを踏襲して、選ぶ作品のジャンルをSF、ミステリ、ホラー、幻想、ユーモアなどというふうに、なるべく多様なセレクションをこころがけた。さらには、五〇年代から六〇年代にかけての作品が中心であること。これを今回も基本にしている。とはいえ、新しく編むアンソロジーという性格上、中心はそれよりもやや新しい時代のものに移ることになり、六〇年代から七〇年代あたりをベースにして、いちばん新しいところでは九〇年代のものまで数篇選んだ。

大きな問題としては、異色作家短篇集のいわばキャッチフレーズであった、「奇妙な味」をどう考えるか、そして「異色作家短篇」とはどういうものか、という点がある。これについては、特に意識しないことにした。「奇妙な味」というおそらく実体のない概念について、厳密に定義しようとこころみることは不毛だと思うからである。たとえば、スタージョンの作品はかつて「キャヴィアの味」と評されたことがよくあるが、それはスタージョンについてほとんど何も言っていないのに等しい。それと同じことが、「奇妙な味」についても言えるだろう。「異色作家短篇」についても同様であり、わたしが考えるところではそれは「ヘンな作家」が書いた「ヘンな短篇」ということになるが、何がふつうであり何がヘンなのかは人によって異なるのは当然である。したがって、今回選んだ作家および作品は、あくまでも編者としての特権を与えられたわたしの目から見た、「異色作家短篇」であることをお断りしておく。

次に、第二の編集方針としては、十七巻までの作家を入れないこと。旧版の『壜づめの女房』では、この方針を掲げながらも、実際にはブラッドベリ、ダール、それにエイメの三作を例外として入れているが、今回はそういうことはしていない。たしかに、十七巻までの作家で、わたしが現在の目から見てぜひ押してみたい人は何人かいて、たとえばボーモントやサーバーがそれに属するのだが、そういう再評価の仕事はまた別の機会を待つことにしたい。

最後に、第三の編集方針としては、すべて本邦初訳の作品で揃えること。これが実際にはなかなか困難で、日本でもよく知られている作家になればなるほど、未訳作品の数は少ない。残ったもののなかから、砂中の金を探し出すのは、編者としてつらい仕事であると同時に楽しい作業でもあった。

第十八巻から二十巻まで、三冊の構成としては、この第十八巻がアメリカ篇で、第十九巻がイギリス篇（ただし、アイルランドの作家も含む）、そして最終巻の第二十巻をそれ以外の地域から選んだ世界篇とした。SFやミステリといったジャンルが豊かなアメリカ篇ではエンターテインメントの傾向が強く、イギリス篇では伝統的な幻想怪奇に属する作品とジャンル不明な作品を中心に選び、さらに世界篇では、一般に純文学作家と考えられている作家の異色短篇を多く選んでみたのが、各巻の特徴と言えるだろう。

これまで述べてきたように、ジャンルの問題も含め、なるべく多様性を持たせて、どんな読者にも読んでもらえるようなアンソロジーにしたつもりだが、選んだ作品はすべて、わたしが読んでおもしろいと思ったものばかりである。誰が読んでも、各巻に少なくとも一、二作は、気に入ってもらえる短篇があることをここで保証しておきたい。短篇を読む楽しさを、この新アンソロジーで味わってもらえれば、編者としてはこのうえなく嬉しい。

以下、作者の紹介と、収録短篇のデータを付しておく。

●フリッツ・ライバー（Fritz Leiber）

一九一〇年シカゴ生まれ。SFでは「改変戦争」シリーズ、そしてファンタジーでは「ファファード&グレイ・マウザー」のシリーズで知られるが、短篇「煙のお化け」を代表例とする、都会の恐怖を描くいわゆる〝アーバン・ホラー〟を手がけるなど、幅広い芸風を持つ。一九九二年死去。

「ジェフを探して」"I'm Looking for Jeff"《ファンタスティック》誌一九五二年秋号／短篇集 ***Night Monsters***（一九七四）に収録。

●ジャック・リッチー（Jack Ritchie）

一九二二年ミルウォーキー生まれ。五〇年代から、《アルフレッド・ヒッチコックス・ミステリ・マガジン》誌を中心として、おびただしい数の短篇を発表したが、生前に出版された短篇集はわずか一冊しかない。独特のドライなユーモアを帯びた語り口で、日本では独自に編んだ短篇集『クライム・マシン』と『10ドルだって大金だ』で評判になり、再評価が進む。一九八三年死去。

「貯金箱の殺人」"Piggy Bank Killer"《アルフレッド・ヒッチコックス・ミステリ・マガジン》誌一九六七年十一月号／短篇集 *Little Boxes of Bewilderment*（一九八九）に収録。

●チャールズ・ウィルフォード（Charles Willeford）
一九一九年アーカンサス州生まれ。従軍体験を経て小説を書き出し、五〇年代から六〇年代にかけて、ペーパーバック作家として独特の哄笑に満ちた小説を量産。『マイアミ・ブルース』（一九八四）に始まるホウク・モウズリーを主人公とするシリーズが当たり、過去の作品が再評価されるきっかけを作った。邦訳作品に『炎に消えた名画《アート》』など。一九八八年死去。

「鶏占い師」"The Alectryomancer"《アルフレッド・ヒッチコックス・ミステリ・マガジン》誌一九五九年二月号／短篇集 *The Machine in Ward Eleven*（一九六三）に収録。

●ハーラン・エリスン（Harlan Ellison）
一九三四年オハイオ州生まれ。五〇年代中頃から、主にSFのジャンルで大量の短篇を発表しはじめる。エリスン節とも言える、叩きつけるような文体が持ち味。『世界の中心で愛を叫んだけもの』（一九七一）など、短篇集多数。SFのオリジナル・アンソロジー『危険なヴィジョン』（一九六七）の編者としても知られる。

「どんぞこ列車」"Riding the Dark Train Out"《ローグ》誌一九六一年五月号／短篇集 *Love Ain't Nothing But Sex Misspelled*（一九六八）に収録。

●ロバート・クーヴァー（Robert Coover）
一九三二年アイオワ州生まれ。ブラウン大学教授。六〇年代から七〇年代にかけて出現した、いわゆる「新しい作家」の一人で、『ユニヴァーサル野球協会』（一九六八）などポストモダンな実験小説を手がけた。邦訳作品に『女中の臀』（一九八二）、『ジェラルドのパーティ』（一九八六）がある。

「ベビーシッター」"The Babysitter" 短篇集 *Pricksongs & Descants*（一九六九）に収録。

●ウィリアム・コツウィンクル（William Kotzwinkle）
一九三八年（一九四三年という説もあり）ペンシルヴァニア州生まれ。さまざまな職種をためした後、一九七一年に短篇集『象が列車に体当たり』で作家としてデビュー。*Doctor Rat*（一九七六）で国際幻想文学大賞を受賞。SF、ミステリ、ファンタジーなど、手がけるジャンルは広く、近年では主に童話の分野で活躍している。

「象が列車に体当たり」"Elephant Bangs Train" 短篇集 *Elephant Bangs Train*（一九七一）に収録。

●ジーン・シェパード（Jean Shepherd）
一九二一年シカゴ生まれ。ラジオ番組を担当して人気者となる。作家としては、少年時代の回想を綴る、ノスタルジアにあふれたユーモア物を得意とし、《プレイボーイ》誌の常連寄稿者だった。シオドア・スタージョンとの共作 ***I, Libertine***（一九五六）は、コレクターズ・アイテムにもなっている。一九九九年死去。

「スカット・ファーカスと魔性のマライア」“Scut Farkas and the Murderous Mariah”《プレイボーイ》誌一九六七年四月号／短篇集 *Wanda Hickey's Night of Golden Memories*（一九七一）に収録。

●R・A・ラファティ（R. A. Lafferty）

一九一四年アイオワ州生まれ。中年になって小説を書きはじめ、SF界には一九六〇年にデビュー。以来、ラファティにしか書けない珍妙無類な奇想小説を次々に発表した。代表的な短篇集は『九百人のお祖母さん』（一九七〇）。長篇に『地球礁』（一九六八）、『宇宙舟歌』（一九六八）などがある。二〇〇二年死去。

「浜辺にて」“By the Seashore”《ギャラクシー》誌一九七四年十一月号／短篇集 *Iron Tears*（一九九二）に収録。

●ジョン・スラデック（John Sladek）

一九三七年ミネソタ州生まれ。マッドな実験小説や、知性をアイロニーで包んだ風刺的な小説を得意とする。代表作としては、「ロデリック」という名前のロボットを主人公にしたSFピカレスク小説とも呼ぶべきシリーズがある。邦訳作品は『スラデック言語遊戯短編集』や、ミステリ『見えないグリーン』など。二〇〇〇年死去。

「他の惑星にも死は存在するのか？」“Is There Death on Other Planets?”《エラリイ・クイーンズ・ミステリ・マガジン》誌一九六六年一二月号／短篇集 *The Steam-Driven Boy*（一九七三）に収録。

●トーマス・M・ディッシュ（Thomas M. Disch）
一九四〇年アイオワ州生まれ。一九六六年にイギリスに渡り、いわゆる〈ニュー・ウェーヴ〉と接触。SF界きっての知性派として知られる。代表的な長篇としては『キャンプ・コンセントレーション』（一九六八）、『334』（一九七二）、『歌の翼に』（一九七九）など。日本では独自に編んだ短篇集として『アジアの岸辺』がある。

「狼の一族」"His Own Kind" テリー・カー編 *New Worlds of Fantasy*（一九七〇）に収録。

●アヴラム・デイヴィッドスン（Avram Davidson）
一九二三年ニューヨーク州生まれ。該博な知識と独特の奇想で、一部に熱狂的な愛読者を持つ、文字どおりの異色作家。エラリイ・クイーンの代作をつとめたこともある。日本では独自に編んだ短篇集『どんがらがん』や、『10月3日の目撃者』が出ている。一九九三年死去。

「眠れる美女ポリー・チャームズ」"Polly Charms, The Sleeping Woman"《ファンタジー・アンド・サイエンス・フィクション》誌一九七五年二月号／短篇集 *The Enquiries of Doctor Eszterhazy*（一九七五）に収録。

二〇〇六年十二月

狼《おおかみ》の一族《いちぞく》　アンソロジー／アメリカ篇《へん》
異色作家短篇集 18

2007年1月31日　初版発行
2007年4月15日　再版発行

編　者　若《わか》　島《しま》　正《ただし》
発行者　早　川　浩

発行所　株式会社　早川書房
東京都千代田区神田多町2－2
電話　03－3252－3111（大代表）
振替　00160-3-47799
http://www.hayakawa-online.co.jp

印刷所　株式会社亨有堂印刷所
製本所　大口製本印刷株式会社

定価はカバーに表示してあります
ISBN 978-4-15-208787-4 C0097
Printed and bound in Japan
乱丁・落丁本は小社制作部宛お送り下さい。
送料小社負担にてお取りかえいたします。